KB153461

해방 후 연세학풍의 전개와 신학문 개척

연세학풍연구총서 2

해방 후 연세학풍의 전개와 신학문 개척

연세학풍사업단 · 김도형 외

초판 1쇄 발행 2015년 4월 10일

펴낸이 오일주
펴낸곳 도서출판 혜안

등록번호 제22-471호
등록일자 1993년 7월 30일

주소 ㉾ 121-836 서울시 마포구 서교동 326-26번지 102호
전화 3141-3711~2
팩스 3141-3710
이메일 hyeanpub@hanmail.net

ISBN 978-89-8494-527-2 93370

값 23,000 원

연세학풍연구총서 2

해방 후 연세학풍의 전개와 신학문 개척

연세학풍사업단 · 김도형 외

혜안

이 책은 연세학풍사업단의 연구총서 둘째 권이다. 첫째 권이 1885~1945년에 이르는 기간의 연세학풍을 다루었다면, 이번 책은 1945년부터 연희와 세브란스가 통합되어 하나의 연세로 태어난 1957년에 이르는 동안의 대학교육과 연세학풍을 검토하였다.

우리 사업단의 목표와 책 간행의 원칙에 대해서는 연구총서 제1권에서 밝힌 바 있으므로 별도로 첨언하지 않는다. 다만 다시 강조하거니와, 대학의 학문 연구와 학풍은 사회와 시대의 소산물이다. 해방 후 신국가 건설과 전쟁, 그리고 남북 분단을 거치면서 나타난 한국의 학문과 연세학풍이 이 책 속에 녹아 있다. 또한 이때는 고등교육을 독점하였던 식민지 권력과 학문이 깨어지고, 대학이 광범하게 설치되면서 각자 학풍을 만들어갔다.

연희와 세브란스의 학풍은 일제하 연전과 세의전에서 축적된 학문을 시대에 맞게 재창조하여 만들어졌다. 물론 학문 분야에 따라 다소의 차이가 있지만 연전에서 천명했던 "동서고근 사상의 화충"의 교육 이념과 학풍이 계승되어 그 결실을 맺어갔다. 그리하여 시대의 진전에 따라 각 학문군이 추구해야 할 학문적 지향과 태도를 온고지신(溫故知新)·실사구시(實事求是)·과학정신으로 정리하였고, 대학의 교육은 전공과 교양을 통합하는 '통재(通才) 교육'을 주창하였다.

1950년대 연세 통합 후 조정된 연세학풍은 해방 후의 정부 수립, 6·25전쟁과 그 복구 과정 속에서 우리가 지니고 나아가야 할 민족적 자세를 담고 있었다. 당시 새로운 국가 건설을 위해서는 물론 우리가 경험하지 못했던 서양식 민주주의를 이룩해야 했다. 한편, 이 시기는 미국 중심의 냉전적 세계 질서 속에서 미국 학문이 한국 학계를 지배해 가던 때였다. 연세는 학교의 체제 정비와 운영에 미국의 많은 도움을 받았다. 새로운 미국식 학문을 수용하는 통로의 하나가 바로 연세였고, 그에 따라 많은 학과들이 만들어졌다. 그렇다고 연세는 새로운 학문의 수용과 개척을 과도한 서구화 속에서 이루지 않았다. 오히려 연세는 '국학'을 내걸면서 민족문화와 역사 속에서 그 바탕을 찾고자 하였다(온고지신). 이런 태도에서 사회에 실제적으로 도움이 될 수 있는 응용학문의 자세(실사구시)와 새롭게 진전되는 자연과학의 학문 자세(과학정신)도 자연스럽게 결정되었다.

그러나 남북 분단이라는 현실 속에서 연세 학문도 이념을 넘어 이를 통합하는 과제는 이루지 못했다. 많은 연세인들이 이념에 따라, 혹은 타의로 북으로 갔고, 이들은 북에서 새로운 학문을 개척하는 일들을 담당하기도 하였다. 본 연구팀도 이런 점에 유의하여, 관련 주제를 조금 다루었으며, 제3차 년도 연구에서 북으로 간 연세인의 학문을 좀더 새롭게 규명할 작정이다. 이를 통해 학문적인 분단을 넘는 일이 가능하기 때문이다.

이 책은 연구진으로 참여한 여러 교수님들의 노력으로 만들어졌다. 또한 필요한 자료 수집과 출판 일들은 박물관의 이원규 박사와 이현희 학예사, 두 선생이 담당하였다. 이번 책도 도서출판 혜안의 오일주 사장이 기꺼이 간행해 주었다. 모든 분들께 감사를 드린다.

2015년 2월
연세학풍사업단을 대표하여
사학과 교수 김 도 형

목 차

김 도 형

해방 후 대학교육과 연세학풍

1. 머리말

1945년 8월, 해방과 함께 학술계, 교육계는 새로운 국가건설에 부응하는 방향으로 재편되었다. 식민 잔재를 청산하고, 근대 민족주의, 민주주의적 국가를 만드는 일에 부응한 것이었다. 또한 일제의 식민지 학문을 생산하던 경성제국대학에 의해 독점되었던 대학교육도 청산하여야 하였다. 일제 시기부터 대학 설립을 지향하였던 여러 전문학교(연희, 이화, 보성, 세브란스 등)에게 이는 기회로 다가왔고, 이 교육을 통해 새로운 국가 건설에 필요한 고급 전문 인력을 양성하고자 하였다.

그러나 새로운 학술계, 교육계의 부흥과 재편은 동일한 노선 위에서 순조롭게 추진되지 못했다. 1920년대 이래 민족주의 운동에서 제기된 사회주의와 부르주아 계열 사이의 대립과 이념 투쟁 때문이었다. 이들은 각각 자신들의 이념에 따라 방안을 제시하였다. 남한의 경우, 미군정의 강한 영향 속에서 부르주아 세력이 점차 재편의 주도권을 잡게 되었다. 마침내 남북한으로 분단된 두 정부 수립과 6·25전쟁으로 인하여 학술계, 교육계도 분단되었다.

해방 후, 학술·교육계가 재편되는 가운데 연희전문, 세브란스전문 출신의 많은 교수나 졸업생이 중요한 역할을 담당하였다. 두 학교는 비록 전문학교 형태로 운영되었지만 서양 학문을 수용하여 한국의 근대학문을 이룩하고 실질적인 대학교육을 실행하였으며, 특히 연전의 교수들은 일제의 식민지

학문에 맞서 민족주의적 학술운동과 문화운동을 이끌었기 때문이었다.

6·25전쟁을 거치며 냉전 구조 아래의 남한에는 미국식 학술이 주도하였으며, 왜곡된 민족주의와 반공주의가 풍미하였다. 연세의 학술연구와 교육도 이에 영향을 받지 않을 수 없었다. 그러나 미국의 학문이 급속하게 확산되는 가운데서도 연세에서는 민족문화에 대한 연구의 끈을 놓지 않았고, 또한 이를 학풍으로 정립하였다. 일제하 형성된 '화충의 학풍'을 새롭게 계승하였다.

여기에서는 해방 후, 한국의 신국가건설 속에서 전개된 학술운동, 교육운동을 살펴보면서, 이를 주도한 연세인의 활동을 검토하고자 한다. 또한 1957년, 연희대학교와 세브란스의과대학이 '연세'로 통합된 이후, 전반적인 사회변화 속에서 형성된 연세학풍을 살펴보고자 한다.

2. 해방 후 학문 재건과 대학교육 진전

1) 학술운동의 동향

1945년 8월 15일, 일제의 패망으로 해방이 되자 일제 말 전쟁의 억압 속에 잠복되었던 다양한 민족운동 세력과 이념이 한꺼번에 터져 나왔다. 바로 그날 새로운 국가를 세우기 위한 건국준비위원회가 발족하였고, 곧 이어 각 운동진영에서도 신국가건설론을 천명하였다. 박헌영은 조선공산당을 재건하며 이른바 '8월 테제'를 발표하였다. 연전교수 출신의 백남운도 조선학술원을 조직하였다. 일제가 태평양전쟁을 일으키자 스스로 해산했던 부르주아 계열의 진단학회도 재조직되었다. 이들 모두는 신국가 건설을 위한 학술상의 문제를 제기하고 이에 참여하였다. 모든 개별 학문 분야에서도 '신[새로운]'이라는 말을 내걸며, 일제의 잔재 청산과 민족적 학문 정립에 나섰다.[1]

---

1) 역사학계의 재건에 대해서는 方基中, 「解放後 國家建設問題와 歷史學」, 『韓國史 認識과 歷史理論』 김용섭교수정년기념한국사학논총 1, 지식산업사, 1997.

학술운동으로 학문계의 재편과 재건을 주도한 것은 해방 이튿날 8월 16일에 조직된 백남운의 '조선학술원'이었다.[2] 일제하 중앙아카데미를 주창하면서 학술운동을 전개하려던 백남운의 구상이 해방 정국 속에서 발현되었던 것이다. 조선학술원의 설립 취지는 다음과 같다.

> 정치의 자유가 없는데는 학술의 발전이 없는 것이다. (……) 이제 조선민족은 일본제국주의 기반(羈絆)으로부터 해방되었다. (……) 자(玆)에 약간의 유지 학도와 기술자들은 미력이나마 신국가건설기를 임하여 각계 전문학도와 지도적 기술자들을 대동 집결하여 조선학술원을 창설하고, 첫째로 이론적으로나 기술적으로나 조선경제체제 재건과 국토계획에 관한 근본적 검토를 가하고, 둘째로 정치경제와 사회문화의 성격을 규정할 수 있는 핵심 문제에 대한 과학적 토론을 거듭함으로써 신정부의 요청에 대한 국책적 건설안을 준비하며, 셋째로 장래의 학술체제와 고차적인 사회연구 태세를 확립하고자 (……)[3]

새로운 정부 건설에 필요한 대안들을 과학적 학술 연구를 통하여 제안하고자 한 것이었다. 이런 점은 「규약(規約)」 속에서 더 명확하게 정리되었다. 곧 "본원은 과학의 제 부문에 걸쳐서 진리를 탐구하며 기술을 연마하여 자유 조선의 신문화건설을 위한 연총(淵叢)이 되며 나아가서 국가의 요청에 대한 학술 동원의 중축(中軸)이 되기를 목적으로 함"(제3조)이라고 하였다.[4]

조선학술원은 위원장 백남운을 비롯하여 그 아래 서기국 위원, 학문별 학부장(學部長), 그리고 상임위원으로 구성되었다. 이 가운데 연전 관계자로는 백남운을 비롯하여 문학언어부장 이양하(李敭河)가 있었고, 상임위원으로 김봉집, 이원철, 이순탁, 윤일선, 최현배, 김일출 등이 활동하였다. 곧 조선학술원은 기본적으로 좌우익을 넘어 학술계를 통합한 학술총본부의 역할을 감당하고자

---

2) 방기중, 『한국근현대사상사연구』, 역사비평사, 1992, 227~230쪽.

3) 『學術』 1, 「朝鮮學術院趣旨書」, 229쪽.

4) 『學術』 1, 휘보, 「朝鮮學術院規章」, 227쪽.

하였다.

'조선문화 연구'를 표방하면서 창립되었던(1934) 진단학회도 재건되었다. 진단학회는 일제의 침략이 노골화되면서 자진해산했던 터였다. 진단학회를 주도하던 이병도 등은 해방 정국의 학문, 교육계에서 중요한 역할을 담당하였다. 미군정청에서 발간한『국사교본』이라는 역사교과서를 집필(이병도, 김상기)하였으며, 경성대학에 자리를 잡아 학계를 주도하였다. 그러나 이들은 '순수학문', '실증사학'이라는 문제 의식 속에서 일제 말기 친일적인 태도를 보인 경우가 많았고, 이로 인해 진단학회 내부에서도 강한 비판이 제기되었다. 이를 주도한 사람은 조윤제 등의 '신민족주의' 계열이었다. 역사학에서는 연전 강사를 지낸 손진태, 이인영 등이 이에 속하였다.

한편, 연전 출신 홍이섭을 중심으로 '역사학회'를 조직한 것(1945. 12. 25.) 역시 학술운동의 일환이었다. 역사학회는 "여러 분야의 역사를 학문적으로 연구하여 새로운 사학(史學)을 세우는 것"을 목적으로 하였다. 주로 20~30대의 소장 학자들이 참여하였다. 홍이섭(洪以燮), 조의설(趙義卨), 민영규(閔泳珪), 김일출(金一出), 염은현(廉殷鉉) 등 연전 출신을 중심으로 하였으며, 서울대 사학과 1회 출신들(全海宗, 高柄翊, 韓㳓劤 등)이 가담하였다. 이들은『역사학연구』라는 잡지도 간행하였다.[5]

사회주의 계열의 학술운동도 활발하였다. 이들은 점차 미군정을 상대로 싸우면서 마르크스주의 학술진영을 통합하여 '조선과학동맹'을 결성하였다 (1947. 2.). 이들은 같은 사회주의 진영의 대가였던 백남운의 학문도 강하게 비판하였다. 그 외, 여운형의 인민당 계열이었던 김일출도 '신문화연구소'를 만들어 학술운동에 동참하였다.

그러나 1948년 대한민국 정부 출범과 6·25전쟁으로 마침내 학술계도 남북으

---

5) 『歷史學硏究』 1, 326쪽. 제1차 간사진(홍이섭, 김일출, 민영규, 염은현)은 모두 연희전문 출신이었다. 이에 대해서는 조동걸,『한국근현대사의 탐구』, 2003, 419쪽 ; 김도형, 「홍이섭의 현실인식과 역사연구」,『동방학지』 130, 2005, 10~11쪽.

로 분단되었다. 사회주의 계열은 물론, 일제에 대항하던 민족주의 계열 인사들도 대거 월북 혹은 납북되어 북으로 갔다. 많은 연세인도 여기에 포함되었다.

6·25전쟁 중 남한 학술계는 전쟁을 극복, 승리하기 위한 학술기관을 만들기도 하였다. 고착되어 가던 냉전구조의 영향을 받은 '전시과학연구소'였다.[6] 이들은 6·25전쟁이 동서(東西)간 냉전체제의 대립, 즉 '전 세계가 고민하고 있는 자유민주주의와 독재공산주의와의 전쟁'의 연장선상에 있다고 보고, 이 난국을 극복하고 전쟁에 승리하기 위하여 총력전의 태세로 결집하였던 것이다. 이들 가운데는 해방 후 이념의 차이를 넘어 좌우 통합의 역할을 담당하던 사람들도 있었으나, 남북 분단과 전쟁은 이런 여지를 남기지 않았다. 학문상의 분단을 극복하기 위한 노력은 또 다시 우리 학술계의 과제가 되었다.

2) 대학교육제도의 정비와 연세인

학술계의 재편과 더불어 한국의 새로운 교육제도와 대학교육도 정비되었다. 미군정 하 마련된 교육제도는 일차적으로는 미군정과의 밀접한 관계 속에서 일제 시기 교육 경험이 있었던 부르주아 세력이 주도하였다.

미군정 인력은 1945년 9월 10일 서울에 들어왔다. 11일 락카드(E. Lockard) 대위가 교육담당으로 정해졌고, 그는 14일에 학무국장이 되었다. 그리고 16일, 조선교육위원회(Korean Committee on Education)가 만들어져, 18일에 첫 회의를 열었다. 이 위원회는 각 분야별로 7명의 위원으로 구성되었는데, 곧 김성달(초등교육), 현상윤(중등교육), 유억겸(전문교육), 백낙준(교육전반), 김성수(고등교육), 김활란(여자교육), 최규동(일반교육) 등이었다. 위원들은 일제 하 교육 경험자로, 대개 우익적, 보수적이었다. 9월 22일, 김성수가 락카드의 고문으로 임명되자 백남훈이 고등교육 담당 위원이 되었다.

교육위원회는 미군정의 학무국장의 자문에 응하여 각급 학교의 개교시기,

---

6) 김용섭, 『남북 학술원과 과학원의 발달』, 지식산업사, 2005, 62~64쪽.

일본인 및 친일 교사의 축출 문제, 학무국 인력 구성, 교과서 및 교육과정 구성 등을 다루었다.[7] 위원회는 학무국장, 공립중등학교 교장, 대학장 등도 선발하였는데, 해방 후 일제의 잔재 '제국'을 떼고 계속된 경성대학의 총장대리 겸 법문학부장으로 백낙준을 선정하였다. 그러나 이에 대해 경성대학 학생자치 위원회, 법문학부 조선문화건설중앙협의회에서 거부의사를 표명하였고, 부득이 10월 10일, 미 해군 대위 크로포츠(A. Crofts)를 경성대학 총장으로 삼았다.[8]

11월에는 조선교육위원회 위원이 10명으로 늘어났다. 윤일선(의학교육), 조백현(농업교육), 정인보(학계 대표)가 추가된 것이다. 조선교육위원회는 9월 16일 이후, 일주일에 평균 2차례, 1회 3~5시간씩 회의를 거듭하여 해방 후 교육제도의 골격을 마련하였다.

이즈음, 학무국에도 한국인이 직접 참여하게 되었다. 9월 29일에는 김성수가 학무국장(대리), 오천석이 학무과장이 되었다. 12월에는 국장으로 한국인, 미국인 두 사람을 두었는데, 한국인 학무국장으로 연희전문학교 교장인 유억겸이 임명되었다. 1946년 3월에 국(局)이 부(部)로 바뀌면서 학무국은 문교부가 되었다. 해방 후 한국의 교육제도의 골격은 미군정청 문교부장 유억겸과 차장 오천석이 주도하게 되었다.

한편 조선교육위원회와는 별도로 11월 15일, 조선교육심의회(The National Committee on Educational Planning)라는 자문위원회가 발족하였다. 이 위원회는 1946년 3월 7일 해산될 때까지 모두 105차의 분과회의와 20차의 전체회의를 통해 매우 다양한 교육안들을 결정하였다. 신교육제도 도입, 의무교육 실시, 학교 설립 기준, 교육 행정기구 개편 등 교육이념과 제도의 골격이 논의되었다.

---

7) 한준상, 「미국의 문화침투와 한국교육」, 『해방전후사의 인식(3)』, 1987, 573~575쪽.
8) 이길상, 「고등교육」, 『한국근현대교육사』, 정신문화연구원, 1995, 340쪽. 반대하는 측에서는 "적어도 대학 총장과 학부 부장은 심오한 학식과 고결한 인격으로 만인의 흠모를 받아야 하겠거늘 10년 전에 연희전문 교수를 사한 일개 브로커로 또는 일본 제국주의의 주구로서 활약한 백씨를 총장으로 맞을 이유는 없다"라고 하였다(『주간건설』 1, 1945. 11 ; 이길상, 위의 글, 340쪽, 재인용).

이 안들은 위의 조선교육위원회의 결정을 정당화시켜주면서 한국의 새로운 교육체제를 마련하였다.[9]

교육심의위원회 산하에는 모두 10개의 분과(이념, 제도, 행정, 초등교육, 중등교육, 직업교육, 사범교육, 고등교육, 교과서, 의학교육)가 있었다. 각 분과는 7~10명의 한국인과 1명의 군정청 미군으로 구성되었다. 중요한 위원회로는 교육이념을 정하는 제1분과(안재홍, 정인보, 백낙준, 김활란, 하경덕, 홍정식 등), 교육제도를 다루는 제2분과(유억겸, 오천석, 김준연, 이훈구, 이인기 등), 고등교육을 다루는 제8분과(김성수, 유진오, 윤일선, 백남운, 조병옥, 박종홍 등), 그리고 교과서를 다루는 9분과(최현배, 장지영, 조진만, 조윤제, 피천득 등) 등이었다.[10] 좌익계 인사는 거의 배제된 구성이었다. 교육심의위원회는 11개 부문에 총 65과제를 토의 안건으로 상정하였다. 여기에서 '홍익인간(弘益人間)'을 한국의 교육이념으로 정하였고, 6·3·3·4제의 교육기간을 정하였으며, 고등교육을 위한 대학교도 설치하였다.

제1분과에서 정한 '홍익인간' 교육이념은 백낙준이 제안하였다.[11] 이 이념은 일제하 민족문화운동에서 강조되던 '단군'의 건국이념을 근대적으로 계승한 것으로, 연희전문에서 추구하던 민족교육과도 무관하지 않은 것이었다. 1분과에는 백낙준 외, 연전 교수였던 정인보, 하경덕이 있었고, 위원장 안재홍은 정인보와 함께 1930년대 초반의 실학 연구와 조선학 운동을 전개하였던 사람이었다.

---

9) 한준상, 앞의 글, 576쪽.
10) 이 가운데 연세 관련자는 백낙준, 하경덕, 정인보, 유억겸, 윤일선, 백남운, 조병옥, 최현배, 장지영 등이었다.
11) 백낙준은 1952년 문교부장관 시절, 교육이념의 역사적 유래를 설명하면서, "여기서 여러분들이 敎育理念을 두세 개 제출해 가지고 토론했는데, 처음에는 우리 교육이념이 될 만한 것을 하나도 발견하지 못하였습니다. 그러다가 나중에 어떻게 되어서 내가 생각이 나서 '홍익인간'이라고 정하는 것이 어떠냐고 말을 할 때, 그때 모두가 좋다고 하였습니다. 그래 가지고 소위 분과위원회에서 '홍익인간'이라는 것을 우리 교육의 이념으로 정하자고 했던 것입니다"라고 하였다(「社會變遷과 새 敎育」, 『백낙준전집(5)』, 연세대학교 출판부, 1995, 196쪽).

백낙준은 "원래 이 홍익인간이라는 교육이념은 다른 곳에서 빌려온 것도 아니고, 또 이것이 다른 나라를 배타(排他)하는 제국주의 이상(理想)도 아니고, 근대사상 그대로를 반영한 것이니까 '홍익인간'으로 우리 이상을 삼자고 해서 채택이 되었던 것"이라고 하였다.[12] 즉 자민족주의를 극복하고 당시 사회적 과제인 민주주의를 실현하면서 다른 사람, 민족과의 공존, 공영 등에 이바지하자는 것이었다. 1분과 위원장 안재홍도 이 교육이념은 "건국 이념에 기(基)하여 인격이 완전하고 애국정신이 투철한 민주국가의 공민을 양성함"이라고 하였고, 이를 위해 민족의 자존독립, 국제 우호, 고유문화, 과학기술, 예술과 창작성, 체력 향상 등을 방침으로 정하자고 하였다.[13] 홍익인간 교육이념은 대한민국 정부 수립 후에 제정된 교육법 제1조에 그대로 계승되었다. 곧 "교육은 홍익인간의 이념 아래 모든 국민으로 하여금 인격을 완성하고 자주적 생활능력과 공민으로서의 자질을 구유하게 하여 민주국가 발전에 봉사하며 인류공영의 이상 실현에 기여하게 함을 목적으로 한다"고 명시되었던 것이다.[14]

한편, 교육심의위원회 고등교육위원회는 대학 설립과 대학교육도 논의하였다. 1946년 4월에는 「전문대학의 입학시험에 대한 임시 조치안」을 확정하였는데, 우수한 인재를 사회에서 쓸 수 있도록 하며, 관립과 사립의 차별을 없앤다고 하였으며, 전문학교를 대학으로 승격시킬 때 그 전 전문학교에 재학하고 있던 학생을 편입하는 문제를 다루었다.[15] 또한 5월에는 24개의 전문학교를 그해 9월부터 대학으로 승격할 것이라는 계획을 발표하였다.[16] 이에 따라 전국에

---

12) 백낙준, 위의 글, 196쪽. 홍익인간 교육이념에 대해서 가장 반대했던 사람은 백낙준의 연전 동료였던 백남운으로, 백남운은 이 이념이 일제의 '八紘一宇'의 再版이라고 하였다.

13) 손인수, 『한국교육운동사 ①』, 문음사, 1994, 123~124쪽 재인용.

14) 손인수, 위의 책, 126쪽. 정부 수립 후, 교육법을 정할 때 기초위원(장이욱, 오천석, 현상윤, 유진오, 백낙준) 사이에는 '홍익인간'을 빼고 그 대신 '인류공영(人類共榮)'이라고 하였는데, 전체위원회에서 '홍익인간'을 다시 넣게 되었다고 하였다(백낙준, 위의 글, 196~197쪽).

15) 『동아일보』 1946. 4. 26, 「專門 大豫 入試 7月에 施行」.

16) 『동아일보』 1946. 5. 20, 「建國 棟梁의 새 搖籃」.

대학이 설립되기 시작하여, 1946년 8월 15일부로 연희대학교를 비롯한 몇몇 종합대학이 출범하였다. 1948년 대한민국 정부 수립 당시 고등교육기관으로는 종합대학 4개교(서울, 연희, 고려, 이화), 단과대학 23개교(국립 3, 공립 4, 사립 16), 초급대학 4개교가 있었다.

국립서울대학교 설립에는 많은 진통이 뒤따랐다. 1946년 7월 13일, 문교부장 유억겸이 국립종합대학 설립 계획을 발표하였다. 관립·공립 전문학교를 대학으로 승격시키고, 이를 경성대학 중심의 국립종합대학으로 통합한다는 것이었다(국대안). 일제하 법적으로 유일한 고등교육기관이었던 경성제대를 새로운 국가 건설에 걸맞는 종합국립대학으로 개편하기 위한 것이었다. 이에 해방 후에 새롭게 시작한 경성대학을 중심으로 흩어져 있던 9개 관공사립 전문학교를 통폐합하여 9개 단과대학과 1개 대학원으로 이루어진 '국립서울대학교'를 만드는 계획이었다.[17] 초대총장은 미군 대위 앤스테드(Harry Ansted, 법학박사)로 정하고, 이사회는 문교부장, 문교차장, 고등교육국장(미국인, 한국인 각 1인) 등 모두 6명으로 하였다.

이 계획이 발표되자 대대적인 반대운동이 일어났다. 국가의 교육 관리권과 대학의 자치권 사이의 충돌이었다.[18] 관료적 교육행정은 대학의 자치권, 학생의 자치훈련 기회, 학원의 민주적 발전을 저해한다는 점이 문제로 부각되었다. 그러나 이 반대운동도 1년 후 1947년 7월말에는 대체로 수습되면서 국립서울대학교가 정상적으로 출범할 수 있었다. 10월 25일, 한국인 최초의 총장(2대)에 연희전문학교 교수 출신 이춘호가 선임되었다.

---

17) 『동아일보』 1946. 7. 14, 「最高學府를 統合 改編」. 문리과대학(경성대 예과, 경대 문학부, 이공학부의 일부), 사범대학(경성사범학교, 경성여자사범학교), 법과대학(경성법전), 상과대학(경성경제전문), 공과대학(고등공업, 광업전문 일부), 의과대학(경대 의학부와 경성의전), 치과대학(사립경성치전), 농과대학(수원농전), 예술대학(신설, 미술과 음악)으로, 기존의 경성대학을 근간으로 여러 전문학교를 국립서울대학교로 통합하는 것이었다. 그 후 연전 교수 출신 현제명이 설립한 음악학교도 음악대학으로 통합되었다.

18) 최혜월, 「미군정기 국대안반대운동의 성격」, 『역사비평』 계간 1, 1988.

이렇게 해방 후에는 비록 미군정 체제 아래였지만, 일제의 잔재를 벗어나 독자적인 교육 체계를 세울 수 있었다. 특히 대학교의 설치 및 교육의 전개로 식민지 학문만을 생산하던 경성제대의 독점을 깨뜨릴 수 있었다. 실제적인 대학교육을 실시하던 몇몇 전문학교가 대학으로 새롭게 출범하게 되었던 것이다.

연세 출신은 이런 한국의 교육정책과 대학교육에서 많은 부분을 담당하였다. 앞서 본 바와 같이, 연전교장이었던 유억겸은 미군정청의 한국인 문교부장으로 교육 정책을 총괄하였고, 백낙준은 해방 직후 경성대학의 법문학부장을 지냈고, 연희대학교 총장으로 재직하면서 제2대 문교부장관으로 활동하였다(1950. 5. 4.~1952. 10. 29.). 백낙준 장관 아래 차관은 연전 수물과 출신의 최규남(崔奎南, 1950. 5. 12.~1951. 9. 20, 재임)과 세브란스의전 출신(후에 교수 역임)의 고병간(高秉幹, 1951. 9. 21.~1952. 11. 13, 후에 경북대 총장 및 연세대총장 역임)이었다. 최규남은 문교부 차관을 끝내고 바로 서울대학교 총장이 되었고(1951. 9.~1956. 6.), 총장 역임 후에 바로 문교부 장관이 되었다. 최규남 후임 장관은 세브란스의전 출신 최재유(崔在裕, 1957. 11. 27.~1960. 4. 27, 보건사회부 장관 역임)였다. 또 초창기 서울대학교도 연세 출신이 이끌었다. 종합국립대학 후 제2대 총장인 이춘호(1947. 10. 25.~1948. 5. 12.), 최규남, 윤일선(1956. 7. 19.~1961. 9. 29, 세브란스의전 교수 출신) 등이 총장을 지냈다. 그 외 많은 연전, 세의전 출신 교수들도 있었다. 일제하 실질적인 고등교육을 운영하고 있었던 연전과 세의전의 힘이었다.

3. 연희대학교의 교육과 '연세'의 출범[19)]

1) 연희대학교의 교육

연희전문은 일제 말기에 폐교되어 그 재산은 일제에 몰수되었다. 해방 후

---

19) 이 장은 『연세대학교백년사(1)』, 연세대학교, 1985의 해당 부분을 참조했음.

9월 9일, 미군이 서울에 진주하자 연전의 재산은 미군정청의 '적산'으로 처리되었다. 미군정은 학교 건물을 당분간 육군병원으로, 학무국에서는 법관양성소로 사용하려고 계획하였다. 연전 관계자들에게는 무엇보다도 미군정에 넘어간 학교 재산을 환수하는 일이 급선무였다.

백낙준·하경덕·유억겸·이춘호 등의 연전 교수 출신들은 미군정청에 접촉하여 학교 환수를 논의하였다. 미군정청은 연희 관련 인사들이 만든 접수위원회와 교섭하였다. 9월 23일 구성된 접수위원회는 동문회 대표 이묘묵·김윤경, 경성공업경영전문학교 대표 조의설, 재단기부자 김성권, 연희전문학교 대표 백낙준·유억겸·이춘호 등이었다. 미군정청에서는 이들 위원을 미군정청 접수위원으로 임명하고, 이 위원회는 경성공업경영전문학교장 곤도(近藤英男)로부터 학교를 접수하였다. 학교의 접수는 9월 25일 시작되어 10여일 만에 끝났다.

접수위원으로 이사회를 구성하고 유억겸을 교장으로 선임하였으며, 학교에 4개의 학부(문학부, 상학부, 이학부, 신학부)를 두었다. 학부장으로는 각각 김윤경, 이순탁, 장기원, 장석영으로 하였다. 그리고 이사 및 학부장으로 이루어진 간부회의에서 10월 29일자로 곤도 교장을 파면하였다. 10월 30일 일제에 의해 추방되었던 전 교장 원한경이 미군정청 고문 자격으로 한국에 돌아왔다. 이에 따라 기구도 합법적인 위치를 갖게 됐고, 연희전문학교라는 학교 이름도 사용하게 되었다. 이로써 학교운영은 접수위원과 원한경이 참석한 이사회 소관으로 넘어왔다.

연희전문이 다시 열렸지만 일제 말기 전쟁과 해방 직후 혼란 속에 학생들이 부족하였다. 이에 학교에서는 일제에 강탈된 후 운영된 경성공업경영전문학교로 입학한 학생들도 구제하고, 또 모자라는 학생을 다시 모집하여 충원하였다. 보결생 모집의 경쟁률은 평균 7 : 1이나 되었고, 국내 유일한 학과로 신설된 정치외교학과의 인기가 대단하였다. 새로 합격한 394명을 합쳐 전교생은 888명이 되었다. 11월 20일에 개학하였고, 곧 바로 특별 강습을 실시하였다. 특히 국사와 국어 교육이 시급하였다. 이 강습은 1주일 동안 계속되었고, 12월

5일부터 정규 강의가 시작되었다.

1945년 말, 교장 유억겸이 미군정청 학무국장(곧 문교부장)으로 자리를 떠나자 그 후임 교장으로 경성대학 법문학부장으로 있던 백낙준이 부임하였다. 1946년 3월, 대학준비위원회가 조직되었고 7월 31일자로 미군정청의 대학설립 인가를 받아 연희대학교로 승격되었다. 영문 이름은 연희전문 시절부터 사용하던 'Chosun Christian'으로 하였다(해방 후 'Chosen'을 'Chosun'으로 바꾸고, 종합대학인 University로 함). 학원과 학과 제도를 정비하여, 문학원(국문, 영문, 사학, 철학, 정치외교, 교육), 상학원(상학, 경제학), 이학원(수학, 물리기상학, 화학), 신학원(신학)을 설치하였으며, 백낙준이 총장으로, 원한경은 명예총장으로 추대되었다. 1948년에는 일제가 없애버린 언더우드 동상도 다시 세웠다.

1950년 5월, 연희대학교 제1회 졸업생이 배출되었다. 교육법에 따라 학제도 '학원'에서 '대학'으로 바뀌면서 대학교육이 궤도에 올랐다. 대학으로 승격한 세브란스의대와의 통합 논의도 다시 시작되었다. 그러나 곧 터진 6·25전쟁으로 인해 양교의 통합 논의는 말할 것도 없거니와 학교 운영도 어려움에 직면하였다. 하지만 전쟁 와중에서도 양교의 배움은 계속되었다.

연희대학교는 1950년 6월에 신학기를 시작하였다. 1951년부터 신학기를 9월에서 4월로 변경하였으므로, 1950년 한 해만 과도적 조치로 6월에 신학기를 시작하였다. 새로운 학칙에 따라 단과대학체제를 갖춘 종합대학으로 모습을 갖추고, 입학식과 개강식을 거행하였다. 그러나 신학기 수업을 시작하자마자 6·25전쟁이 터졌다.

전쟁이 나자 학교에서는 노천극장에 학생들을 모아 휴교를 통보하였다. 전쟁으로 언더우드 동상이 쓰러지고, 학교 비품과 도서 등도 흩어졌으며, 남아있던 학생들 가운데 많은 수가 의용군으로 끌려갔다. 3개월 후 서울이 수복(9·28)되면서 많은 연희 관계자들이 북으로 끌려갔다. 사학과의 홍순혁, 이인영 교수를 비롯하여, 이순탁 강사(연전 교수 역임), 이춘호 이사, 정인보 전(前)교수 등이었다.

서울 수복 후 학교는 부서진 교사를 대충 수리하고, 흩어진 학생들을 모아 12월에 개강하였다. 1,500여명의 학생 가운데 다시 등록한 학생은 90명 가량이었다. 그러다 1·4후퇴 때 다시 학교를 휴교하고, 부산으로 피난하였다. 이때 정부에서는 임시조치로 전시하 교육특별조치요강을 정하였는데, 대학생의 경우에는 부산, 광주, 전주, 대전 등 4개 도시에 전시연합대학을 만들어 학업을 계속하였다. 이 제도를 만든 사람은 당시 문교부장관 백낙준이었

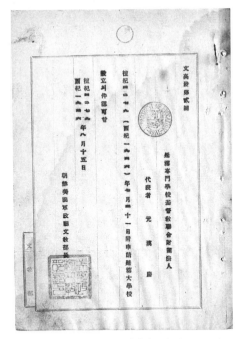

연희대학교설립인가서, 1946

고, 연희대학교 학생 가운데 150여 명이 이 대학에서 수강하였다.

1951년 10월에는 피난지 부산에서 학교를 개교하였다. 이미 8월에 1947년도 입학생을 졸업시키고, 9월에 신입생도 모집하였다. 부산 영도에 천막으로 교사 네 채(강의실 8개)를 만들고 개강하게 되었던 것이다. 12월에는 백낙준 문교부장관의 알선으로 UN의 원조를 받아 목조교사를 건립하였다. 목조교사를 지으면서 부지도 매입하여 피난지에서의 대학 캠퍼스를 만든 것이었다. 이 캠퍼스는 환도 후에도 그대로 유지되어 연희대학교 부산분교가 되었다.[20]

---

20) 1957년, 부산분교는 부산연세초급실업대학으로 개편되었고, 교양과, 상경과, 정법과, 생산기술과, 가정과가 설치되었다. 1963년, 초급대학을 폐지하기로 하였지만 가정과는 여성교육을 위해 존속시켜, 이를 가정대학으로 설치하였다(1964). 이 분교(초급대학) 시설은 가정대학이 서울로 이전하는 1966년까지 존속되었다.

2) 연희, 세브란스의 합동

1953년 휴전으로 서울로 돌아온 연희대학교에서 적극적으로 추진한 사업은 6·25전쟁으로 중단되었던 세브란스의과대학과의 합동 문제였다. 이 합동은 이미 1920년대 중반, 대학을 지향하면서 추구하던 오랜 숙원 사업이었다. 해방이 되자 합동 논의가 다시 시작되었는데, 처음에는 연희, 세브란스, 이화 세 학교가 논의하였으나, 이화는 여성교육의 전통을 유지한다는 명분으로 빠지고, 연희와 세브란스의 합동만이 추진되었다.

그 사이 세브란스의전도 대학으로 출범하였다. 세의전은 일제에 의해 아사히 (旭)의학전문학교로 이름을 바꾸었지만, 해방과 더불어 자연스럽게 옛 이름을 되찾았다. 그리고 대학령이 실시되자 의과대학으로 승격되었다. 1946년 9월에 예과를 모집하였고, 1947년에 인가를 얻어 정식으로 세브란스연합의과대학이 되었다. 세브란스는 해방 후 일본인 의료 관계자가 빠져나간 의학계의 공백을 메우는 중심적인 역할을 감당하였으며, 세브란스 교수 혹은 졸업생들은 다른 의과대학이나 의료 행정을 주도하였다.[21)]

합동 논의는 1948년에 거의 성숙되었다. 그 해 11~12월에는 양교 교수회에서 합동을 찬성하는 의결을 행하고, 건의서를 발표하였다. 건의서에서는 기독교 정신을 한층 확충하고, 종합대학으로의 면모를 갖추기 위한 점을 강조하였다. 이는 1949년, 세브란스의과대학의 예과를 연희대학교 안에 개설한 것에서도 잘 드러났다. 6·25전쟁으로 이도 잠시 중단되었지만, 부산 피난 중에도 수시로 논의되었으며, 환도 후 본격적으로 추진되었다. 합동에는 아무런 이의가 없었다. 다만 합동 후의 교명을 두고 회의가 거듭되었다. 1954년 9월, 합동을 전제로 세브란스의대, 병원을 연희대학교 부지 안에 신축하기로 하였고, 1955년에는

---

21) 윤일선이 경성대학 의과대학 교수(후에 총장)로, 심호섭이 경성의전 교장(후에 서울의대 초대학장)으로, 고병간은 대구의전 교장(후에 문교차관, 경북대 총장, 연세대 총장)으로 진출하였다. 또 이용설은 미군정청 보건후생부장으로, 대한민국 정부 수립 후에는 최재유 등이 보건부 장관을 역임하는 등 의료 정책도 담당하였다.

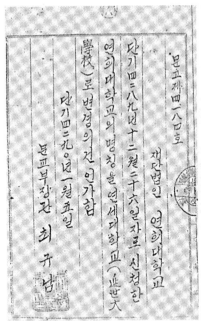

연세대학교 설립인가서(문고 제4184호)

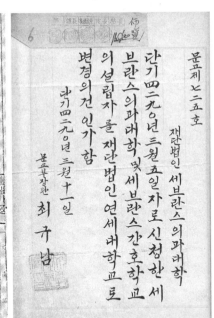

세브란스 설립자 변경 인가서(문고 제725호)

연희대학교 대학원에 의학과 석사과정이 설치되었다.

학교 이름을 정하는 것은 통합의 마지막 진통이었다. 1955년 3월의 합동이사
회에서는 교명으로 연희대학교, 기독교대학교, 한국기독교대학교 등을 제안하
였다. 그러다가 다시 7월 이사회에서는 연희를 빼고, 동명대학교, 태백대학교,
한경대학교, 신민대학교 등을 후보군에 추가하였다. 6개 후보 이름을 두고
투표한 결과 신민대학교, 기독교대학교 등으로 순위가 압축되었고, 두 후보만을
두고 투표한 결과에서는 그 순위가 바뀌기도 하였다. 그러다가 10월 이사회에서
는 연희와 세브란스가 가진 전통적 명칭을 살리자고 하면서, 그 머리 글자를
따 '연세대학교'로 결정하였다. 이 교명은 1929년 연전과 세의전의 합동을
논의할 때 이미 제안되었던 이름이었다.

이런 논의를 거쳐 마침내 1957년 1월 5일 문교부의 허가를 얻어 연세가

연세대학교 현판식, 1957

출범하였다. 문교부의 허가서는 "단기 4289년 12월 26일자로 신청한 연희대학교의 명칭을 연세대학교로 변경의 건을 인가함"이라고 하여, 형식적으로는 연희대학교의 이름을 연세대학교로 변경하는 모양을 취하였다. 또한 같은 날 세브란스의과대학의 재산을 연세대학교에 양도하는 것도 인가되었다. 이로써 제중원을 모태로 출발하였던 의료교육 사업(세브란스의전)과 교육 사업(연희전문)의 두 기관이 오랜 우의 속에서 유지되다가 이제 하나로 다시 시작하게 되었던 것이다.

4. 연세학풍의 조정

1) '화충' 학풍의 계승

해방이 되고 종합대학 연희대학교로 출범하면서 연희전문 시절 축적한 학교의 학문 전통을 새롭게 정비하였다. 초창기는 새로운 국가 건설을 위한 교육을 천명하였다가, 6·25전쟁 후 점차 미국의 학문을 직접적으로 우리 학계에 수용하는 역할을 주도하였다. 그러면서도 연희는 서양 일변도의 학문으로 흐르지 않았다. 일제 하에서 형성된 "동서고근 사상의 화충"이라는 교육방침이 유지되었기 때문이었다.

해방 후 학술운동은 모두 민족문화의 새로운 건설을 그 토대로 하였다. 이런 점에서 '화충의 학풍'은 당시 학술운동을 이끈 핵심 논리가 될 수 있었다.

특히 연희는 전통적인 민족의 역사와 문화를 연구하는 중심적인 역할을 감당하였다. 일제하 연희전문에서 발전했던 국어학, 민족주의 역사학 연구 등이 그 중심에 있었다.

이런 의식 속에서 1948년 12월에 국내 최초의 한국학, 아시아학 연구기관인 '동방학연구소'를 설립하였다. 이 연구소는 한국문화와 이와 관련 있는 외국 여러 민족의 문화, 특히 북방민족의 문화를 종합적으로 연구하여 한국의 전통문화와 학문을 계승 발전시킨다는 목표를 내세웠다. 연구소 설립은 당시 총장 백낙준이 주도하였고, 총장으로 연구소 소장을 겸하였다.

동방학연구소에서는 1954년 3월에 국내 최초의 대학 학술연구지인『동방학지』를 발간하였다. 이는 한국 대학의 학문 연구에서도 처음 있는 일이었고, 그 작업이 서양의 학문을 수용하기 위한 것이 아니라 우리 고유의 문화와 역사를 연구하는 '국학'이었음에 주목할 필요가 있다.『동방학지』를 발간하면서 백낙준은

> 『동방학지(東方學志)』는 동방연구집록(東方硏究輯錄)이다. 동방문화지역에는 구문화(舊文化)의 결실을 이미 거두었고, 신문화는 그 생장기에 처(處)하여 있다. 우리는 근역(槿域) 및 그 근린(近隣) 문화의 학술적 연구로써 구문화의 진수(眞髓)를 이해 체득하고 신문화의 발전을 조장(助長)하려 한다.[22]

곧 한국뿐 아니라 동방(동아시아) 지역의 옛 문화의 진수를 이해, 체득하면서 이를 통해 새로운 문화의 발전을 기한다는 원칙이었다. 이는 곧 연전 시절의 '동서고근의 화충'을 해방 이후의 '신문화 건설'의 과제 속에서 조정한 것이었다. 또한 당시 풍미하던 '세계적 학술', '세계적 공헌'도 모두 우리 것을 우리가 연구하는 것에서 출발한다는 생각을 확신하고 있었다.[23]

---

22) 白樂濬,「刊行辭」,『東方學志』1, 1954.
23)『東方學志』2(1955),「간행사」에서도 백낙준은 "國故 硏究는 반드시 있어야 될 것이요, 이에 獻身하는 학자들도 많이 일어나야만 될 것이다. (……) 우리 학문의 건설은 우리의

2) 연세학풍의 재천명

화충의 학풍이 시대적 변화 속에서 조정되면서, 이는 곧바로 학교의 교육 방침으로 표현되었다. 백낙준은 1946년 1월, 미군정청 학무국장으로 자리를 옮긴 유억겸의 뒤를 이어 연희전문학교 교장이 되면서 "신흥국가의 건설은 연희인으로 건설하자", "독립국가의 국민으로서 자부심을 갖자"고 주창하고, '민족주의의 부활'을 연희 교육의 목적으로 삼았다.[24]

1946년 연희대학교 학칙 제1조는 "본 대학교는 기독교 정신에 기(基)하야 학술의 심오한 이론과 그 광범 정치(精緻)한 응용방법을 교수하는 동시에 성실 고매한 지도적 인격을 도야함을 목적한다"는 것이었다. 연전 시절부터 강조하던 기독교 정신, 학술연구와 응용 학문, 인격 도야 등이 그대로 표현되어 있음이었다. 그런데 이 학칙의 '목적'은 대한민국 정부 출범, 신교육법 제정 등 당시의 사회적 과제를 반영하여 수정하였다. 학술과 응용학문을 추구하되 인격 도야 부분에서 "성실 고매한"이라는 구절을 "민주자유사회 발전에 기여할"이라고 수정하여 1952년 「학사보고서」에 반영하였다(그림 참조).

6·25전쟁 후, 대학의 기본 이념과 교육 방침도 점차 사회 변화에 따라 재조정 되었다. 특히 전쟁 후의 재건과 민주국가 건설이 사회적 과제로 부각되면서, 이에 걸맞는 인재를 배출하기 위한 노력의 일환이었다. 매년 표현에서 조금씩 차이가 있고, 또한 강조되어 부가되는 내용들도 조금씩 변하였다. 이를 정리하면 다음과 같다.[25]

손으로 이룩하여야만 된다. (······) 우리는 西方을 상대하고 개국한 이래로 우리의 후진성을 벗어나기 위하여 또한 최근에는 '하나의 세계'로 지향하는 세계 공동한 발전을 위하여 우리 것은 다 잘아는 셈치고 남의 것만을 배워왔다. 그렇다고 하여 우리가 다른 학문의 방면에는 세계적 수준에 올라 있다고 장담도 하지 못할 처지이다. 우리는 세계적 학술의 진전에 보조를 같이하려는 노력을 망각할 수 없는 동시에 우리는 우리의 학술에 권위자가 되어야 된다. 우리의 세계적 공헌은 우리 것을 빛내게 하는데 있을 줄 안다"라고 하였다.

24) 『연세대학교백년사(1)』, 340쪽.

25) 각년도별 『학사보고서』 참조.

1952년 : 기독교 정신에 기하여 학술의 이론과 응용 방법을 교수함으로써 민주 사회 발전에 봉사할 수 있는 지도적 인격을 양성하는 것을 기본방침으로 하였고, 또 하고 있음.

1954년 : 본 대학교 본래의 기독교 정신에 기한 교육 목적을 달성하는데 있어서 그간의 사회적 변천과 시대적 요청에 즉응하고자 대학의 권위를 높이고 대학의 사회에 있어서의 지도적 지위를 구가하기 위하여 국난 극복의 신념과 부흥 정신의 진작에 중점을 두고 있음.

1956년 : 본 대학교는 기독교 정신에 기하여 학술의 심오한 이론과 광범 정치한 응용 방법을 교수연구하며, 국가와 인류사회 발전에 공헌할 지도적 인격을 도야함을 목

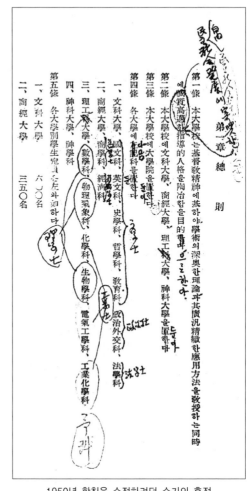

1950년 학칙을 수정하려던 수기의 흔적

적으로 하여, 그에 필요한 제반 시설의 확충과 정비를 계획 실시 중에 있음.

요컨대, 항상 기독교 정신을 필두로 인격 도야를 행하고, 신생 대한민국, 6·25전쟁 등을 거치면서 민주주의, 국난극복, 부흥 정신 등이 강조되었고, 6·25전쟁이 점차 수습되면서 국가와 인류사회의 발전으로 그 시야가 넓어졌다. 1956년에 정해진 교육이념은 학칙 제1조 목적으로 명시되어, 지금까지 유지되

고 있다.

1957년 연희와 세브란스가 합하여 연세대학교가 된 이후, 학문도 점차 분화, 전문화되어 갔다. 1950년대 초반 정립한 "자유와 진리"의 교훈 아래, 일제 시기부터 유지해 오던 '동서고근 사상의 화충' 이념을 시대 변화에 따라 조정하여 다음의 네 가지로 학풍을 제시하였다.[26]

첫째, 기초와 전공에 균형된 교육을 지향하였다. 줄곧 유지해온 기독교 정신에 입각한 인격 도야는 물론 다양한 교양과목을 통해 넓은 지식, 박학을 기반으로 하고, 그 위에 전공을 쌓아 올려야 대학교육의 목적을 달성할 수 있다는 것이다. 이렇게 균형있는 교육을 받아야만 "고루(固陋), 편협(偏狹), 색폐(塞閉)의 폐(廢)를 제거하고 박식(博識), 활달(豁達), 관홍(寬弘)의 성과를 얻게 될 것"이라고 하였다. 특히 교양과목은 1959년 백낙준 총장의 신년사에서 '통재(通才)교육'을 제창하여, 전인교육을 목적으로 하였다.[27]

둘째, 온고지신(溫故知新)의 태도를 강조하였다. '옛 것을 익히고 새로운 것을 안다'는 『논어』의 구절이다. 일제하 연전시절부터 민족문화를 연구하던 전통을 새로운 차원에서 재천명한 것이다. 『요람』에서 이에 대해

우리는 유구한 문화의 계승자들이다. 우리 문화는 우리로 한 민족적 단위를 이룩하게 한다. 우리는 학문을 중외(中外)에 구하고, 진리를 고금(古今)에 취하되, 우리 과거와 절연할 수 없다. 우리가 우리의 과거로 그치는 때는 우리 민족의

---

26) 『연세대학교 요람』 1961년판.
27) 「1959년 신년사」, 『백낙준전집(3)』, 195쪽. 관련 교과목으로 「인간과 사상」, 「인간과 사회」, 「인간과 환경」 등을 들었다(실제 교과목은 '인간'이 '사람'으로, '환경'이 '우주'로 정해짐). 통재(通才)는 곧 천, 지, 인 삼재(三才)를 통합하는 것으로, 백낙준은 이를 그 해 준공한 대강당 꼭대기 벽면에도 새겼다. 후에 1976년 채플에서 그는 삼재(三宰)를 "세 가지 재주가 아니라 세 가지 근본"이라고 하고, 천도(天道)는 형이상학, 철학, 종교 등 모든 이론적인 학문을, 지도(地道)는 여러 가지 자연과학을, 인도(人道)는 인류의 역사와 사회적 활동과 모든 문화적 활동에 관한 학문이라고 정의하면서, "이러한 교육을 이 학교의 전통으로 삼아온 것", "우리가 물려받은 아름다운 유업"이라고 하였다(「延世의 遺業」, 『백낙준전집(3)』, 299쪽).

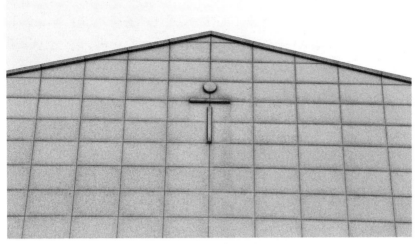
천지인, 연세대학교 대강당

　　본질을 상실하는 날이다. 새 것을 배우면서 우리 민족 문화를 더 빛나게 하여야
한다. 과거로 돌아가는 반동(反動)이나 자찬자위(自讚自慰)하려 함이 아니다. 우리
민족의 문화를 빛나게 하면서 새 문화, 새 학문을 배우라는 것이다.

라고 하였다. 곧 연세가 국학 연구의 중심지로 자리 잡아 갈 수 있는 이념이었다.
이는 ‘동서고근 사상의 화충’의 또 다른 표현이었다.

　　셋째, 모든 학문의 연구와 진리의 탐구에 필요한 과학적 정신이었다. 이는
학문 분야가 다양해지면서 자칫 잃기 쉬운 학문 태도의 자세를 언명한 것이었다.
“과학적 방식의 행사로만 진리를 탐득(探得)”할 수 있다고 하였고, 이를 위해서
는 “우리는 피상적, 형식적, 명리적(名利的) 태도를 배제하고 치밀, 정확, 창의적
연구 태도를 치중”하자고 하였다.

　　넷째, 실사구시(實事求是)의 입장을 천명하였다. 이는 조선 후기 ‘실학’의
학문적 이념이었다. 실사구시는 “참되고 실제적인 일을 위하여 진리를 찾으라

함"으로, 학문이 현실에서 필요한 실제적 학문으로, 또한 선진국만을 모방하는 학문이 아니라 주체적인 우리의 학문이 되어야 함을 거론한 것이다. 이는 특히 한국 사회에 필요한 실용적인 학문 분야에 적용될 수 있는 태도였다. 즉 "우리는 문학의 후진성을 면하기 위하여 선진국을 모방하거나, 추종하는 일에 급급하지 말고, 우리의 요구에 응할 수 있고, 우리 문제의 해결에 공(供)할 수 있는 학문과 기술을 배우라는 것이다. (……) 남의 것을 배우는 까닭은 우리 문제 해결에 도움을 얻으려 함이다. 이론은 이론으로 가치있는 것이다. 그러나 응용이 없는 이론은 공론(空論)이다. 이론을 연구하는 동시에 이론의 응용에 치중하라고 한다. 이것이 현하(現下) 우리 학인(學人)에 대한 요망이기도 하기 때문이다."라고 하였다. 이 또한 연전 시절부터 추구했던 실용 학문의 학풍을 이은 것이었다.

5. 맺음말

1915년, 한국 고등교육의 장을 열었던 연희전문학교의 설립은 1885년 한국에 온 언더우드의 대학설립 노력의 결실이었다. 연희전문의 교육을 통해 언더우드의 소명을 이은 에비슨, 원한경에 의해 대학설립은 지속적으로 추진되었지만, 일제의 교육정책으로 '대학'으로 허가되지 않았다. 대학설립은 해방 후에 비로소 가능하였다.

해방 후, 한국의 학술계, 교육계는 새로운 국가건설을 위한 방향으로 재편되었다. 이는 일제 잔재를 청산하고, 우리가 한 번도 경험하지 못한 민주주의, 자주 국가를 세우는 과제였다. 대부분의 학인(學人)들은 일제 식민지배를 극복하는 과정에서 발전된 민족문화론을 그 바탕에 두고 다양한 국가사회 건설을 구상하였다. 종합대학으로 출범한 연희의 과제도 또한 이와 다르지 않았다. 그들은 연전 시절의 민족문화 연구와 교육을 바탕으로 이 흐름을 주도하였다.

비록 사회주의 이념에 입각하였지만, 백남운의 조선학술원, 민족문화연구소도 그러하였고, 정인보의 국학대학, 홍이섭의 역사학회, 김일출의 신문화연구소 등이 모두 그러하였다. 연희 교정 안에는 백낙준이 주도한 동방학연구소로 그 이념을 구현하고자 하였다.

이러한 민족문화론은 한국의 새로운 교육체계를 세워나가는 데도 표현되었다. 미군정 산하의 자문위원회를 통하여 교육 이념과 제도가 만들어졌는데, 교육 이념으로 '홍익인간'이 정립되었다. 홍익인간 이념은 우리의 역사 속에서 축적된 민족정체성을 근대적인 민주주의 이념 속에서 재창조한 것이었다. 이를 제안한 사람은 백낙준이었고, 연전 교수 출신의 정인보, 하경덕과 조선학 운동을 주도하던 안재홍(분과위원장)이 결정하였다.

6·25전쟁으로 학술계가 남북으로 분단되면서 해방 직후의 활발한 학술운동 은 위축되었다. 그러나 1957년 연희와 세브란스가 통합된 후, 연세의 교육은 사회에서 필요한 민주주의 시민 양성을 큰 목표로 추진하면서도 '온고지신(溫故 知新)', '실사구시(實事求是)' 등으로 화충의 학풍을 새롭게 계승하였다. 연세는 학문의 전문화, 다양화가 추진되는 가운데서도 전통문화, 민족문화를 통합하고 자 하였던 것이다.

이런 학풍은 '통재(通才)교육'으로 천명되었다. 학풍이 학문에 따라 세분화되 는 것을 막고, 교육적으로 전인교육을 지향하였던 것이다. 이는 또한 연전에서 형성된 동서 화충의 학풍이 변화된 사회 속에서 재현된 것이었다. 이 연세학풍은 1960년대 이후 한국의 산업 발전 속에서도 국학연구와 새로운 학문 개척의 길잡이가 되었다.

연세 국어학의 발전과 서양 언어 이론과의 화충

1. 머리말

본고는 해방 이후 이루어진 연세의 국어학 연구를 통해, 연세학풍의 맥을 짚어보고자 하는 것이 목적이다. 일제강점기에 연세의 학자들이 식민통치의 어려움 속에서도 국어 문법 연구의 토대를 닦아 현재 국어학의 근간을 형성하였다는 것은 주지의 사실이다. 『우리말본』을 비롯한 문법서의 발간과 더불어 사전 편찬, 한글 맞춤법 통일안 완성 등의 일련의 학술적 업적을 통해, 국어학의 토대를 쌓는 데에 연세의 학자들은 핵심적 역할을 해 왔다. 이러한 작업들은 일제강점기의 학문적 탄압을 딛고 이루어졌다는 점에서 더욱 빛난다. 조선어학회 사건으로 옥고를 치르면서도 학자적 양심을 저버리지 않고 주시경으로부터 이어지는 국어학 연구의 맥을 이어 왔으며, 그러한 학술적 연구는 해방을 맞아 더욱 심화되었다. 새로운 시기를 맞아 한글을 되찾고 이를 일반인에게 강습하고 전파하려는 다양한 언어 정책적 노력들이 이 시기에 이루어지며, 이는 연세 학자들의 민족 사랑에 기반한 봉사와 헌신이 바탕이 된 것들이었다. 한편 이 시기는 서양의 구조주의 학문의 유입으로 국어 연구에도 새로운 이론적 관점이 도입되었으며, 서양 이론과 접목한 국어학의 연구가 시작되어 활발히 전개되는 중요한 시기이기도 하다. 외국인을 대상으로 하는 한국어교육의 시작도 이 시기에 시작된다.

2. 국어학 이론의 정립

   연세대 국문과의 학문적 출발은 1917년에 설립된 연희전문학교로부터 시작되었다고 할 수 있다. 연희전문학교는 문과와 더불어 신과, 상과, 수물과, 응용화학과, 농학과의 5개 학문 영역으로 시작되어 종합대학과 같은 체제로 출발했으며, 한문 과목으로 출발하여 문학개론, 한문강독, 한문작문, 한문학사, 조선문학 등의 다양한 과목을 가르쳐 왔다. 시대적 상황으로 인해 국어를 본격적으로 가르치기는 힘들었지만, 이 시기의 교수였던 최현배는 교육의 핵심은 민족의 말과 글을 연구하고 보급하는 데에 있다고 보고, 우리말을 가르치는 데에 힘을 기울였으며, 국어학의 기초를 다지는 주요 업적을 산출하게 된다. 최현배는 일제강점기에 연전에서 학제를 개편하여 전 학년에게 조선어를 가르쳤다. 당시 총독부 방침으로 조선어, 조선문학, 조선사를 정규 과목으로 가르칠 수 없었기 때문에 '과외 과목'으로 우리말을 가르쳤고, 교재가 따로 없어 최현배가 직접 쓰고 학생들이 도와 만든 유인물을 강의 자료로 사용했다. 이 유인물을 체계적으로 정리한 것이『우리말본』'첫째매(1929)'이며, 이는 연희전문 출판사의 첫 간행물이 된다.『우리말본』은 이후 우리말 교육과 맞춤법 제정, 그리고 우리말 큰사전 편찬의 기본이 되었고, 해방 후의 교육과 정책에도 큰 영향을 미치게 되었다.

   해방 이후 연세의 학풍은 연희의 학풍과 학문적 전통을 바탕으로 이어진다. 연희의 창립정신은 "학문을 연구하고 기술을 연마하여 국가와 민족의 지도적 인물을 양성하고, 나아가 세계 인류의 평화와 행복을 위하여 공헌할 수 있게 한다"는 것이었으며, 이에 따라 국학 연구에 노력을 기울인 것으로 널리 알려져 있다. 일제강점기 당시 국어학, 국사, 국문학 등의 '國'이란 명칭을 붙이기 어려운 현실 덕분에 '조선학'이라는 명칭을 사용하기도 하고, 한국어와 한국사를 동양사 과목 안에서 가르치기도 하였다. 일찍부터 외솔 최현배, 한결 김윤경, 열운 장지영과 같은 국학관을 공유하는 학자들이 연희에 모여들었으며, 초기 연희 국어학의 연구 분야도 이러한 관점에서 이해할 수 있다.

이러한 전통에 기반하여, 해방 이후 우리말과 글을 되찾는 것은 매우 시급하고도 중요한 일이었다. 1945년 연희전문이 개교되면서 전체 학생을 대상으로 하는 국어와 국사 특별강습이 시행되었다. 1946년 8월에는 드디어 연희전문학교가 연희대학교로 정식 승격 인가되면서 문학부 안에 국문학과가 개설되었고, 학과 개설로 인해 국어학과 국문학을 나누어 고등국어 입문을 비롯하여 총 22개의 교과목이 개설되었다. 이로써 드디어 국어국문학에 대한 체계적인 학문 연구가 가능하게 된 것이다.[1]

이 시기의 국어학계에 연세의 학자가 기여한 바는 매우 크다. 주시경이 근대 과학적 말본 체계를 확립한 이후 많은 말본 학자들이 국어를 연구하면서 문법에 대한 세 관점인 분석주의, 준종합주의, 종합주의가 발달하게 되는데, 이 중 준종합주의는 최현배, 분석주의는 김윤경으로 대표되니 그야말로 두 줄기의 관점을 연세의 학풍으로 확립시켰다고 할 수 있다.

먼저 최현배가『우리말본』(1937)을 통해 10품사의 준종합 체계를 확립하였음은 알려진 사실이다. 최현배는 과도한 분석적 체계로 언어의 이해를 방해한다고 보아, 준종합 체계로 보완해 내었으며, 훗날 최현배의 준종합 체계는 연세 국어학의 학풍의 대표로 상징되며 광복 이후 우리말 교육과 언어 정책의 기본이 되었다. 이른바 '잡음씨'를 품사로 세우고,[2] 조사는 독립된 단어로 보되 어미는 단어로 보지 않는 절충적 체계를 취한 것이다. 이는 향후 학교 문법의 근간이 되어, 현재까지도 국어학계에 큰 영향을 미치고 있다.

일제강점기 시기의 이러한 업적을 바탕으로 해방 후 외솔 최현배는 주시경의 말·글·얼의 삼위일체 교육을 받아,『한글갈』(1940)이나『우리말 존중의 근본 뜻』(1951),『한글의 투쟁』(1954),『나라사랑의 길』(1958) 등의 저술을 완성해

---

1) 연세 국문과의 역사에 대한 부분은 진행 중인 국문과 100년사 집필을 위한 자료에서 참고하였다.
2) 최현배,「잡음씨의 세움」,『한글』120, 1956.

간다. 이는 우리말 문법을 체계화한 『우리말본』(1937)의 연구에 이어지는 연구들이다. 『한글갈』(1940)은 중세음운론에 대한 귀중한 자료로서 앞선 공시적 연구인 『우리말본』과 양대 맥을 이루는 중요한 연구이다. 공시적인 연구였던 『우리말본』과는 달리, 훈민정음 연구와 15세기 음운론을 대상으로 하는 역사적 연구에 해당하기 때문이다. 이는 공시적 연구와 통시적 연구 모두에서 업적을 이루어내는 그의 학술적 열정과 역량을 엿볼 수 있는 대목이라 하겠다.

　해방 전의 최현배의 문법 연구가 전통적인 품사론 중심의 연구에 집중되었다면, 해방 이후의 저작들은 우리말 순화와 한글 보급 정책에 새로운 관심을 기울이고 있음을 알 수 있다. 민족 교육과 국어 연구를 떼어 놓고 생각할 수 없었던 최현배는 우리말 순화에도 앞장서서 순수 고유어의 발굴과 새말을 만들어 실천 보급하는 데에도 힘을 쏟았다. 학술 활동 외의 다양한 사회 활동을 감안하면 충분히 그의 철학을 예측할 수 있다. 그의 민족적 언어관은 주시경의 말의 흥망과 나라의 흥망과의 상관관계 이론을 따르는 것이며 '모든 사람은 모국어에 의하여 정신적 새김을 받는다'는 바이스게르버의 언어 철학과도 맥을 같이하는 것이다. 『한글갈』(1940)의 머리말에서는 "위로는 신경준, 유희의 유업을 잇고, 아래론 주시경의 가르침의 유지를 이루고자 한다"고 밝히고 있어 학맥에 대한 의지를 알 수 있으며, 고친판의 머리말을 통해 "이 책은 중일전쟁이 점점 격렬해 갈 무렵에, (……) 이 몸이 전화로 죽기 전에 그 날 그 때까지의 우리 한글 동지들의 연구할 견과를 적어서 뒷세상에 전하여야겠다는 나의 문화 육성의 정성과 겨레 사랑의 의무감에서 삼년 동안 밤낮 전심전력을 다하여 이루어 낸 것이었다"고 적고 있어[3] 민족에 대한 그의 사랑과 사명감을 엿볼 수 있게 한다.

　연세 국문과가 낳은 또 다른 학자는 한결 김윤경(1894~1969)으로, 교육자이며 동시에 나라사랑과 겨레를 건지는 일에 앞장선 실천가였다. 평생에 걸쳐

---

3) 김석득, 『우리말연구사─언어관과 사조로 본 발전사』, 태학사, 2009, 479쪽에서 재인용.

우리말 글의 올바른 길을 겨레에 보이면서 바른말, 한글만 쓰기를 위해 노력했다. 한결 김윤경은 방대한 국학 자료와 한글의 역사적 연구, 국어학 연구사에 대한 고찰을 담은『조선문자 급 어학사』(1938)의 집필을 통해 문자와 민족의 관계에 대한 생각을 드러내었다. 준종합적 체계의 최현배와는 달리, 김윤경은 주시경의 분석적 체계를 이어받았는데 그의 '씨갈'은『한글말본』(1946)과『나라말본』(1948)에 구체화되어 이러한 분석적 체계의 이론적 배경을 드러낸다. 특히『나라말본』(1948)은 그의 말본 연구의 결정체로 분석주의 이론 체계를 확립한 저서라 할 수 있다. 한결 김윤경은『조선말본』(1925)을 시작으로『조선문자 급 어학사』(1938),『어린이 국사』(1946),『고등나라말본』(1947),『중등나라말본』(1948),『나라말본』(1948),『새로지은 국어학사』(1963)를 출간하였다. 이러한 분석적 언어관은 주시경에서 비롯되어 김두봉으로 이어 내려온 전통적 국어 문법의 체계를 이어 받아 발전시킨 것이다. 한결은 온갖 문화의 발전은 종합적인 데서 분석적인 데로 발전한다는 사상을 가졌으며, 말도 종합에서 분석적인 방식으로 진화하는 것으로 이해한 것이다. 처음에는 이해할 수 없는 한 월이 생기고 나중에는 그것을 낱말로 절개해 생각하도록 발전한다고 보면서 품사를 9품사로 분석하고 품사를 더욱 계층적으로 분류했다. 외솔 최현배와 한결 김윤경을 통해 연세의 국어학은 한국 국어학의 주요한 세 줄기 중 분석주의, 준종합주의의 두 줄기를 자리매김하게 한 셈이다.

한결의 언어관은『나라말본』(1948)에 잘 드러나는데, 말 연구의 목적은 "온전한 생각의 표출과 남의 생각의 온전한 이해"에 있다고 보고, 독일의 언어학자 프리드리히 뮐러가 분류한 언어의 세 가지 방향인 실용적 연구, 고전학적 연구, 언어학적 연구 중에서 말본은 실용적 방면의 연구가 되어야 한다고 하면서 그러한 말본은 말의 본, 곧 말의 법칙을 연구하는 것이라고 규정지었다.[4]

---

4) 김석득, 위의 책, 2009, 526쪽에서 재인용.

한편 김윤경은 우리 문자의 기원과 창조 및 배경을 다룬 국어학사 관련 자료를 최대한 조사하고 발굴해 낸『조선문자 급 어학사』(1938)를 편찬하면서, 1편에서 언어의 분류와 우랄알타이어족의 특질, 문자의 발생과 종류 등을 다루었는데, 우리말의 계통에 대해 관심을 가지면서도 우리말이 동일 계통으로 논의되던 언어와는 다른 특성을 가지고 있음을 분명히 짚음으로써 우리말과의 차이를 논하고 있다. 훗날의 개정판에서는 조선어학회의 외래어 표기법 제정과 그 내용 소개, 조선어학회 수난 사건, 우리말 큰사전 편찬 경위와 중단, 해방 뒤 한글운동-국문, 국어의 부활과 한글전용운동 등을 첨가하여 김윤경의 민족과 연계된 학술 철학을 엿보게 한다.

이 시기의 또 다른 학자로 눈뫼 허웅을 주목할 수 있다. 1952년부터 연희에서 국어학을 교수한 허웅은 일반언어학의 하위 학문으로서의 국어학을 연구하며, 연구의 출발부터 일반언어학의 이론으로 출발했다. 고전을 섭렵하여 15세기 음운체계를 세우되 문헌학적 방법을 지양하고 언어학적 이론으로 접근한 것이 특징이다.『주해 용비어천가』(1955)와『국어음운론』(1958) 등이 이 시기에 저술되었고 훗날『국어음운학-개고 신판』(1965),『중세국어연구』(1963),『언어학개론』(1963),『옛말본』(1969) 등 주옥같은 연구로 이어지게 된다. 눈뫼는 1980년대에 이르기까지 많은 논문과 이를 바탕으로 하는 저술들을 완성하게 된다. 음운학은 물론 일반언어학, 형태론과 통어론에 이르는 다수의 저작들은 오늘날의 국어학 연구에 많은 영향을 미치고 있다. 눈뫼는 말이란 민족의 창조적 정신 활동의 소산이요, 민족 고유한 정신을 형성하는 요인임을 인식하고 민족의 현재와 미래를 위한 올바른 지침을 목적으로 함을 밝힘으로 해서 주시경 학파의 맥을 잇는다. 학술적 저작에 있어서도 외솔 최현배의 준종합 체계를 이어『우리말본』에 뼈대를 두고 연구를 심화하였다. 눈뫼의 많은 연구들은 이 시기 연구의 기폭제가 되었다.

3. 화충의 학문 : 동서양의 학술 교류

1) 서양의 학술 교류

1950년대로 들어오면서, 국어학은 구조언어학의 시대를 맞이하게 된다. 구조언어학은 경험주의에 바탕을 둔 구조주의 철학을 배경으로 이루어진다. 구조언어학은 크게 블룸필드 중심의 미국 언어학파, 유럽의 프라그 학파, 코펜하겐 학파로 나누어지는데, 당시 한국은 미국언어학파의 영향을 받았다. 구조언어학 도입의 결과 언어를 객관적으로 관찰하여 분포에 의해 분석하여 구조를 확립하는 연구가 주를 이루었다. 이러한 연구 방법은 미국 구조주의 언어학 이론으로 한국어를 분석한 마틴(Martin, 1954)[5]과 루코프(Lukoff, 1954)[6]의 연구가 국내에 유입되고, 연희의 경우 구조언어학자 해리스(Harris)의 제자 루코프(Lukoff) 교수가 연희대학교 대학원에서 1956년에 기술·구조언어학 강의를 시작하며, 국내 학자들이 미국 유학을 가는 경우가 늘어나면서 더 활발해졌다. 구조주의 언어학이 도입되면서 형태론 중심의 기술문법이 많이 연구되었다. 구조주의 음운론의 도입으로 인해 음성과 운소, 문자와 음소, 공시태와 통시태를 엄격하게 구분할 수 있게 되었고, 이로 인해 중세국어의 음운론이 체계적으로 연구되었다.

2) 한국어교육

1945년 해방과 더불어 조선어는 해방된 조선의 공용어로서의 지위를 회복하게 된다. 하지만 해방 직후 일본인은 돌아갔고, 1947년 언더우드의 귀국을 시작으로 기독교 선교사의 귀환이 시작되었다.

선교사들은 감리교와 장로교를 중심으로 1949년 선교사를 위한 한국어교육

---

5) Martin S. E., *Korean Morphophonemics*, Linguistic Society of America, 1954.

6) Lukoff F. A., *A Grammar of Korean*, Ann Arber, 1954.

외국인을 위해 1959년 설립된 한국어학당

을 본격적으로 시작하였다. 소어 (Sauer)를 책임자로 한 'Korean Language School'을 개설하여 58년에 이르기까지 지속적으로 선교사를 위한 한국어교육이 이루어진다. 이 기관은 전쟁으로 인해 지속되지 못하고 일본과 미국으로 장소를 옮겨가며 한국어교육을 지속한 것으로 보인다. 선교사를 대상으로 한 한국어교육에의 요구는 연세대학교의 한국어교육 기관 설립으로 이어지게 되는데, 연세대학교 한국어학당이 바로 그것이다. 즉, 서양의 선교사를 대상으로 한 한국어교육의 효시가 연세대학교에서 시작되게 되는 것이다. 본격적인 한국어교육의 시작은 1957년 이후에 이루어지지만 서양인에게 한국어를 가르치고 한국을 전하게 되는 단초는 이 시기에 이루어지는 것이다.

한편 일제강점기를 거치면서 일본어만을 배웠거나 한글에 무지한 시민들을 위한 다양한 교육이 이루어졌다. 이러한 한국어교육에는 조선어학회가 있었고 그 안의 핵심 인물은 역시 외솔 최현배였다. 최현배는 해방 후 출간된 『한글 첫걸음』과 『초등국어교본(상)』 등을 만드는 데에 주요 역할을 하였고, 이후 『초등국어교본(중)』, 『초등국어교본(하)』, 『중등국어교본(상)』, 『중등국어교본(중)』, 『중등국어교본(하)』는 그 당시 한글과 조선어 교육에 크게 기여하였다. 해방 후 첫 교과서를 만드는 데에 관여한 기구는 조선어학회와 미군정 학무국 편수과였다. 해방된 조선의 학교 교육을 재건하려는 학무국의 의지와 학회의 한글 교육 의지가 만나 출판 경비의 어려움을 덜고 효율적인 보급에 성공할 수 있었던 것이다. 특히 1945년에 발간된 『한글 첫걸음』은 학회의 가로쓰기 의지가 반영되어 처음 적용되었다는 데에 의의가 있다. 이 책은 한글과 조선어를 빨리 배울 수 있게끔 자모 학습과 단어 학습, 문장 학습 등으로 이루어져 한국어교육 교재의 시작이 되었다고도 볼 수 있다.

한편, 시민들에게 한글과 조선어를 가르칠 국어 교원을 양성하기 위한 다양한
노력도 이루어졌다. 아울러 현직 교원 재교육을 위한 강습회도 함께 열렸다.
'사범부 한글 지도자 양성 강습회', '고등부 한글 지도자 양성 강습회', 현직
교원 재교육 강습회 등이 열렸다. 1949년 인가된 세종양성소에서 최현배는
국어교수법을 맡아 가르치기도 하였다. 이들 강습회에서 강사로 활발하게
활동한 이들에는 어김없이 김윤경, 최현배가 자리하고 있어 해방 이후 조선어
강습 및 교원 양성에 연세의 학자들이 핵심적 기여를 했음을 확인할 수 있다.

4. 사회운동으로서의 국어 : 민족운동, 한글 전용

1) 민족 교육에의 열망

조선어교육에 대한 열망은 일제강점기에서의 조선어교육에서부터 시작
된다. 우리 민족에게 우리말을 가르치겠다는 민족정신은 일제의 압박에도
결코 굴하지 않았다. 당시 최현배가 적었던 글을 읽으면, 이와 같이 조선어를
가르치거나 조선어 시험을 보는 일이 일제하에서 특수한 상황이었음을
짐작하게 된다. 다음은 『한글』 1권 2호(1931)에 실린 「조선 사람은 조선말을
얼마나 아는가?―연희전문학교 문과 입학시험에 조선어를 보이고 나서―」의
일부이다.

> "내가 교무를 가지고 있는 연희전문학교에서 今春 문과 입학시험에 조선어
> 과목을 두었다. 전문학교 입학시험에 조선어를 치르게 함은 이것이 처음이다.
> 입학 지원자는 물론이요, 전사회 사람들도 대단히 이상스러운 감을 가졌을 줄로
> 안다."

이미 1921년 김윤경은 연희전문을 졸업하고 '조선어연구회'를 조직하여

한글 계몽 순회 강연회를 열며 말글의 보급을, 학회지『한글』을 발간하며 우리말의 연구를 담당하고 있었다. 당시 연희의 학자들은 이러한 활동에 적극적으로 참여하고 앞장섰으며, 그로 인해 일제의 탄압을 온몸으로 겪어야 했던 항일 인사들 중에는 연희 문과의 인물들이 다수 포함되어 있었다. 당시의 학생들은 일제의 정책으로 인해 일본어를 국어로 배워야 하는 상황이었다. 그러나 연희에는 조선어와 조선역사를 연구하고 교육하고자 하는 국학자들이 모여들어 어려운 상황에서도 학생들이 조선어를 배우도록 하였다. 말과 글을 보전하려는 노력과 중일전쟁 이후 일본제국의 강경한 정책이 맞부딪쳐 발생한 일련의 사건으로 연희전문의 문과는 큰 타격을 입었다. 1937년 6월 수양동우회 사건, 1938년 9월 흥업구락부 사건, 1942년 9월 조선어학회 사건으로 인해 많은 연희인이 검거되었고, 국어국문학 강의를 담당하던 최현배 등이 강단에서 물러나게 되었다. 1938년 4월에는 일제에 의한 제3차 조선교육령으로 조선어 교과과정 개설이 금지되었지만, 연희는 1938년 11월 22일 학칙 개정을 통해 문과만은 조선어 과목을 개설하고, 입학시험에 조선어를 출제하기도 하였다. 그러나 1940년에는 한국어 대신 일본문학을 필수과목으로 개설하도록 강요당했으며, 급기야는 1944년에 일제가 연희전문을 적산(敵産)으로 몰수하여 폐교 조치를 취하기에 이르렀다. 다행히도 바로 다음 해인 45년 해방과 함께 연전 교수·동문 등은 '연희전문학교 접수위원회'를 조직, 재산과 운영권을 인수함으로써(9월 23일) 어려운 상황에서도 연희전문 개교를 단행하였다. 이렇듯 연희의 학풍은 시대적 압박을 딛고 민족 교육에의 의지를 꺾지 않았고, 해방과 함께 국어 연구와 교육에 더욱 매진하였던 것이다.

2) 사회운동으로서의 국어 보급

이러한 민족 교육으로서의 국어 사랑에 대한 열망은 해방 이후, 교육의 체제가 갖추어지면서 더욱 활발해진다. 외솔 최현배는 조선어학회 사건으로 함흥 감옥에 갇혀 있다가, 해방이 된 이틀 후 석방되었다. 이들이 석방될 때, 거리의 많은 사람들이 조선어 학자들임을 알아보고 환호했다고 한다. 이들은 출옥 후에도 일체의 정치에 관여하지 않고 자신들의 임무인 우리말 연구에 헌신함으로써 민족정신을 북돋우는 국어운동에만 전념하기로 결의했다고 한다. 외솔은『한글을 위한 수난과 투쟁』(1973)을 통해 "해방된 겨레, 도로 찾은 한배 나라를 섬길 길은 우리말글을 펴고 가르쳐 더욱 그 광휘를 빛나게 함에 있다"고 회고하고 있다. 1946년 8월 조선어학회는 국어 교육 재건과 한글 맞춤법 보급에 매진하였다. 사전 간행, 연구 발표회, 국어 교육 사업, 강의록 등의 도서 출판 등을 실행 사업으로 명시하였고, 외솔은 핵심 임원으로 참가함으로써 조선 어문의 발전을 위한 연구와 발표, 출판에 노력하였음을 알 수 있다.

외솔이 한글전용운동에 평생을 헌신한 동기는 한글에 대한 민족의 각성, 그리고 학문적 확신 때문이었다고 알려져 있다. 김하수(2008)는 이를 두고 한글 운동 뒤에 자리한 교육 철학자로서의 의지를 다음과 같이 평가하고 있다.

> "그러나 그의 초기 저작인『갱생』에는 우리말과 한글은 매우 부차적으로 다루어지고 있다. 오히려『갱생』에서 보여주는 그의 생각은 '새 생활 운동'이나 일종의 대중 계몽운동의 성격이 더 크다. 한글의 문제는 오히려 그것을 위한 수단의 하나처럼 제시되고 있다. 최현배는『갱생』을 통해 전근대 사회의 극복을 주장하고 있는 것이 더 뚜렷해 보인다. 한글은 그것을 위한 하나의 방편이다."

한글학회 100년사에 따르면 해방 직후부터 최현배와 김윤경은 국어 교육 재건과 한글 맞춤법 보급의 효율적 활동을 위해 학회 재건과 활동의 중심에 서게 된다. '한글문화보급회'를 통해 한글 보급 운동과 더불어 한글 강습회를 열고 '한글전용촉진회'를 통해 한글전용촉진 운동과 한글 연구 및 보급 활동,

출판 활동에 나선다. 보급회는 말글 운동을 강력히 추진하고 사회운동으로 확산시키는 것을 목표로 한 실행 단체로 조직되었는데, 이에 핵심적 역할을 한 인물에 최현배와 김윤경이 자리했다. 특히 최현배는 '재단법인 한글집'을 조직할 때, 건물과 토지를 기부하여 일반 사회인을 대상으로 한 한글 강습회에 헌신했음을 알 수 있다. 이는 최현배가 단순히 국어의 연구를 넘어 민족 교육을 위한 국어의 보급에 많은 노력을 기울였음을 확인할 수 있는 대목이다.

3) 우리말 도로 찾기와 국어순화운동

해방 이후 일제의 동화정책으로 인한 일본어의 침투는 매우 컸다. 이에 겨레의 얼인 우리말 도로 찾기 운동이 활발하게 일어났다. 문교부를 중심으로 한 '우리말 도로 찾기' 운동은 우리말을 다시 찾기 위해 일본식 간판, 일본식 이름, 일본식 말투를 없애자는 다양한 운동을 일으켰고, 우선 교육 용어를 조선어로 정비하였다. 나아가 학술 용어의 정비를 위해 언어과학 총 위원회를 설치하였다. 21개의 학술분야에서 사용되는 일본어를 적절한 조선어로 대치하는 작업에 착수하였다. 1947년 국어정화운동위원회에는 장지영을 비롯하여 백낙준 등의 연세인들이 전문가로 활동하였다. 일상생활에서의 생활 용어 정비를 위해서는 문교부 편수국에서 국어정화의 4가지 방침을 정하고 국어정화 위원회를 구성하였다. 이러한 정책에는 문교부 편수국의 국장과 부국장으로 재직했던 장지영과 최현배의 공이 지대했음을 짐작할 수 있다. 최현배에게 우리말 도로 찾기는 민족어의 회복, 언어 주체성 확립, 문화의 독립 등을 목표로 한 것이었다.

한편 학술 용어의 지나친 우리말화에 대한 일부 학자의 반대도 있었으나, 최현배는『우리말 존중의 근본뜻』(1951)에서 '학교'를 '배움터', '비행기'를 '날틀'로 하자는 것이 한글만 쓰기의 근본 주장이 아님을 강조하면서 이런 말들은 한글만 쓰기를 반대하는 사람들이 일부러 지어낸 이야기거나, 또는 말의 문제와 글의 문제를 분간하지 못하는 무식에서 저지른 소행이라고 지적하였다. 이어 이러한 방어에 그치지 않고 '창조적 활동'으로서 새말 만들기가 사람들의 가장 소중한 활동이라고 주장했다. 한글 순화를 위한 외솔의 노력이 정신을 엿볼 수 있는 대목으로 한자어 중심의 학술용어 사용과 관련된 일부 학자의 왜곡은 외솔의 정신을 훼손하는 것임을 확인할 수 있다.

학회를 중심으로 한 한글전용법에 대한 노력은 '한글 전용에 관한 법률'로 실려 1948년 10월 1일에 통과되어 10월 9일 법률 6호로 제정, 공포되게 된다. 한글 전용은 무지와 빈곤으로부터의 탈출, 주체적인 언어생활의 실현에서 의미가 컸다. 한글은 문맹 퇴치에 기여했고 지식인이나 지배층의 문자를 대중의 문자로 이끌게 했다. 적지 않은 세월동안 일제강점기를 거쳤음에도 불구하고 빠른 시기 안에 언어적 영향을 극복하고 온 국민의 문자를 되찾게 하는 결정적인 역할을 한 것이다. 이러한 역사적 활동에서 바로 연세의 학자들이 핵심적 역할을 했던 것이다.

5. 맺음말

이상에서 살펴본 바와 같이 해방 이후, 연세 학자들이 기여한 학술적 연구는 첫째 국어 문법의 심화 연구, 둘째 서양 구조주의 이론의 도입과 적용, 셋째 한글 보급을 통한 민족 교육으로 요약할 수 있다. 문법 연구는 이 시기에 이르러 더욱 체계를 갖추어 현대 국어 문법은 물론 중세 국어 문법까지 정비하게 되었고 이러한 문법 연구는 새로운 학문인 서양의 구조주의 이론을 받아 더욱 체계화되었음을 알 수 있다. 해방을 맞은 이 시기에는 일본어를 배워왔던 일반 민중들이 다시금 한글을 배우고 익혀야 하는 절실한 요구가 있었고, 이를 위해 연세의 학자들은 몸소 교육의 현장에서 교과서를 집필하고 강의를 통해 한글을 보급하고, 한글을 보급할 교사를 양성하는 데에 헌신했던 것이다.

자신의 토지를 내어놓아 교육 사업에 헌신하고 효율적인 한글 보급을 위해 국가의 정책에 직접 참여하는 등, 실천하는 학자로서의 면모를 보이는 데에 많은 연세의 학자들이 앞장서서 헌신했음을 확인할 수 있었다. 아울러 가장 먼저 서양의 구조주의 이론을 도입하여 강의를 시작하고, 이를 바탕으로 문법서를 정비하는 등 현대 국어 문법의 또 한번의 도약 단계를 마련하는 데 학술적 기틀을 닦았다는 점도 큰 의미를 가진다. 당시의 한국어 보급은 한국 민중을 위한 한글 보급에 가장 큰 초점을 두었지만, 이와 더불어 외국인 대상의 한국어 보급의 첫발을 디뎠다는 점도 최근 활발히 전개되고 있는 한국어 보급의 시초가 된 것이라는 점에서 의미를 가진다고 하겠다.

한문학 바탕에 기독교 신앙으로
시를 쓰고 가르쳤던 박두진

1955년 연희대학교 교수로 부임하여 국 문과의 현대문학 기초를 닦으며 많은 제자 를 배출한 박두진(朴斗鎭, 1916~1998) 교수 는 신학문이 아니라 한학(漢學)의 바탕에서 시를 썼다. 1939년에 그를 『문장(文章)』에 추천했던 정지용이 광복 이후 서울대학교 에서 현대시를 강의하면서 한시(漢詩)의 경 전인 『시경(詩經)』을 교재로 삼았다는 것은 유명한 이야기인데, 정지용의 시에 『시경 (詩經)』의 어휘가 자연스럽게 튀어나오는 것 처럼 박두진의 시에도 한자 어휘가 다른 시인들에 비해서 상대적으로 많다.

박두진(1975)

박두진 시의 본질적인 특성은 기독교적(基督敎的)인 세계관(世界觀)을 가지고 있다는 점이다. 일제 치하에 「향현」이나 「묘지송」을 써서 부활과 광복의 염원을 노래한 것은 이미 널리 알려진 점이지만, 1940년대 자연을 노래한 『청록집(靑鹿 集)』에서 70년대의 『사도행전(師徒行傳)』, 『수석열전(水石列傳)』을 거쳐 80년대 『예레미야의 노래』에 이르기까지, 그의 시집이 동양적인 자연관에서 기독교적인 세계관으로 변하면서도 동양의 자연(自然)을 끝내 놓지 않는 과정을 추적하고, 한시(漢詩)와 초서(草書)에 능했던 그의 한학 세계와 접목해 보고자 한다.

1. 기독교(基督教), 또는 신(神)과의 만남

중고등학교에서 박두진의 시를 배울 때에 가장 중요하게 가르치는 용어가 '청록파(靑鹿派)'인데, 박두진이 20대 문학청년 시기에 지었던 시들을 박목월, 조지훈의 시와 함께 편집하여 1946년 을유문화사에서 출판할 때에 정지용이 붙여 준 시집 제목 『청록집(靑鹿集)』에서 유래된 용어이다. '청록파'는 그를 해방공간의 문단 한가운데에 자리잡게 해준 계기이면서, 어떤 의미에서는 그의 시를 좁게 해석하게 만든 족쇄가 되기도 했다. 그는 60년 넘게 시를 썼는데, 문학청년, 그것도 식민지 시절 잡지에 몇 편만 싣고 대부분 발표하지도 못했던 시들을 가지고 한 시인의 한평생을 유파적이고 저널리즘적인 용어로 설명할 수는 없기 때문이다.

그런 한계가 인식되면서 박목월에게는 향토적(鄕土的), 조지훈에게는 동양적(東洋的), 박두진에게는 기독교적(基督教的)이라는 수식어를 붙이기 시작했다. 그런 수식어를 붙여야만 『청록집』에 실린 세 시인의 시를 하나의 고리로 연결지어 설명할 수 있다는 자체가 이들이 20대에 찾았던 자연은 사회를 문학소재로 다룰 수 없었던 식민지 상황 때문에 찾아간 곳이었을 뿐, 그들이 궁극적으로 추구하려던 대상은 아니었음을 확인케 한다.

박두진 스스로 자신의 문학 노정에 관해 "일찍이 나는 내 일생의 詩作 段階로서 초기에는 '自然', 다음에 '人間', 다음에 '社會'와 '人類', 그 다음으로 혹 노년기란 것이 내게 허락된다면 그때에 가서 '神'에 대한 것을 쓰리라고 대체로나마 작정한"[1] 바 있다고 설명하였다. "일찍이"라는 시기가 구체적으로 언제인지는

---

1) 박두진, 『시인의 고향』, 범조사, 1958, 209쪽.

모르겠지만, 아마도 30대 초반으로 짐작된다. 그런데 그는 24세에 문장에 추천되었을 때에 이미 문학의 목적을 '하나님 영광'으로 정하였다.

> 「향현」과 「묘지송」이란 첫 작품이 당선 발표된 『문장』이란 잡지를 손에 받아 들자 너무도 감격했던 나머지, 나는 즉각적으로 머리를 숙여 하나님께 기도를 드렸습니다.
> ─하나님이여, 내게 만일 조그만치라도 시를 쓸 소질을 주셨거든 이 길을 걸어감이 내 명예와 만족만을 위하는 것이 되지 말게 하시고, 오직 당신에게 영광을 돌리는 일로써 유일한 목적을 삼고 그렇게 영광을 돌릴 수 있도록 도와 주소서 (……)[2]

박두진은 이 기도 뒷부분에 "이 당시의 내 신앙 체험이 겨우 5, 6년밖에 되지 않은 얕은 것"이라고 겸손하게 고백했는데, 누나의 권유에 이끌려 교회에 나간 지는 5, 6년밖에 안 되었지만, 마음 속에 기독교를 심은 것은 그보다 훨씬 어린 시절이었다.

박두진은 "자신의 精神的 內面의 自傳的 遍歷과 彷徨을 神과의 관계에서 告白的으로 써 보려"[3]고 시로 쓴 자서전 『포옹무한(抱擁無限)』을 냈다. 「땅에 내린 별」에서 "괴산 연풍 두메 산골 산색시"와 "이름 없는 마음 착한 선비" 사이에서 자신이 초가삼간 오두막에서 태어났다고 소개했는데, 성경을 처음 받아든 날의 충격을 이렇게 표현하였다.

> 그때 그 뒤 여덟 살 때인가 어느 날
> 아무도 없고 나만 혼자서 집을 보던 고요한 한낮에
> 오두막집 윗방에 있을 때였읍니다.
> 사립문 밖에서 쩔렁쩔렁 종소리 흔들며

---

2) 박두진, 「시화 한제(詩話 閑題)」, 『문학적 자화상』, 도서출판 한글, 1994, 180~181쪽.
3) 박두진, 「抱擁無限 自序」, 『朴斗鎭全集 6』, 범조사, 1984, 14쪽.

낯선 사람 하나 와서, 내가 나가자 건네 주던
분홍색 한글 책,
손바닥만한 복음책,
마태, 마가, 누가, 요한 중 그 한 가지이던
그 분홍색 겉장의 얇다란 복음책을
얼결에 받아들고 방으로 뛰어 들어왔을 때
처음 나는 예수,
처음 나는 하나님이란 말을 듣고 보았읍니다.
아무도 없는 침침한 윗방에서
나 혼자 받아들고 나 혼자 몰래 읽던
연분홍 겉장의 복음서의 내용,
이상스러웠읍니다.
호기심과 증오감, 까닭도 모르는 배타심과
까닭도 모르는 두려움, 죄의식,
그것을 받아서도 읽어서도 안 되는,
마음 속 다급한 갈등으로 마침내 나는
그 분홍색 복음서를 갈기갈기 찢어 버렸읍니다.
예수에 대한
그것을 받아도 큰일나고 불길하고
그것을 읽어도 큰일나고 불길하고
그것을 물론 믿어도 큰일나고 불길하다는
그때 우리 주변의 인습과 토속
골수 유교 반기독사상이 살아서 그대로 행동이 되었던,
그 뒤의 일은 또 잘 모릅니다.
정말 어떻게 그것을 알 수가 있겠읍니까?
아니 사실 너무나 그것은 잘 아는 일이 아니겠읍니까?

너무나 너무나 기이한
너무나 그것은 당연한

나 하나 하나의 나와
당신과의 만남

정말 정말 어떻게
나로 하여금
내가 당신을 만날 수 있게 하셨는지요.
「머나먼 갈보리, 그 뜨겁고 진하고 아름다운 말씀의 핏방울」 일부

'이름 없는 선비'라는 표현 그대로, 선비로 널리 알려지지는 않았지만 선비답게 살아가는 아버지 밑에서 자라던 여덟살 난 아이가 성경을 받았다는 사실 자체가 큰일이고 불길한 일이었다. 그래서 "얼결에 받아들고 방으로 뛰어들어"와 혼자 몰래 읽었다. '예수'라는 말과 '하나님'이라는 말을 처음 보고 호기심이 죄의식으로 바뀌었다. 그의 죄의식은 물론 기독교적인 죄의식이 아니라 '주변의 인습과 토속 골수 유교' 집안에 대한 죄의식이었다. 갈등을 느낀 그는 성경을 갈기갈기 찢어버렸다. 그러나 그 일이 계기가 되어, "너무나 당연"하게 하나님을 만나게 되었다. 농부가 밭에 뿌린 씨가 열매를 거둔 것처럼, 낯선 사람이 건네 준 "얇다란 복음책"이 결국 하나님을 만나게 해준 것이다. 그의 표현에 의하면 이때 만난 존재는 신이 아니라 하나님이었다.

그를 신앙생활로 끌어들인 것은 그의 문학적 반려자이기도 했던 누나의 헌신적인 권유였다. 서울로 올라온 이듬해에 19세 되던 그는 누나 만순의 권유로 기독교 신앙을 받아들였다. 청주 방직공장에 직공으로 취직한 누나로부터 편지를 통해 신앙을 권유받은 것이었다.

기독교회에 처음 발을 들여놓으면서 나는 한동안 어느 준엄한 청교도적인 교파의 분위기 속에서 지냈다. 일체의 현세적이고 인간적인 것은 다 육적인 욕망이며 경건하지 못한 것으로 보고, 철저한 금욕주의를 실천해 보려고까지 노력했다. 그 당시의 나로서는 그렇게 하는 것이 썩 마음에 만족할 뿐 아니라, 모든 속적인

것을 한발로 걷어차고 오롯하게 혼자서 호동그란 생활을 하는 것이 통쾌한 일로까지 생각이 되었던 것이다.

그래서 시를 처음 쓰려고 할 때 대뜸에 막힌 난관이 바로 이 청교도적인 철저한 금욕 생활의 신조와 현세적이고 인간적이고 감각적인 쾌락을 가져다 주는 시의 생할이 서로 일치할 수 있느냐 하는 문제였다.

기도하고 회개하고 금식하고 명상하고 또 기도하고 성서 보고 명상하고 기도하고 하는 생활에서 볼 때 시에만 몰두하는 일은 확실히 현세적이요 육적인 것으로서 해서는 안될 것으로만 여겨졌던 것이다. 모든 것을 바쳐 오직 신만을 명상하고 신에게서 오는 즐거움의 은택만을 갈구하는 생활과 온갖 현실적인 아름다움과 그러한 만족을 추구하는 것인 시 생활은 모순되고 양립될 수 없는 것으로만 자꾸 생각이 들었다.

마침내 나는 무릎을 꿇고 기도하여 그 해답을 구하려 했고, 시를 쓰는 것이 또 하나의 새로운 죄를 짓는 것으로만 생각되어 몹시 괴로워하고 번민하기 시작하였다.

남녀 교제와 연애 문제를 죄악시하듯이 나는 시를 쓰고 그것에 마음이 팔리는 것을 유혹으로 보았던 것이다.

그러나 나는 그 뒤 오랜 시련과 경험 끝에 금욕주의나 경건한 생활을 극도로 강조하는 신도를 그른 것이라고는 말하지 않는 반면에, 시를 쓰거나 좋은 시를 즐겨 읽는 생활을 그르다고 생각하는 견해만은 틀린 것으로 단정하게 되었다. 이것은 오히려 새삼스럽게 문제를 삼을 것이 못될 만큼 당연한 일이지만 ―어쨌든 나는 내 일생의 시 생활의 플랜을 세 단계로 나누어 세우되, 첫째를 자연, 둘째를 인간과 사회, 셋째를 인생과 신의 세계로 정했을 만큼 현재의 나는 모든 인생의 궁극의 목표는 신에게 영광을 돌리는 데 있다고 생각하게 된 것이다.

자연을 노래하는 것도 신에게 영광과 찬미를 돌리기 위해서요, 인간과 사회를 주제로 쓰는 것도 다 궁극적으로는 신의 긍휼과 자비와 그 빛을 증거하고 갈망하는 태세에서라야 한다고 나는 생각하고 있다.[4]

그가 처음 발을 디뎠던 교회는 일반적인 교회가 아니었고, 신앙생활도 달랐

---

4) 박두진, 「시와 종교」, 앞의 책, 1994, 118~119쪽.

다. 시를 짓는 행위까지도 세속적인 쾌락으로 여길 정도로 청교도적인 신앙 동료들 사이에서 고민하다가, 오랜 시련을 겪은 뒤에야 경건한 생활과 시 창작이 모순되지 않는다고 깨닫게 되었다. 자연을 노래하거나 인간과 사회를 주제로 시를 쓰더라도 궁극적으로 신의 긍휼과 자비와 그 빛을 증거하고 갈망하면 된다고 깨닫는 순간, 그의 시가 지향할 방향이 자연스럽게 정해졌다.

그는 식민지 치하의 교회에서 민족을 만났다.

열아홉 살인가 되던 해 여름에 나는 처음으로 교회의 문을 두드렸다.

비가 놋날 드리듯 쏟아지는 어느 주일이었다.

1934년이었을 것이니, 지금으로부터 30년도 더 전의 일이다. 출가한 누님의 서신을 통한 간절한 권고로, 내 생애에 처음 교회에 발을 들여놓던 때의 인상과 감동을 지금도 나는 잊을 수가 없다. 아마 앞으로도 좀체로 잊혀지지 않을 것이다.

그때 내가 찾아간 교회는 서울 영천 쪽 높은 언덕빼기에 있었다. 가난한 집들이 닥지닥지 다붙어 있는 틈새에 자리잡은 아주 초라한 교회였다. 지붕은 검정 콜타르를 칠한 함석이었고, 내부는 의자도 없이 낡은 돗자리 바닥 그대로였다.

처음 혼자서 찾아가는 길이라, 교회로 들어가기가 어쩐지 겸연쩍고 부끄러웠다. 그러면서도 한편으로는 가슴이 두근거렸다. 무엇인가 중대한 결단을 내려 행동에 옮길 때처럼 어떤 결연한 심정으로 돌아가 엄숙한 긴장감에 마음이 조였다. 막연하나 새로운 세계를 발견할지도 모른다는 신기한 기대감으로 가슴이 부풀었다.

비가 내리는 탓인지, 예배 시간에 좀 늦은 때문인지, 예배당으로 올라가는 층계에는 마침 나 이외에는 아무도 다른 사람이 없었다.

나는 빗발이 들이치는 추녀 밑 문 앞에 이르러 마침내 결심하고 교회의 문고리를 잡았다. 그리고 무엇에 쫓기듯, 또 그 안에서 누가 나를 반겨 이끌어들이기라도 하듯 펄쩍 문을 열고 안으로 들어섰다.

그저 안으로 들어가겠다는 생각만으로 얼결에 문을 열고 들어갔는데, 그 순간 나는 눈앞에 벌어진 광경을 보고 깜짝 놀랐다.

"아!" 하는 탄성이 가슴에서 치밀어오를 만큼 깊은 충격을 받았다. 거기에는 수수하게 흰 한복을 차려입은 많은 신자들이 일제히 꿇어 엎드려 묵도를 올리고 있었던 것이다. (……)

　우리말 우리글은 말할 것도 없고, 우리의 것 모두를 짓밟고, 빼앗고, 마비시키고, 말살하려는 그악한 제국주의의 쇠사슬 속에 신음하던 때였다. 이러한 때에, 실로 이러한 때에 흰옷을 입은 우리의 동포끼리, 그리고 또 우리말로 (……)5)

　19세 되던 1934년, 누님의 권유로 신앙의 문에 들어선 박두진은 민족적으로는 우리 것 모두를 빼앗긴 상태였고, 개인적으로는 가난의 고통이 극에 달했을 때 '바로 이것이구나!' 하면서 신앙 세계로 들어섰다. 그는 흰옷 입은 조선인들이 모여서 우리말로 기도하는 모습(모국어로 기도하는 그 축복)에 말할 수 없는 감동과 충격을 받아, 피압박과 수탈로 특징지어지는 당대적, 개인적 상황을 초시대적인 '구원'의 이미지로 극복하면서 신앙을 받아들였다. 그에게 기독교는 민족이었고, 구원이었던 것이다.

　박두진은 신앙을 처음 받아들이던 순간의 느낌을 두 가지의 다른 방법으로 설명했다. 윗 글에서 신앙과 문학이 충돌한다면 문학을 포기해야 하는가 고민했다면, 아랫 글에서는 신앙 속에서 조국과 모국어를 만난 것이다. 그는 이 시기에 시를 왜 쓰느냐? 무엇을 쓰느냐? 하는 문제로 고민했던 것인데, "모국어로, 기도하듯이 시를 써야겠다"고 다짐하게 되었다.

2. 한문 수업과 자연 : 만가(輓歌) 묘지송을 송가(頌歌)로

　박두진(朴斗鎭 1916~1998)은 자신의 이력서를 쓸 때에 대부분 "학력 별무"라고 썼던 것처럼, 학자로서의 학력은 거의 없다. 집안과 서당에서 기본적인 한학(漢學)을 익히고, 경기도 안성군 안성읍에서 보통학교를 졸업한 것이 학력의 전부이다. 모두가 가난하던 시절이었다고는 하지만, 청록파 동인이었던 조지훈(趙芝薰, 1920~1968)이 혜화전문학교를 졸업하고 박목월(朴木月, 1916~1978)이

---

5) 박두진, 『고향에 다시 갔더니』, 신원문화사, 1996, 313~314쪽.

계성중학을 졸업한 뒤에 일본에 유학하여 영화인들과 어울린 것과 비교해보면 특별히 내세울 학력이 없는 셈이다. 그러기에 박두진의 연보에서 학교와 관련된 부분은 "1955년 4월 연희대학교 전임강사 취임"부터 시작된다. 학력을 내세우지 않고 시인으로 대학교수가 된 것이다.

청록파 시인 세 사람이 광복 뒤에 『청록집』을 함께 출판하게 된 동기는 같은 시기에 정지용을 통해 『문장』지에 추천받은 같은 또래라는 공통점도 있었지만,[6] 자연을 소재로 했다는 것도 공통점이었으며, 굳이 한 가지를 더 들자면 어린 시절 서당에서 한학을 배웠다는 점도 공통점이다. 이들이 추구하던 자연과 시의 바탕에 한학이 깔려 있었던 것이다.

조지훈은 경상북도 영양군 일월면 주곡리 주실마을 출생으로 그가 태어난 호은종택에서 조부 조인석에게 한학을 배웠으며, 어린 시절에 그가 다녔던 월록서당이 아직도 남아 있을 정도로 한학의 연원이 깊은 집안에 태어났으니, 그가 한학을 바탕으로 전통에 연관된 시를 쓴 것은 당연하게 보인다. 박목월도 수리조합장을 하던 박준필의 아들로 태어나 서당 공부를 하다가 하숙을 하며 계성중학을 다닐 때에 독서와 습작을 즐겼다고 했으니, 소학교만 졸업한 박두진에게 서당공부는 상대적으로 큰 의미를 지닌다. 그가 당시(唐詩)를 즐겨 읽고 제자들에게 초서(草書)를 써주던[7] 문학활동이 학교에서 배운 것이라기보다는 서당공부의 연장선상에서 스스로 넓힌 것이기 때문이다.

20년 동안 시를 써 왔다고 위에서 나는 말했습니다만, 그러나 나는 내가 처음 시를 발표할 때 정했던 대체적인 전진단계조차 그대로 밟아가지 않고 어느 한

---

6) 박두진의 기억에 의하면, "이한직은 학병에서 아직 안 돌아왔고, 박남수는 이북에 있었고, 김종한은 이미 작고했"다고 한다. 박두진, 「자연·인생·시」, 앞의 책, 1994, 108쪽.

7) 필자도 박두진 선생이 1973년 가을에 당나라 시인 두목(杜牧)의 칠언절구 「강남춘(江南春)」을 초서로 쓴 것을 소장하고 있다. "千里鶯啼綠映紅. 水村山郭酒旗風. 南朝四百八十寺. 多少樓臺烟雨中."

편도 이렇다고 내놓을 만한 것이 없습니다.

　1937년대라면 우리가 너무도 잘 알다시피 왜제(倭帝)의 대륙 침략의 야욕이 소위 만주, 중국사변을 통하여 그 기세를 더해 감으로써 우리에게는 저 진저리나고 몸서리쳐지는 민족문화말살 정책의 폭위가 휘둘러지던 철저한 문화적 암흑기가 시작되던 때입니다. 이러한 시절에 처음으로 시를 붙들기 시작한 나는 자연 그때의 누구나가 그렇듯이 이러한 민족적인 참담한 현실에 대한 정치적 의분과 반항의식, 어쩔 수 없는 강압에 억울한 인욕(忍辱) 내지는 어디 두고 보자고 벼르는 대기 태세가 이 당시의 내 시들의 주요한 창작 계기였고, 그러기 위하여는 그들의 강압 검열의 옥문을 통과해야 하기 때문에 모든 직접적인 표현의 제약을 받지 않을 수 없었으니, 이러한 정세에서 타개될 시의 길이 '정치'나 '사회'나 '세계'보다는 그 유일한 혈로를 '자연'에다 구할 수밖에 없었던 것입니다.

　당시의 우리 문단적 실정으로도 모두가 너무 절망적이고 무기력하고 암담한, 눈물에 비비는 소리들만을 웅얼거리고 있는 것을 극도로 싫어한 나머지, 나는 적으나마 이러한 모든 부정적이고 허무적인 심연에서 뛰어나와, 보다 더 줄기차고 억세고 끝까지 밝은 소망을 가지고 참고 기다리자는 정신, 즉 우리가 가질 바 하나의 영원한 갈망과 염원과 동경의 정서를 확립하는 바탕으로서 '자연'을 택하지 않을 수 없었고, 거기에다 새로운 생명을 구하지 않을 수 없었습니다.[8]

　그에게는 학력이 별로 없었을 뿐만 아니라, 시를 가르쳐 준 스승도 따로 없었다. 검열 때문에 표현의 제약을 받다보니 그는 시의 통로를 정치나 사회, 세계보다 자연에서 찾았는데, 이러한 타개책 역시 스승이나 선배의 가르침이 아니라 스스로의 결단이었다. 그의 등단작인「묘지송」을 보자.

　　北邙 이래도 금잔디 기름진데 동그만 무덤들 외롭지 않어이.

　　무덤속 어둠에 하이얀 髑髏가 빛나리. 향기로운 주검의ㅅ 내도 풍기리.

　8) 박두진,「시화 한제(詩話閑題)」, 위의 책, 1994, 179~180쪽.

살아서 설던 주검 죽었으매 이내 안 서럽고, 언제 무덤속 화안히 비춰줄 그런
太陽만이 그리우리.

금잔디 사이 할미꽃도 피었고, 삐이 삐이 배, 뱃종! 뱃종! 메ㅅ새들도 우는데,
봄볕 포군한 무덤에 주검들이 누었네.9)

박두진은 자신의 등단작(登壇作)을 이렇게 밝혔다. "내 처녀작은 위에 말한
것같이 통틀어 활자화한 작품의 처음 것으로 치면 『아이생활』의 동요 「무지개」
가 되고, 시로서의 최초의 것이라면 『아(芽)』지의 「북으로 가는 열차」가 된다.
그러나 어느 정도의 작품 수준을 고려에 넣고 또 문단적인 성격을 띤 본격적인
발표 활동을 기준으로 친다면 이 「묘지송」과 「향현」이 되는 셈이다."10) 시인
자신은 이 3편을 각기 다른 기준의 최초작으로 들었는데, 사회에서 인정하는
등단작은 결국 문예지 『문장』에서 추천받은 「묘지송」과 「향현」이다.

이 두 편은 제목에서부터 자연이 주제임을 알 수 있지만, 정작 시 자체는
동양의 전통적인 자연이 아니다. 조선시대에는 만가(輓歌)가 아니면 무덤을
노래하는 시가 없었는데 이 시는 제목 자체가 무덤 노래일 뿐만 아니라, 무덤은
음산하고 을씨년스럽다는 전통적인 정서를 뒤집었다. 그의 시에 묘사된 무덤들
은 외롭지 않고, 촉루는 빛나며, 주검의 내도 향기롭다. 전통적인 자연관이
모두 뒤집혔지만 어색하지 않은 까닭은 시인과 주검들이 무덤 속을 화안히
비춰줄 태양을 기다리기 때문이다. 전통적인 삶에서는 사람이 죽어 흙이 되지만,
시인은 부활을 기다린다. 박두진의 시와 자연에서 계속 등장하는 것이 바로
'빛'인데, '太陽'이라는 용어 자체가 동양의 전통적인 시에서는 거의 쓰이지
않았던 용어이다. 이 태양이 바로 시인 박두진의 기독교 신앙과 자연을 연결해주
는 매개체이다. 그러면서도 서구적으로 느껴지지 않는 것은 주검의 둘레에

---

9) 박목월·조지훈·박두진, 「墓地頌」, 『靑鹿集』, 을유문화사, 1946, 72~73쪽.
10) 박두진, 「처녀작·대표작」, 『생각하는 갈대』, 을유문화사, 1985, 215~216쪽.

한국적인 금잔디·할미꽃·멧새들이 함께 하기 때문이다. 그가 공동묘지를 "봄볕 포근란 무덤"으로 승화시켰기에 「묘지송」은 만가가 아니라 송가가 되었다.

이 시를 『문장』 1939년 6월호에 추천한 시인 정지용(鄭芝溶)은 "박두진군. 박군의 시적 체취는 무슨 산림에서 풍기는 식물성의 것"이라면서, 시단에 하나의 '신자연(新自然)'을 소개한다고 하였다. 자연은 자연인데 자신이 알던 동양의 전통적인 자연과 달랐기에 '신자연'이라고 명명했던 것이다.

박두진은 서울 근교의 산을 오르내리며 「묘지송」과 「향현」을 『문장』에 투고하던 습작 시절을 이렇게 회상하였다.

이러한 즈음에 실로 당시로는 천래(天來)의 복음과도 같이 나타나준 것이 문예지 『문장』이었다.

이미 나는 나의 갈 길을 종교와 문학의 길로 작정해 놓고 있었으므로 이때의 소위 만주사변이라는 것으로부터 지나사변이란 것을 조작하여 점점 그 야망의 위세를 더해 가던 일본 총독정치의 폭위 밑에 시달리면서 반드시 너희는 패망할 날이 올 것이니 어디 두고 보라고 스스로 기고만장해 하며 '도봉' '관악' '북한' '수락' '소요' 등의 가까운 산을 오르내리며 때로는 금식을 해보면서까지 기도와 명상의 생활을 하는 한편, 종교와 문학을 중신 부문으로 해서 온 정력을 기울여 독서와 사색에 열중하였다.

시의 습작을 한 7, 80편 깎고 다듬고 고치고 또 쓰고 하며 차가운 하숙방을 전전하면서 만만한 야심을 불태우고 있었다.

그런데 어느 날 나와 한 하숙에 있는 P라는 친구가 "이런 잡지 보았소?" 하고 자기가 보려고 산 『문장』 창간호를 내 방 앞을 지나는 길에 빌려 보여주었다. 반들반들하고 꼿꼿한 순모조지로 아담한 상징적인 수법의 편집을 보여 준 그 당시의 유일한 문예지이던 이 『문장』의 돌연한 출현은 그대로 하나의 경이였으며, 내 작품 발표에 대한 자극을 한층 돋우어 주었다. 지용, 파인, 월파 들의 시와 춘원의 「무명」 등을 우선 감명깊게 읽으면서 그때까지 내가 써 가지고 있던 습작시 일체를 한 편도 안 남기고 모조리 불살라 청산한 다음에 전혀 새로운 의욕의 신작으로 추천제에 응할 태세와 각오를 단단히 갖추었다.

내 시가 그 출발로부터 너무도 벅찬 의욕과 포부를 가졌음에도 불구하고 그 소재나 형상을 자연에서 구하고 자연의 것을 빌려오게 된 것은 내 오래고 생래적인, 어려서부터 받은 자연의 감화와 일체의 죽은 것, 생명이 없는 것, 도시적이고 인공적이고 말초신경적인 것, 너무 인사에 치우치고 무기력한 것, 병적 퇴폐와 감상, 부허한 경박과 무주체성에 대한 저간의 반발에 연유한 것이었다. (……)

『문장』의 창간을 본 직후로부터 그 추천제에 응모하려는 작품의 생산을 위한 긴장과 정진은 한동안 계속되었다.

그러다가 1939년 4월, 양지짝으로는 잔풀이 파릇파릇 돋아나기 시작하는 따뜻한 어느 날, 다른 볼일로 가까운 시골엘 갔다가 2, 3일을 전후해서 「향현」과 「묘지송」을 비교적 쉽게 써낼 수 있었다.[11]

박두진은 이 시기에 이미 『아이생활』이나 『아(芽)』지에 습작시를 발표했던 문학청년이었지만, 『문장』은 격이 다른 유일한 문예지였다. 일제의 식민지배가 패망할 날을 기다리며 『아이생활』이나 『아(芽)』지 등에 게재하기 위해 7, 80편의 습작시를 깎고 다듬으며 고치던 그는 『문장』에 실린 정지용·김동환 등의 기성 시인들의 시를 감명깊게 읽고 나서 습작시를 모두 불살라 버렸다. 『문장』의 창간을 본 직후로부터 그 추천제에 응모하려는 작품의 생산을 위한 긴장과 정진이 한동안 계속되었다고 했으니, 굳이 그에게 시를 가르쳐 준 스승이 있다면 정지용·김동환·김상용 등을 사숙한 정도일 것이다.

이들의 시를 감명깊게 읽고 나서 새롭게 시를 지으려고 했지만, 벅찬 의욕과 포부를 가졌음에도 불구하고 그가 붙잡은 소재나 형상은 결국 자연이었다. 소학교 시절까지 고향 산골에서 자연과 함께 살았으며, 서울에 올라온 뒤에도 순전히 자연만이 그의 스승이었다. 일체의 죽은 것, 생명이 없는 것, 무기력한 것, 병적 퇴폐를 극복할 수 있는 시간과 공간을 자연에서 찾았던 것이다.

1939년 4월 어느 날, 그는 폐병을 앓던 어느 친구와 고양군 신도면 상고개[香峴]에 갔다가 양지쪽 잔디에 잠이 든 친구 옆에서 멀리 북한산을 바라보면서

11) 박두진, 「시화 한제(詩話閑題)」, 앞의 책, 1996, 137쪽.

즉흥적으로 시를 썼다. 측량사무소 직원답게 5만분의 1지도의 뒷면에 파란 색연필로 쓴 시가 「향현」이었다.12) "양지짝으로는 잔풀이 파릇파릇 돋아나기 시작하는 따뜻한 어느 날"이 그 다음날 쓴 「묘지송」에서는 "北邙 이래도 금잔디 기름진데 동그만 무덤들 외롭지 않어이. (……) / 금잔디 사이 할미꽃도 피었고, 삐이 삐이 배, 뱃종! 뱃종! 메ㅅ들도 우는데, 봄볕 포군한 무덤에 주검들이 누었네."라는 구절로 시화되었다. 많은 사람들이 양지쪽에 파릇파릇 나는 잔풀을 보았지만, 기독교 신앙 속에 민족의 부활을 꿈꾸며 자연을 찾았던 그만이 묘지의 만가를 송가로 승화시킬 수 있었다.

정지용이 박두진의 시를 '신자연'이라 명명한 데 비해, 김동리는 「自然의 發見」이라는 평론에서 "朴斗鎭의 特異性은 그의 究竟的 歸依가 다른 東洋 詩人들에서처럼 自然에의 同化法則에 依하지 않는 데 있다. 그도 勿論 恒常 自然의 품속에 들어가 살기는 한다. 그리고 '永遠의 어머니'라고 부르기까지 한다. 그러나 그는 거기서 다시 '다른 太陽'이 솟아오르기를 기다리는 것이다. '메시아'가 再臨하기를 기다리는 것"13)이라고 구체적으로 분석하였다.

김동리는 박두진의 시가 점점 관념적으로 치우칠 것을 경고했는데, 박두진의 자연이 조선시대 시인들이 합일되기를 원했던 자연과는 다르다는 점은 분명히 지적한 셈이다. 박두진은 조선시대 시인들이 상상할 수 없었던 자연, "무덤 속 화안히 비춰줄 그런 太陽", "솟아난 봉우리에 엎드린 마루에 확 확 치밀어 오를 火焰"을 거쳐 고운 해가 솟아나기를 염원하였다. 그러나 김동리가 말한 '메시아'의 재림이 반드시 기독교적인 재림만은 아니다.

박두진의 자연 속에는 항상 빛이 나타나며, 그 빛은 언제나 태양이다. 광복 이후에 발표한 시 「해」에서는 "달밤이 싫여, 달밤이 싫여, 눈물같은 골짜기에 달밤이 싫여, (……) 해야, 고운 해야 솟아라. 꿈이 아니래도 너를 만나면, 꽃도 새도 짐승도 한자리 앉아, 워어이 워어이 모두 불러 한자리 앉아 애띠고

---

12) 박두진, 「자연·인생·시」, 앞의 책, 1994, 106쪽.
13) 김동리, 「自然의 發見」, 『文學과 人間』, 백민문화사, 1948, 74쪽.

고우 날을 누려 보리라"고 조국 광복의 기쁨을 노래했는데, 1940년대 암흑기에 부활의 신앙으로 "무덤 속 화안히 비춰줄 그런 太陽", "솟아난 봉우리에 엎드린 마루에 확 확 치밀어 오를 火焰"을 노래했기에 「해」 같은 절창이 자연스럽게 나왔던 것이다.

3. 사회 요구에 부응하는 기독교 시 : 『사도행전』에서 『수석열전』으로

박두진의 시에 나타난 기독교와 자연은 조국 광복을 기다리던 일제 치하 때뿐만 아니라, 그 이후의 시에서도 꾸준히 드러난다. 그의 시에 드러난 자연의 모습은 산, 빛(해), 짐승의 세 가지가 두드러지는데, 태양과 마찬가지로 짐승도 조선시대 한시에 별로 사용되지 않았던 소재이다.

삐이 삐이 배, 뱃종! 뱃종! 메ㅅ새들도 우는데, －「묘지송」(1939)

너구리, 여우, 사슴, 山토끼, 오소리 도마뱀, 능구리等, 실로 무수한 짐승을 지니인,
山, 山, 山들! (……)
여우 이리 등속이, 사슴 토끼와 더불어 싸리ㅅ순 칡순을 찾아 함께 질거이 뛰는 날을, 믿고 길이 기다려도 좋으랴? －「香峴」(1939)

사슴을 딿아, 사슴을 딿아, 양지로 양지로 사슴을 딿아 사슴을 만나면 사슴과 놀고,

칡범을 딿아 칡범을 딿아, 칡범을 만나면 칡범과 놀고,

(……) 꽃도 새도 짐승도 한자리 앉아, 워어이 워어이 모두 불러 한자리 앉아, 애띠고 고은 날을 누려 보리라. －「해」(1946)

박두진의 자연에 등장하는 짐승들의 관계는 『구약성서』「이사야서」 11장에 등장하는 짐승들의 관계와 같다.

그때에 이리가 어린 양과 함께 살며 표범이 어린 염소와 함께 누우며 송아지와 어린 사자와 살진 짐승이 함께 있어 어린 아이에게 끌리며(6절) 암소와 곰이 함께 먹으며 그것들의 새끼가 함께 엎드리며 사자가 소처럼 풀을 먹을 것이며(7절) 젖 먹는 아이가 독사의 구멍에서 장난하며 젖 뗀 어린 아이가 독사의 굴에 손을 넣을 것이라(8절)

사나운 이리·표범·사자와 양순한 양·염소·송아지가 함께 어울려 사는 낙원은 현세가 아니라 내세, 이스라엘 민족이 기다리던 메시아가 온 뒤의 세상이다. 그러기에 "넣을 것이라"는 미래 시제로 서술되었다. 이같이 꿈같은 일이 벌어지는 날은 바로 메시아가 오는 날이다. 「이사야서」 11장 위의 구절 바로 뒤에 그러한 날을 소개하였다.

그 날에 이새의 뿌리에서 한 싹이 나서 만민의 기치로 설 것이요 열방이 그에게로 돌아오리라(10절)

메시아가 오리라는 신앙은 모두가 화합하는 세상을 염원하는 마음인데, 박두진의 초기 시는 식민지 치하에 지었으므로 그가 기다리는 날은 당연히 조국 광복의 날로도 해석되었다. 그러나 그는 조국이 광복된 뒤에도 계속 누구를 기다리고, 어떤 날을 기다렸다.

기다림의 시를 성경 구절과 관련지어 한 편 더 읽어보자.

너는 어서 속히 내게로 오라. 대개 데마는 이 세상을 사랑하여 나를 버리고 데살로니가로 가고 그리스게는 갈라디아로 다고 디모데는 달마디아로 가고 (……)
—디모데후서 4:9~10

복사꽃이 피었다고 일러라. 살구꽃도 피었다고 일러라. 너희 오 오래 정드리고 살다 간 집, 함부로 함부로 짓밟힌 울타리에, 앵두꽃도 오얏꽃도 피었다고 일러라. 낮이면 벌떼와 나비가 날고, 밤이면 소쩍새가 울더라고 일러라.

다섯 뭍과, 여섯 바다와, 철이야. 아득한 구름 밖, 아득한 하늘 가에, 나는 어디로 향을 해야 너와 마주 서는 게냐.
(……)

어서 너는 오너라. 별들 서로 구슬피 헤여지고, 별들 서로 정답게 모이는 날, 흩어졌던 너이 형, 아우, 총총히 돌아오고, 흩어졌던 네 순이도 누이도 돌아오고, 너와 나와 자라난, 막쇠도 돌이도 복술이도 왔다.

눈물과 피와 푸른빛 기빨을 날리며 오너라. (……) 비둘기와 꽃다발과 푸른빛 기빨을 날리며 너는 오너라. (……)

복사꽃 피고, 살구꽃 피는 곳, 너와 나와 뛰놀며 자라난, 푸른 보리밭에 남풍은 불고, 젓빛 구름, 보오얀 구름 속에 종달새는 운다.
(……) 우리, 우리, 옛날을, 옛날을, 뒹굴어 보자.

이 시 「어서 너는 오너라」는 『청록집』에 실렸지만 광복 이전 잡지에 실리지 않았으므로, 아마도 광복 이후, 『청록집』 편집 이전에 지은 듯하다. 복사꽃이 피고 살구꽃이 핀 것은 광복의 기쁨을 표현한 것이라고도 볼 수 있으니, 그렇다면 철이를 기다리는 것은 이제 더 이상 조국의 광복을 기다리는 행위가 아니다. 그렇다고 해서 예수의 재림을 기다린다고 해석할 근거도 없다. 일차적으로는 식민지 치하에서 폐허가 된 고향의 재건, 다 돌아온 친구들 가운데 아직 돌아오지 못한 친구를 기다리는 것이라고 볼 수 있지만, 이차적으로는 '옛날'처럼 뒹굴어 보기를 염원하는 것이다.

그런데 박두진은 「시화 한제」에서 "성서는 그 어느 짧은 한 구절에서라도

(……) 문학적인 표현과는 아무런 관련도 없는 극히 평범한 구절까지가 다시 없이 깊은 위동(威動)으로 우리를 울리며 시적 감흥을 자아내 줍니다."14)라고 고백하면서 위의 성경구절 디모데후서 4장 9~10절을 인용한 다음에

> 어떻습니까? 나는 여기-어서 너는 오너라-라고 한 구절 한 마디만으로 감동을 얻어, 그대로 「어서 너는 오너라」는 제목의 시를 쓴 일이 있습니다. 물론 종교시에 속하는 것은 아니지만 디모데에게 토로(吐露)한 바울의 그지없이 고독한 심정이 해방 직전의 우리의 민족 현실에서 오는 새 현실을 희구 갈망하는 하나의 절대감정으로 이입되어 아래와 같은 시를 나타냈던 것입니다.15)

라고 하면서 「어서 너는 오너라」 전문을 소개하였다. 그의 설명에 의하면 복사꽃이 피고 살구꽃도 피었지만, 아직 조국 광복의 날은 오지 않은 셈이다. 바울이 고독한 심정으로 디모데를 부르며 기다린 것처럼 그는 철이를 부르며 기다렸다. 광복 직전을 모두 암흑기라고 표현했지만, 그는 이미 복사꽃이 피고 살구꽃도 피었다고 하면서 "새 현실을 희구 갈망"하였다. 그렇다면 박두진은 어떠한 상황에서도 끊임없이 누구를 기다리는 시인, 새로운 세상을 기다리는 시인이라고 할 수 있다.

한국전쟁이 계속되던 대구 피난 시절에 지은 시를 모아서 시집 『오도(午禱)』를 출간했는데, "다시 오른 旗 폭은 찢겨지지 않는다. (……) 찬란하게, 우리 앞에 나부끼어야 한다."는 「기(旗)」를 비롯해 수많은 절창(絶唱)을 발표하였다. 4·19 혁명시집에 실린 「우리들의 기빨을 내린 것이 아니다」라는 시에 이르기까지, 생명의 자유를 추구하는 깃발은 어느 한 순간에도 내려질 수 없다고 선언하였다.

그러나 5·16 군사쿠데타를 겪으면서 박두진의 자연은 사회와 하나가 되고, 잃어버린 자연을 찾으려는 고행이 시작되었다. 1961년부터 1963년 사이에

---

14) 박두진, 「시화 한제(詩話閑題)」, 앞의 책, 1994, 183쪽.
15) 각주 14)와 같음.

지은 시들은 모두『인간밀림』에 실려 있다.

八月의 江이 손뼉친다. 八月의 江이 몸부림친다.
八月의 江이 고민한다.
八月의 江이 沈潛한다.

江은 어제의 한숨을, 눈물을, 피흘림을, 죽음들을 기억한다.

어제의 분노와, 비원과, 배반을 가슴지닌
배암과 이리의
갈라진 혓바닥과 피묻은 이빨들을 기억한다. -「八月의 江」부분

　그가 이 시기에 추구하던 자연은『인간밀림』이라는 제목 그대로 숲이고,
강이었다. 그러나 이미 인간과 나뉘어질 수 없는 숲이고 강이었기에, 제목도
'인간밀림'이었다. '기다린다'거나 '어서 오너라'라는 동사를 쓰지 않았지만,
한숨 짓거나 눈물을 흘리고 피를 흘리는 세상이 예전의 세상으로 회복되기를
염원한다는 점에서는 '기억한다'는 동사가 '기다린다'는 동사보다 훨씬 더
호소력이 짙다.
　김지하가『사상계』에 시「오적(五賊)」을 발표해 부패한 박정희 군사정권을
풍자했을 때에 흥분한 정권의 법정에서 박두진은 자신의 의견을 이렇게 밝혔다.
"계급주의 문학 내지는 이적 표현물로 몰아붙인 이 작품은 문학 본래의 사명과
책임에 충실한 결과로 오히려 우리의 민주 비판적 영향의 잠재력을 과시한
좋은 표징이 된다."「오적」은 부정부패에 대한 극히 일반적인 정의감과 불의와
비위를 미워하는 작가적 양심에서 쓴 것임으로 반국가 단체를 이롭게 하기
위해 쓴 것이 아니라 오히려 우리 민주 비판적 영향의 잠재력을 과시한 좋은
표징의 시로 생각한다고 감정서를 제출했다.16) 이때부터 그는 말과 행동이

---

16) 박두진,『여전히 돌은 말이 없다』, 신원문화사, 1996, 51~53쪽.

일치하는 시인으로, 반독재 투쟁운동에도 참여하였다. 사회에 관심을 기울였던 『사도행전』(1973) 연작시는 제목부터가 반독재 투쟁운동과 기독교가 어울어진 시임을 짐작케 한다.

박두진은 환갑을 앞두고 1972년 8월호부터 1973년 12월호까지『시문학』과 『현대문학』에 「수석열전」을 연재하였다. 1973년 일지사에서 간행한『수석열전』 서문에서 그가 밝힌 것처럼 "지금까지 詩를 써오는 동안 이 「水石烈傳」처럼 意慾的 集中的으로 전력을 기울인 일은 드물었다."[17) 시를 쓰려고 수석을 수집한 것이 아니라, 그의 눈에 뜨인 수석들이 그에게 끊임없이 시를 쓰게 한 것이다.

몇 년 전부터 수집하기 시작했던 수석(水石)은 그가 서재에 들여놓은 자연이자 또 하나의 고향이었다. 어린 시절 소를 먹이던 고향에서 자연을 찾았듯이, 환갑이 되면서 자연 속에서 수석을 통해 고향을 찾은 것이다.

> 저 벌판 하늘 쨍쨍 금빛 햇살 일제히
> 억겁을 살아 숨쉬어
> 펄펄히 생명 뛰는,
> 그 살음기운 일제히 영원하거라.
>
> 벌판 너 고향
> 그 흙이 빚은 아들,
> 내가 여기 홀로서서
> 너를 울고 있다.

수석은 보는 만큼 보인다. 수많은 사람들이 지나가면서 거들떠보지도 않은 돌에서 시인은 고향의 모습을 찾아내고, 「平原石 故鄕」이라고 이름지었다. 시인은 平原石을 보며 "쨍쨍 금빛 햇살 (……) 살아 숨쉬어 펄펄히" 뛰는 생명을 찾아내고, "벌판 너 고향"과 "그 흙이 빚은 아들", 즉 고향과 자신의 관계를

---

17) 박두진,『水石列傳』, 일지사, 1973, 1쪽.

노래했는데, 자신을 "흙이 빚은 아들"이라고 표현한 것처럼 그 바탕에는 기독교의 창조신앙이 깔려 있다. 이순의 나이에 찾아낸 자연 역시 동양적인 자연이라기보다는 기독교적인 자연이었으며, 초기의 햇빛이 여전히 비치는 자연이었다. 무언가 다른 세상을 기다리는 햇빛이 아니라, 이제는 '펄펄히 생명 뛰는' 햇빛 속에, 오랜 인생역정 끝에 시인은 고향에 돌아온 것이다.

> 너는 언제나 반쯤만 눈을 뜨고
> 반쯤만 내 앞에 가슴 열어,
>
> 아주 영원히는 잊어버릴 수 없는 강의 언덕
> 그 바닷가 그 하늘의 별밭에 자유로 피어 서서,
>
> 내가 빠지는 감정의 푸른 늪
> 내가 오르는 사상의 정상을 조용히 지켜 본다.
>
> 너는 언제나 황홀로 거기 섰고
> 나는 언제나 네 앞에 비애로 홀로 있다. ─「靜」 일부

동양의 전통적인 선비들도 수석을 즐겼지만 수석(壽石)이라고 표기하며 관상(觀賞)하였을 뿐이다. 그러나 박두진은 수석(水石)이라고 표현하여, 평생 추구하던 자연을 서재로 끌어들였다. 자연에서는 수석과의 교감을 통해 창조적 생명에 대한 경이감을 느끼고, 서재에 돌아와서는 수석과의 교감을 통해 자신의 생애를 돌이켜봤다. 그러기에 수석 하나하나에 이름을 붙여 의미를 부여했으며, 시를 지었다. 「平原石」에서 고향을 찾았다면, 「天台山 上臺」에서는 절대자가 노닐던 공간을 체험했으며, 「仁壽峰」에서는 순결한 가치를 형상화했다.

4. 연세 캠퍼스에 살아 있는 박두진의 시

필자의 학부 시절에는 시를 가르치는 교수가 자주 바뀌었다.[18] 한양대에 있던 박목월 선생이 한동안 출강하면서 시인 지망생들의 시를 지도해주고 추천도 하다가, 필자의 3학년 1학기에는 경희대에 있던 조병화 선생의 강의를 들었다. 학부생들은 짐작도 못하던 일이지만, 아마도 어느 시인을 연세대 국문과의 전임교수로 모시는 것이 좋은지, 학과 교수들 사이에 오랫동안 논의가 진행된 듯하다.

결국 3학년 2학기(1972년 9월)에 이화여대 국문과에 있던 박두진 선생이 다시 연세대로 돌아왔다. 1960년 8월 연세대 학원분규에 장덕순 교수와 함께 해임당하고 12년만에 복귀한 것이다. 박두진 선생은 1차 재직(1955~1960) 전후로 정현종(鄭玄宗), 천양희, 강은교, 정공채, 윤후명, 신대철 등의 시인들을 배출했으며, 2차 재직(1972~1981) 때에 기형도, 강창민, 강경화, 이영섭, 박경혜, 마광수 등의 시인들을 길러냈다. 이 가운데 정현종이 연세대 국문과 교수로 부임해 박두진 선생을 이어서 시인 제자들을 길러냈으며, 신대철, 이영섭, 김응교 등의 제자들이 박두진 선생의 시에 관한 논문을 계속 집필하여 그의 문학세계를 학계와 사회에 소개하였다.

이들의 공통점이 있다면 몇 년 동안 백양로를 오르내리고, 「신록예찬」의 무대였던 청송대에서 문학을 이야기했으며, 돌집에서 강의를 듣고, 신촌 언저리에서 노닐며 글을 썼다는 점이다. 기형도는 「대학생활」을 이렇게 시로 썼다.

> 나무의자 밑에는 버려진 책들이 가득하였다
> 은백양의 숲은 깊고 아름다웠지만
> 그곳에서는 나뭇잎조차 무기로 사용되었다
> 그 아름다운 숲에 이르면 청년들은 각오한 듯

---

18) 4장은 개인적인 회상이기에, '박두진 선생'으로 호칭하였다.

눈을 감고 지나갔다. 돌층계 위에서
나는 플라톤을 읽었다. 그때마다 총성이 울렸다.
목련철이 오면 친구들은 감옥과 군대로 흩어졌고
시를 쓰던 후배는 자신이 기관원이라고 털어놓았다
존경하는 교수가 있었으나 그분은 원체 말이 없었다
몇 번의 겨울이 지나자 나는 외톨이가 되었다
그리고 졸업이었다. 대학을 떠나기가 두려웠다

어찌 대학을 떠나기가 두려웠으랴. 백양로와 청송대, 돌층계와 문학 이야기, 같이 시를 쓰던 친구들과 시를 가르쳐 주던 교수가 하나가 되어 연세문학을 만들었기에, 신촌 캠퍼스를 떠나 혼자 글을 쓴다는 게 두려웠던 것이다. 말이 없던 교수는 물론 당시 문학청년들에게 교과서였던 박두진 선생이다. 졸업한 뒤에도 선후배들은 신촌에서 계속 모이며 문학을 하였다. 신촌 캠퍼스에는 오랫동안 교문이 없었는데, 문학청년들에게는 학교 밖의 신촌도 또 하나의 캠퍼스였다. 원재길은 「기형도에 관한 추억」에서 이들이 공유했던 대학시절을 이렇게 회상하였다.

우리는 스무살 푸르른 나이에 삶으로 만났다. (……) 어떤 때 노래를 부르고 난 그의 눈에는 눈물이 그렁그렁했다. / 그는 노래를 잘 부르고 싶어했다. / 그는 노래를 썩 잘했다. / 송창식이 십팔번이었다. / 『철지난 바닷가』『딩동댕 지난 여름』 같은 노래가 한 시절을 장식했다. (……) 우리는 그의 선창으로 신대철의 시 「處刑 3」에 곡을 붙인 노래를 한소절 한소절씩 따라 배웠다. / '저 산 노을이 비치고 온 몸에 금이 가요. 사방에서 노을이 떠요. 살고 싶어요. 아 - 사람이 죽으면 노을에 묻히나요.' (……) 우리가 만나 대학 4년을 내내 기거하다시피 한 한평 반 넓이의 서클룸이 생각난다. / 전쟁 때에 포로를 가두어 놓은 곳이라는 설이 나도는 촘촘한 창살이 달린 골방이었다. / 벽은 온통 낙서투성이였다. / 역시 대학시절 내내 아지트로 삼았던 김지미의 좋은 인상만을 닮은 아줌마가 주인인 다방 '캠퍼스'도 생각난다. / 강의가 빈 시간이면 만나서 병아리처럼 햇빛을

쪼이며 딩굴던 학관 앞 잔디도, / 눈이 펑펑 쏟아지는 날 배수관 속으로 기어들어가서
군불을 지피던 청송대 숲도, / 잡탕을 전문으로 하는 십여 개 술집이 다닥다닥
붙어 있던 신촌 시장도, 선하게 생각난다.

그때 우리는 시인이 되고 싶었다. / 만나면 시 얘기만 했다. / 시를 끄적거린
노트나 종이쪽을 늘 품고 다녔다. / 시인이 되고 싶은 마음이 아니면 우리는
아무 것도 아니었다 / 금요일 저녁이면 서클룸에서 시 합평회를 가졌다. / 거기에서
그가 쓴 시를 처음으로 대했다.

청록파 시인으로 널리 알려진 박두진 선생이 오랫동안 신촌캠퍼스에서
시를 가르치며 많은 시인들을 길러냈는데, 군사독재정권에 맞서 지식인 양심선
언에 앞장섰던 그의 문학기반이 기독교였기에 연세대학의 문학성과 하나가
될 수 있었다. 그의 대표작 가운데 하나인 「하늘」을 연세대 언저리에서 자랐던
서유석이 작곡하여 양희은에게 주었는데 "하늘이 내게로 온다 / 여릿 여릿
/ 머얼리서 온다"라는 구절로 시작되는 이 노래는 서정적인 선율과 함께 우리
국민들에게 오랫동안 사랑을 받고 있다. 맑고 푸른 가을 하늘을 올려다보며
자연과 하나가 되는 경지를 표현한 시이다. 예전 노천강당 잔디에 누워 하늘을
올려다보며 혼자 부르기 알맞았던 노래이다.

그보다 노래로 더 널리 알려진 박두진 선생의 시가 "해야 솟아라, 해야
솟아라. 말갛게 씻은 얼굴 고운 해야 솟아라."라는 구절로 시작하는 「해」이다.
1975년 군사정권이 사회정화운동을 내세워 반항적인 대중음악을 잠재우고,
2년 후 대안으로 대학가요제를 시작하였다. 연세대에 재학중이던 조하문은
연고전 응원연습 때 만난 김광현과 4인조 밴드를 결성했다가, 연습과정에서
서울대생과 합해 3인조 헤비메탈 록밴드 '마그마'를 탄생시켰다.

1980년 제4회 MBC 대학가요제 출전을 앞두고 팀 이름이 없어 3일 동안
다방에 모여 고민했는데, 지질학을 전공한 조하문이 '폭발 일보 직전의 뜨거운
바위 녹은 물'을 의미하는 '마그마'가 자신들의 잠재력과 하드 록의 폭발적

분위기를 잘 표현한다고 제안해 팀명이 정해졌다. 「해야」라는 노래 제목과도 잘 어울렸다. 고음의 폭발적인 샤우팅 창법을 구사한 조하문과 김광현의 신들린 기타 연주는 관객들을 열광의 도가니로 몰아넣었다. 박두진 선생의 시를 개사한 조하문의 창작곡 「해야」는 대학생 가요제에 어울리지 않는 전위적인 무대 매너가 문제되어 은상에 그쳤지만, 경쾌한 포크계열의 노래 「꿈의 대화」를 불러 금상을 받은 연세대 의대 듀엣보다 더 인기를 끌었다.

박두진 선생은 연세대생 조하문이 자신의 시를 가지고 노래를 만들어 대학가 요제에 나간다는 사실을 몰랐다. 이 사실은 조하문의 노래를 듣다가 "선생님의 시에 저런 시끄러운 음악을 붙이다니!"라고 화를 낸 학생에 의해 박두진 선생에 게 전달되었으며, 조하문은 즉시 박두진 선생에게 호출됐다. 박두진 선생이 당시 조교였던 조남철(전 방통대 총장)에게 "그 학생을 잡아오라"고 지시하자, 조남철은 몹시 난감해 했다. 박선생의 시가 연세대 응원가로 얼마나 폭발적인 인기를 얻었는지 잘 알고 있었기 때문이다.

조하문의 회고다. "박 교수님은 우릴 점잖게 타이르셨다. '예전에 어느 가수가 찾아와서 시를 써 달라고 한 걸 거절한 적도 있다. 저작권이 뭔지도 모르고 교수 얼굴에 먹칠을 해서 되겠느냐. 다시는 그 노래를 부르지 말라'고 말씀하셨다. 우리는 두 손을 싹싹 빌면서 다시는 그 노래를 안 부르겠다고 말씀드렸다. 박교수님은 '다시 그 노래를 부르면 가만 두지 않겠다'고 엄포(?)를 놓으셨지만 아직까지 아무 연락이 없으신걸 보면 포기하신 것 같다."

교과서에서만이 아니라, 서유석과 양희은의 「하늘」, 조하문과 연세 응원단의 「해야」를 통해서, 박두진 선생의 기독교적인 자연시는 오래오래 우리 사회에 전해질 것이다.

해방전후사 속의 두 연세 영문학자, 설정식과 최재서

1. 머리말

민족의 역사와 고난을 함께 해오며 그 역사의 현장에서 늘 중심을 지키고 또한 중책을 떠맡았던 연희전문은 해방과 분단이라는 비극적 전환기 속에서 정식 대학으로 출범한다. 미국 선교사들이 세운 대학답게 영어 및 영문학 교육을 선도해왔던 연희전문이 연희대학으로 발전함에 있어서 연전 문과의 일반 공통과정의 성격을 띠던 영어영문학 교육은 전공학문으로서 영어영문학 교육 및 연구로 전환해야할 과제를 안게 되었다. 그러나 만주사변과 태평양전쟁으로 이어진 일제강점기 말기는 연희전문의 존립과 독립성을 뿌리부터 흔드는 중대한 위기상황이었다. 불현듯 해방이 되자마자 38선이 반도를 둘로 갈라놓은 분단 상황이 전개되자, 연희대학이 위치한 남한에서는 극력한 좌우투쟁이 전개되었다. 이 글이 조명하고자 하는 두 인물 중 한 사람인 설정식은 연희전문에서 '원어민' 선교사들이 주도한 수준 높은 영어영문학 교육의 수혜자로, 미국으로 유학, 현지의 영문학을 공부한 실력자이다. 설정식은 해방과 분단, 그리고 급기야 동족상잔으로 이어진 처참한 역사의 소용돌이에 몸을 던진다. 정전협정 회담장에 북한 측 통역자로 등장했던 설정식은 휴전이 된 지 얼마 후에 숙청당하고 마는 비극적인 종말을 맞이한다. 그렇게 사라진 설정식을 북에서나 남에서나, 그의 모교의 역사에서조차도 제대로 기억하고 기념하는 일은 그간 극히 드물었다. 그의 글을 한 권에 모은 책이 나온 해가 그가 숙청당한 지 60년 후인 2012년이라는 사실이 이를 단적으로 증언한다. 그러나 설정식의 문필활동은 그 자체로도 흥미로운 국문학 및 영문학의 성과물들일뿐더러, 휴전회담 인민군 영어통역에 이르는 그의 모든 활동의 기반이 유려한 영어구사력 및 영문학 공부였고 그 기반은 연희전문 문과에서 다진 것임을 부인할 수 없는 한, 연희전문 의 '자랑스런' 동문의 한 사람으로 설정식을 기억해할 이유는 적지 않다.

이 글이 다루는 두 번째 인물인 최재서는 설정식과는 전혀 달리, 국문학사에서 많은 연구의 대상이 되어왔고 영문학자로서의 그의 업적도 최근에는 본격적으로 조명 받고 있다.[1] 그는 연희전문 문과가 아니라 경성제국대학 영문과 출신이다. 경성제대 대학원 졸업 후 경성법전 교수로 재직하며 1930년대에는 조선어 평론을 발표했고, 이 시기에 한국문학사에 기념비가 될 만한 발언들을 다수 제출한 바 있다. 그러나 1940년대에 태평양 전쟁 국면에서 최재서는 일본어로 글을 쓸뿐더러 그 글들의 내용과 주장은 일본제국의 전쟁과 군국주의 를 지지하는 것이었다. 갑자기 찾아온 해방은 그를 교육시켰고 그가 의지했던 일본제국의 패망을 의미했기에, 그에게는 개인적인 위기였다. 그런데 1949년, 탁월한 학식에도 불구하고 공적인 활동을 자제할 수밖에 없었던 최재서를 연희대학은 교수로 임용한다. 최재서의 모교인 경성제대의 후신 서울대학교가 아니라 오히려 일제의 가장 큰 박해를 받았던 연희전문은 대학으로 도약하며 당대 최고의 영문학자 최재서를 순전히 그의 학문적인 가치만을 보고 포용한 것이다. 연희대학 영문과 교수 최재서는 전쟁 기간에 부산이나 대구 등 피난지 임시 대학 강단에서도 계속 연희대학 학생들을 가르쳤다. 또한 전후의 폐허 속에서 도탄에 빠진 1950년대 중~후반부에 연희대학 영문과의 학문적인 초석을 다져주는 결정적인 역할을 했다.

---

[1] 영문학자로서 최재서는 본교 영문과 김준환 교수가 꾸준히 연구해 오고 있다. 대표적인 논문으로는, 김준환, 「최재서의 엘리엇 읽기에 대한 몇 가지 단상」, 『현대영미시연구』 17-2, 2011.

이 두 인물은 삶의 족적이 달랐다. 또한 격동기 역사의 물살은 이 둘을 서로 다른 길로, 궁극적으로는 서로 총칼을 겨눈 적대적인 진영으로 각기 밀고 나갔다. 그러나 둘 다 2차 대전과 해방, 분단과 전쟁을 연달아 겪은 시대 속에서 연희전문/연희대학 영문학의 수준과 역량을 한 사람은 졸업생으로서 자랑스럽게 구현하고 또 다른 사람은 교수로서 그것을 끌어올리고 발전시켰기에 두 사람을 한 자리에 놓고 비교해 보는 것도 의미 있는 일이다. 아울러 창학 130년을 맞는 연세가 전통과 학풍을 기억하고 미래로 도약함에 있어 이들의 업적과 고민, 고통과 상처를 기억하므로 연세의 역사적 사명과 위상을 되새겨볼 계기가 될 수 있을 것이다.

2. 설정식과 최재서의 교육 및 등단

먼저 두 인물의 교육과 사회진출의 역사를 기술하므로, 두 인물의 연희전문/연희대학과의 인연을 구체적으로 살펴볼 것이다. 단, 최재서에 비해 설정식은 훨씬 덜 알려져 있기에 설정식에 보다 많은 비중을 둘 것이다.

설정식은 1912년 함경남도 단천에서 개명한 유학자인 설태희의 3남으로 태어났다.[2] 물산장려운동 지도자 중 한 사람인 부친의 영향을 받아 민족주의적인 집안분위기에서 큰 설정식은 1919년에 집안이 서울로 이사 온 후 교동보통학교에 입학했다. 설정식과 관련된 첫 번째 문건은, 1925년『동아일보』2월 4일자,「수재아동 가정소개―장래의 문학가 교동보통학교 4학년 설정식(14)」이란 제목의 기사로, 사진과 함께 이 수재 소년을 소개하고 있다. 보통학교 졸업 후 설정식은 경성공립농업학교에 입학해서 다니던 중 1929년에 광주학생운동에 가담한 혐의로 퇴학당한다. "장래의 문학가"와 식민지 현실과의 충돌은

---

2) 이하 설정식의 전기적 사실의 출처는 특별한 언급이 없는 한 설희관 편,『설정식 문학전집』, 산처럼, 2012, 840~843쪽.

설정식(1937)

사뭇 일찍이 시작되었던 것이다. 다음 해 1930년에 만주 봉천으로 유학길에 오른 설정식은 요녕성 제3고급중학교에 다닌다. 그러나 1931년에는 만보산(완바오산) 사건으로 한·중 학생 간에 충돌이 심해지자 베이징으로 피신한 후 조선으로 돌아온다.

최재서의 성장기는 설정식과 비교할 때 특이한 점은 별로 없다. 1908년 황해도 해주에서 태어난 최재서는 넉넉한 집안형편과 정치적으로 '무난한' 가문 분위기, 타고난 총명함 등이 결합한 덕에 경성 제2고보(오늘날의 경복 고등학교의 전신)를 다닌 후 우수한 성적으로 졸업하여 조선인으로서는 드물게 1926년 경성제대 예과에 입학한다. 경성제대 예과를 다닌 후 문과수석으로 졸업하자마자 경성제대 영문과에 1928년에 입학했다. 이 역시 조선인으로서는 극히 예외적인 영예라고 하지 않을 수 없다.[3] 일본인 교사들의 총애를 받으며 성장한 이 조선인 청년은 대제국 일본의 도쿄제국대학이 배출한 영문학자들에게, 식민지 경성에 일본인들이 세운 제국대학에서, 영문학 및 서양학문을 배운다.

한편 1931년에 경성으로 돌아온 설정식은 1932년부터 본격적으로 '문학청년'의 면모를 과시하기 시작한다. 그해 1월, 『중앙일보』 현상모집에 희곡 「중국은 어디로」가 1등으로 당선되었고, 3월에는 창작시 「거리에서 들려주는 노래」가 『동광』 학생문예작품경진대회에 3등에 입선했으며, 4월에는 『동광』지가 주최한 학생문예작품경진대회에서 「새 그릇에 담은 노래」가 1등으로 뽑히는 등, 그의 문재와 필력은 일찌감치 세인의 주목을 받았다. 또한 같은 해 4월

---

3) 이하 최재서의 전기적 사실의 출처는 김윤식, 『한국 근대문학 사상 연구 1 : 도남과 최재서』, 일지사, 1984, 214~220쪽.

13일에 설정식은 연희전문 문과 본과에 입학한다. 입학하자마자 그는 연희전문에서도 두각을 나타내었다. 연전 문과의 학술지 겸 문예지『문우(文友)』창간호에 그의 비평문「회고와 전망」이 당당하게 세 번째 자리에 등장했다.[4] 그 다음 해인 1933년에는 연전 문과 특대생으로 뽑혔으니, 연희전문 문과의 '스타급' 학생으로 설정식이 인정받았다고 할 수 있다.

1930년대는 청년 최재서에게도 자랑할 만한 일들이 연달아 생긴 시기이다. 최재서는 1931년에 경성제대 영문과 학부를 졸업했고, 같은 해『신흥』지에「미숙한 문학」을 발표하며 평론가로 데뷔하였다. 그는 학부 졸업 후 대학원에 남아서 1933년에 석사학위를 받았다. 곧이어 조선인으로서는 역시 지극히 예외적으로 경성제대 강사가 되었고, 모교 강사생활을 하며 본격적으로 대학교수 생활을 시작한다. 그 다음 해인 1934년 경성법전 교수가 된 최재서는 보성전문에서도 가르쳤다. 이렇듯 경성제대 영문과 졸업생 최재서는 경성에서 안정된 직장생활을 하며 활발한 문필활동을 전개했다. 그는 1934년에『조선일보』에「현대주지주의문학이론」등 주요 평론을 발표하며 조선 문단에서 주목할 만한 신진 평론가로 부상하였고, 1938년에는 평론집『문학과 지성』을 출간했다.

다른 한편, 설정식은 1935년에 연전 문과를 휴학한 후 일본으로 유학, 메지로 상업학교에 편입한다. 그러나 1936년에 다시 귀국하여 연희전문 4학년에 복학했고, 1937년 3월에 문과 본과를 최우등으로 졸업함과 동시에 7월에는 미국 유학길에 올라, 오하이오 주 마운트유니언 대학 영문과에서 수학한다. 설정식은 아마도 연희전문에서 취득한 학점인정을 받은 덕에 2년 만인 1939년 마운트유니언 대학을 졸업한다. 곧이어 그는 뉴욕의 명문 '아이비리그' 대학인 컬럼비아 대학교에서 영문학을 연구한다. 그러나 그의 뉴욕 생활은 1940년 부친이 위독하다는 전갈을 받고 급히 귀국하는 통에 단절되고 만다. 참으로 안타까운 일이었

---

4) 정선이,「연희전문 문과의 교육」, 연세대학교 국학연구원 편,『근대 학문의 형성과 연희전문』, 연세대학교 출판부, 2005, 102쪽.

다. 만약 컬럼비아 대학교에서 최소한 석사학위라도 받았으면 별 문제없이 모교에 교수나 최소한 강사로 자리를 얻었을 수 있지 않았을까 하는 아쉬움을 남기기 때문이다. 사실 마운트유니언 대학 졸업장만으로도 강사는 충분히 할 수 있었을 것이다. 미국에서 유학한 '문과 특대생' 설정식을 모교가 교수요원으로 활용하지 않을 이유가 없었건만, 당시 연희전문의 분위기는 설정식이 다니던 1930년대 초반과는 많이 변하던 중이었다. 이와 관련해서 교육사가 정선이의

> 1930년대 후반에 부임한 연전 문과 출신 교수들은 군국주의 체제를 강화해나가는 1938년과 1942년도의 제 3, 4차 조선교육령 그리고 1941년도에는 태평양전쟁 발발이후 연전이 적산으로 취급되어 이사회가 해체되고 조선 총독부 관리로 넘어가면서 사실상의 학맥을 잇기 어려웠다.

는 지적에 유념할 필요가 있다. 게다가 1940년대 전후의 신임교수들은 "주로 일본의 제국대학 출신들"이었으니, "연전 출신 교수들이 모교의 학풍을 잇는 학문연구 및 교육활동은 해방 후를 기약하지 않으면 안 되었다."[5] 미국유학을 한 설정식보다 영어구사력이나 영어권 문화에 대한 감각이 현저히 모자라는 제국대학 출신들이 그를 경계하면 경계했지 환영했을 리는 없었을 것이다. 그러나 설정식이 다시 미국으로 돌아가고 싶었다 해도 집안 사정은 물론이요 국제정세도 이를 허용하지 않았을 것이다. 1937년부터 중일전쟁으로 본격적으로 전개되는 데 덧붙여 1941년 12월에는 일본이 하와이 진주만을 공습하므로 미국과 일본은 태평양과 아시아의 운명을 두고 한판 승부를 벌이던 시대에 설정식이 미국으로 돌아가는 것은 불가능했다.

---

5) 정선이, 위의 글, 2005, 84쪽.

3. 해방 전후의 설정식과 최재서의 활동

전쟁과 군국주의의 강화는 최재서에게도 적지 않은 영향을 주었다. 경성제대 출신이긴 해도 조선어로 조선어 문학에 대한 평문을 쓰던 평론가 최재서는 1939년 문예지『인문평론』을 창간하여 경영하던 중 태평양 전쟁이 발발하고 일본 군국주의가 강화되자,「전형기(轉形期)의 평론계」등의 친일 성향 글을 발표하기 시작한다. 그러다가 1941년에는『인문평론』이 아예 폐간되자, 친일문 학지『국민문학』주간으로 활동하며, 일본어로 친일성향 평론을 다수 발표했다. 이러한 사실들은 그를 '친일인사'로 분류하게 만드는 결정적인 증거이다. 해방 후 친일인사로서 고개를 숙이고 지내게 되기 전에도, 영문학자로서 최재서 는 자신에게 영문학을 가르친 일본과 자신이 전공한 영문학의 고향 영국 및 같은 영어권인 미국이 일본과 전쟁에서 싸우는 적이 된 이 곤란한 상황에서 심리적, 정서적, 지적 고통을 적지 않게 겪었을 법하다.

그런데 최재서가 편집하던『인문평론』은 최재서와 설정식 두 인물을 잠시 연결시켜준 잡지이기도 하다. 설정식은『인문평론』1941년 1월호에 어니스트 헤밍웨이(Ernest Hemingway)의 단편소설「불패자(The Undefeated)」를 번역해서 실었고, 같은 잡지 2월호에는 평론「토마스 울프에 관한 노트－『시와 하』를 중심으로」를 기고했다. 둘 간의 서신왕래 같은 자료를 찾아볼 길 없지만, 필경 편집자 겸 경영자 최재서의 관심과 지지가 있었기에 설정식의 글이 연달아 이 잡지에 실렸을 것이다. 이 잡지는 4월에 폐간되었다. 만약 시대적 상황이 달라서 지면이 더 오래 유지되었다면 두 영문학도의 교류와 협력이 활발해질 수 있었겠으나 제국의 생사를 건 전쟁을 수행하는 일본은『인문평론』 같은 조선어 출간물을 허락할 여유가 없었다.

1941년 이후로 일제가 패망할 때까지 설정식은 그 어떤 글도 출간한 바 없다. 설정식은 번역가이자 평론가로서 막 조선 문단에 부상하자마자 조선어 출판물들이 밀려나는 시대에 덩달아 문단에서 사라져버린 것이다. 반면에 앞서 말했듯이 최재서는 '친일행각'으로 분류될 일들을 하며 조선어 대신 일본어로 글을 쓰며 문단에서의 자신의 주도적인 위치를 유지했다. 그러나 해방이 되자 최재서는 문단과 지성계에서 사라진 반면, 이제는 설정식의 시대가 열렸다. 1946년 9월에 그는 조선공산당에 입당한다.[6] 그의 공산당 입당이 공산주의 이념을 깊숙이 받아들였기 때문인지, 아니면 해방 후 혼란기 남한의 우파 세력에 대한 거부감 때문인지는 정확히 판단할 수 없으나 뒤에서 살펴볼 그의 시들을 보면 후자 쪽이라고 볼 이유가 적지 않다.

설정식의 이념과 정치성향과 상관없이, 해방과 함께 열린 미군정 체제에서 연희전문 출신으로 미국유학을 한 설정식 같은 '미국통'이 활약할 공간은 활짝 열렸다. 게다가 일제에 협력한 전력이 전혀 없는 설정식은 최재서와는 달리 떳떳하게 어깨를 펴고 자신의 기량을 과시할 수 있었다. 설정식은 1946년 10월에 미 군정청 공보처 여론국장으로 취직하는 한편, 장편소설『청춘』과 「프란씨쓰 두셋」을『한성일보』와『동아일보』에 각각 연재한다. 다음 해 4월에는 첫 시집『종』을 발간했고, 8월에는 조선문학가동맹 외국문학부 위원장으로도 활동한다. 연이어 1948년 1월에 두 번째 시집『포도』를 출간했고, 장편소설『해방』을 1월, 2월, 5월에『신세대』에 연재했다. 4월에는 영문 일간지『서울타임스』주필 겸 편집국장에 취임했고, 11월에 세 번째 시집『제신의 분노』를 출간했다. 1949년도 수확이 적지 않은 해였다. 이해 1월에는 장편소설『청춘』을 발표했고, 9월에는 셰익스피어의『햄릿(Hamlet)』을 번역한『하므렡』을 출간했으니, 이것은 이 작품의 해방 이후 최초의 한국어 완역본이다. 참으로 대단한 업적이 아닐 수 없다.『햄릿』을 완역한 것 자체도 기념비적인 사건이지만, 그 수준이 오늘날 후대 학자들이 평가할 때도 만만치 않다. 영미문학연구회 번역평가사업단이 출간한『영미명작, 좋은 번역을 찾아서』(2005)는 해방 이후 그 시점까지 등장한 총 168종의『햄릿』번역본을 검토한 결과, 설정식의

---

6) 박헌영의 주도 하에 재건된 '조선공산당'은 같은 해 10월에 '남조선노동당'에 통합되었다. 서대숙, 현대사연구회 옮김,『한국 공산주의 운동사 연구』, 화다, 1985, 282쪽.

『하므렡』을 '추천본' 10종에 포함시켰다. 이 연구단체는 번역본과 원작을 면밀히 대조한 끝에 설정식의 1949년 번역에 오늘날 가장 많이 읽히는 판본인 본교 영문과 최종철 교수의 민음사 본『햄릿』과 같은 등급을 부여한 것이다.[7]

설정식이『하므렡』을 출간하며 영문학도로서의 결실을 맺고, 다른 한편 좌파 지식인으로서 보도연맹에 가입하여 보도연맹기관지『애국자』에「붉은 군대는 물러가라」를 발표하는 등의 활동을 하던 1949년, 최재서는 연희대학교 영문과에 교수로 부임한다. 전쟁을 겪고 전쟁의 폐허를 물려받은 1950년대를 고스란히 연희대학교에서 일하며 1960년에 퇴임할 때까지 연세에 봉사한 최재서를 연세대학교 역사는 다음과 같이 기억하고 있다.

새로운 교육법에 따라 1946년 8월 15일 연희전문학교가 연희대학교로 승격되면서 영문학과도 정식으로 개설되었다. 그러나 1946년부터 1950년까지는 과도기로서 교수진, 시설 및 교과목의 내용 모두가 빈약한 형편이었다. 1950년에 들어서서야 학교운영도 정상적인 궤도에 오르기 시작했지만 6·25동란의 발발로 교수와 학생들은 뿔뿔이 흩어질 수밖에 없었고 9·28 수복과 함께 학교는 학생들의 재등록을 받고 다시 개강을 하게 되었다. 그 당시의 교수로는 박술음, 최재서뿐이었다. 북진하던 유엔군이 후퇴하게 되자 학교 본부는 하는 수 없이 대구로 피난하였고, 그 후 부산으로 옮겨 피난지에서 1953년 7월까지 임시로 학교운영을 계속하다가 그 해 8월에 서울로 다시 옮겨오게 되었다. (⋯⋯) 경성제대에서 영문학으로 석사학위를 취득한 최재서는 1947년 부임하여 과도기의 영문학과를 전담하면서 영문학의 기초와 체계를 이룩하였다. 그는 정상적인 대학교 수준의 학정표를 작성하는 일에 힘을 기울였고 그 학정표에 따라 영어영문학 과목을 담당할 유능한 교수들을 확보하는 일을 강력히 추진함으로써 다른 대학들보다 앞서가는 전통 있는 영문학과를 세우는 데 초석의 역할을 했다. 그 결과 1950년대초부터 한국의 초기 영문학계를 대표할 만한 다수의 영문학자들이 전임으로 취임하게 되었다 (⋯⋯) 그 중 최재서는 영시, 영비평, 영문학사, 문학개론 등을 담당하여 학생들에게 절대적인 영향을 주었는데 다수의 후학들이 그의 학문적인 자극을 받아 대학원으로 진출하여

---

7) 영미문학연구회 번역평가사업단의『영미명작, 좋은 번역을 찾아서』, 창비, 2005, 558쪽.

후일 유능한 학자들이 되었다. (……) 최재서는 과장 재직시 연세영문학회 논문집인 『작가와 작품』(1958) 창간호를 펴냈고, 영문학과 월례발표회와 교외대학강좌(1956) 등을 주관하여 교내외적으로 학술활동을 전개하여 한국의 영문학계를 주도해 나갔었다.8)

최재서

인용문에 여러 말을 덧붙일 것 없이 여기에 적시된 사실들만 감안해도 최재서가 연희대학교 영문과가 학과로서 우뚝 서는데 얼마나 결정적인 기여를 했는지는 분명히 알 수 있다. 연전 출신 영어학자인 박술음이 어학을 담당하고 문학은 경성제대 출신 최재서가 "전담"하면서 과도기를 무사히 넘기고 나아가 "1950년대초부터 한국의 초기 영문학계를 대표할 만한 다수의 영문학자들을 전임으로" 발탁한 그의 업적이 연세대학교가 두고두고 기억하고 칭송할 일임은 이론의 여지가 없다.

반면에 연세대학교 역사가 기억하지 않는 연전 문과 특대생 출신 설정식은 전쟁이 발발하자 최재서와는 전혀 다른 방향과 전혀 다른 공간에서 그의 영어영문학 실력을 역사에 헌납했다. 1950년 한국전쟁이 발발하자 그는 인민군에 자진입대한 후 월북한다. 정확한 정황은 확인해야겠지만, 본 연구자의 가족사에 비춰보면 서울에 진주한 인민군이 인천상륙작전에 밀려 다시 북으로 후퇴할 때 남로당계 지식인들은 대부분 인민군과 운명을 함께 할 수밖에 없었다. 그의 인민군 입대 및 월북은 불가피한 선택이었을 것이다. 좌익 인사들은 밀려가는 인민군을 등지고 서울에 남아 있을 수도 없었을 뿐더러 남아 있어도 서울 수복 후 분노한 우익들의 총칼 앞에 목숨이 남아날 수 없는

---

8) 『연세대학교 백년사』 3, 연세대학교출판부, 1985, 17~19쪽.

형편이었다. 그는 월북 후 건강이 악화되었고, 12월에는 헝가리가 북한에 지어준 병원에서 심장수술을 받았다. 이때의 경험을 담아 장편서사시 「우정의 서사시」를 썼다. 그러던 중 1951년에 개성휴전회담 시 인민군 소좌 계급장을 달고 설정식은 조중대표단 영어 통역관으로 나타났다. 이 사실이 남한 언론에 보도되자, 1952년 10월에 남한은 그를 월북작가로 분류하여 그의 모든 저서들의 발매를 금지했다. 설정식이 자라고 학창시절을 보내고 문필가로 활동했던 서울에서 그의 책은 이제 접할 수 없게 되었으나, 같은 해 12월 휴전회담을 취재한 헝가리 종군기자 티보 매러이는 설정식의 「우정의 서사시」를 본국으로 가져가서 헝가리어로 번역 출간했다. 공산군 사령부에게 자신의 유려한 영어실력을 제공하고 같은 동구권인 헝가리 기자와의 '우정'을 즐긴 것도 잠시 뿐, 설정식은 1953년 정전이 되고나자 더 이상 영어 통역관이 필요 없는 김일성 정권의 제거 대상이 된다. 설정식은 남로당계 숙청과정에서 시인 임화 등과 함께 '정권 전복모의와 반국가적 간첩 테러' 혐의로 처형되고 만다.

전쟁의 소용돌이 속에서 사라져버린 설정식과는 달리 최재서는 일제의 패망을 견뎌냈듯이 전쟁도 견뎌내었고, 이미 살펴본 대로 연희대학교에 영문학 전공을 정립시키는 데 결정적인 기여를 했다. 1951년에 최재서는 『매카-더. 旋風』이라는 맥아더 장군에 대한 전기 겸 르포를 출간했다. 또한 1952년에는 번역서인 『영웅매카-더장군전』을 연달아 출간했다. 이 책들에 대해서는 뒤에서 좀 더 자세히 살펴보겠으나, 설정식이 북측의 통역관으로 활동하던 같은 시기에 영문학자 최재서는 남측의 운명을 좌지우지한다고 생각한 "영웅 매카-더"를 기리는 책들을 집필하므로 나름대로 역사적인 실천을 시도했다는 지적을 일단 해둔다.

또한 흥미롭게도 최재서는 설정식의 영문학자로서의 최고의 업적인 『햄릿』 번역에 자신도 도전한다. 1954년, 연희대학교 출판사인 연희춘추사에서 최재서의 『햄맅』이 출간되었다. 이것은 한편으로는 당시 연희대학교가 교육은 물론이요 출판계에서 중요한 역할을 수행했음을 보여주는 사건이고, 동시에 설정식과 최재서가 전쟁을 전후해서『햄릿』번역자로서는 같은 '진영'에 서게 하는 사건이기도 하다. 최재서가 설정식의 번역을 참조했는지는 정확히 판단할 수 없다. 그러나 본인이 운영하고 편집하던 잡지에 설정식의 글을 실어주었고, 본인은 친일 전력 때문에 근신하고 있을 때 해방 후 최초의 우리말『햄릿』 번역을 선보인 사람이 설정식이며, 설정식이 인민군소좌 통역관으로 휴전회담 장에 등장한 뉴스를 몰랐을 리 없다. 그리고 무엇보다도 최재서는 직장 연희대학 교에서 설정식에 대한 이야기를 어떤 식으로건 들었을 것이기에, 설정식의 『햄릿』번역이 그의 번역을 '자극'했으리라는 것은 충분히 가능한 추정이다. 최재서의『햄릿』은 앞서 소개한 영미문학연구회 번역평가사업단이 최고등급 인 '최우수 추천본' 등급을 수여한 유일한『햄릿』번역본이다. 설정식의 우수한 번역을 능가하려는 의지가 이렇듯 후대 학자들의 박수를 받는 번역물을 만드는 데 작용했을 법하다.

4. 연전문과 졸업생 설정식의 문학 세계

격동의 시대에 역사의 소용돌이에 휘말려 사라져버린 연희전문 졸업생 설정식에 그의 모교 연희전문 문과가 미친 영향은 적지 않다. 무엇보다도 당대 최고의 '원어민' 영어교수들을 갖춘 연희전문에서의 고강도 영어교육이 그가 미국 유학을 하고 문필가 겸 번역가로 글을 쓰고 궁극적으로 정전협정 회담 시 북한측 통역요원으로 활동할 수 있었던 영어능력의 기반이었다. 이 사실이 가장 근본적이고 핵심적이긴 하지만 영어실력자 설정식이 아니라 문인 설정식의 성장과정과 문학적 실천의 탐색과정에서도 연희전문의 교육은 뚜렷한 족적을 남겨 놓았다. 가장 가시적인 부분은 그의 작품들에 빈번히 등장하는 기독교적 표현과 인용들이다. 공산당에 가입하고 인민군과 합류한 그가 기독교도가 아님은 분명하지만 그럼에도 불구하고 '조선 기독 대학'(Chosen Christian College) 연희전문에서 듣고 배웠던 기독교적 사유와 가르침은 그의 의식과 정서 속에 지울 수 없는 자리를 차지하고 있었다. 아울러 기독교 정신과 연관된 '자유'와 '인민'에 대한 보편적인 사랑은 '민주주의'란 명칭을 부여받은 채 그의 문학관과 정치관의 초석을 이루었다. 설정식이 남긴 글들에서 경직된 좌익 사상을 선언하거나 늘어놓은 곳은 찾아보기 힘들다. 가령 '당'과 '혁명'에 대한 충성이라는 레닌주의의 핵심적 주장이 아니라 억압받는 인민에 대한 안타까움 정도가 그의 '좌익성향'의 증거일 뿐이다. 이 정도의 좌익성향은 기독교적 박애와 실천적 사랑과 쉽게 조화될 수 있는 요소임을 2천 년 전 예수 그리스도의 사역 때부터 오늘날 프란시스코 교황에 이르기까지의 숱한 사례들이 보여준다. 이하에서는 이상과 같은 해석을 뒷받침할 몇 가지 근거들을 설정식이 발표한 글들에서 찾아볼 것이다.

앞서 살펴본 대로 설정식은 연희전문 문과에 입학한 1932년에 연전 문과 문예지 『문우』 창간호에 「회고와 전망」이라는 평론을 발표했다. 그는 그때까지의 한국 현대문학사를 정리하는 '회고' 부분에서 민족주의 진영과 카프 진영 모두를 비판적으로 검토한 후에 '전망' 부분에서 본인의 문학관을 피력한다. 그는 전자와 후자를 모두 비판하면서 문학은 "계급적으로 쓸수도" 있고 "애국적으로 맨들수도잇다"는 점을 인정하지만, 근본적으로 문학은 자유로운 개인의 감성의 표출이어야 함을 역설한다. 게다가 두 진영 중에서 오히려 계급 문학론을 보다 더 경계하고 있음을 아래의 인용에서 살펴볼 수 있다.

> 문학의 원소 중에 가장 큰 것이 이 감정요소이니 이것이 없이 이지적 단순한 기록으로 타에 전달을 꾀할 때는 발서 문학의 영역을 버서난 것이요 또한 어떠한 제도 아래 구속되어─예하면 「맑시즘」에─그 감정생활에 그닥한 개성을 발견할수 없는 시대가 온다면 또한 그 문학의 의의를 거지반 잃어버리고 마는 것일다. 그것은 인간의 개성이란 특수성이 잇기 때문이다. 이러한 자유로운 개성을 「맑스」 1개인의 의지에 의하여 전연 말살 당하여 기계적으로 집단적 행위를 한다함은

너머나 비참한 일이 않인가.9)

　　인간의 "개성이란 특수성"에 주목하는 연전학생 설정식은 연희전문에서의
학창생활 및 미국 유학 시 '개성'과 '자유'의 실체를 생생하게 체험했을 것이다.
또한 해방 후 문인으로 활동할 때도 본인 스스로 일단 매우 독특하고 특수한
작품세계를 선보이므로 제도나 이념에 구속되지 않으려는 의지와 성향을
작품 속에 구현했다.
　　연전시절 "감정요소"를 강조했던 설정식은 미국유학 후 성숙한 지식인으로
성장한 후에는 난해한 주지주의 시인으로 변해 있었다. 예를 들어 1946년
『신세대』에 발표한 「단조(短調)」의 네 번째 행은 음악의 비유를 정치판에 대한
비판으로 연결시킨 복합적 이미지를 구현한다.

　　　무서운 희롱이로다
　　　누가 와서 벌여놓은 노름판이냐
　　　겨레여 벗이어 부끄러움이어
　　　아 숨 가빠 반(半) 옥타브만 낮추려므나10)

　　해방 후의 혼란스런 정치 "노름판"을 바라보며 "반 옥타브만" 낮춰달라는
권고를 하는 시인은 이어진 연에서 인용부호 없이 따온 글들을 자신의 작품에
집어넣는 T. S. 엘리엇(Eliot) 식의 파격적인 몽타주 기법을 도입한다.

　　　그러나 너 존엄한 주권이어
　　　무명(無明)은 기다리라
　　　들에 붙이 붙었으되
　　　(The bush was not consumed!)(58~59)

---

　9) 설정식, 「회고와 전망」, 『문우』 1, 1932, 18~19쪽.
　10) 이하 설정식 작품 인용 출처는 『설정식 문학전집』이다(본문에 쪽수를 표시함).

"존엄한 주권"에 대한 희망을 표명하는 이 연에서 느닷없이 영어가 원어 그대로 등장한다. 인용된 텍스트는 다름 아닌 구약성서 출애굽기 3장 3절이다. 표준 영어성경인 『흠정역』(The Authorized Version, 또는 King James Version)의 원문은 "the bush is not burnt"이다. 아마도 영어성경을 펼쳐놓고 이 시를 썼을 시인은 영시의 리듬을 만들어내려 원문의 표현을 일부 수정한 것으로 보인다. 즉,

the bush is not burnt

는 운율이 나오지 않지만,

The búsh / was nót / consúmed

는 '약-강'(iambic) 음보를 형성한다. 사소한 변형 같지만 시인 설정식의 영문학도 로서의 깊이를 체감하게 해주는 흔적으로 평가할 만하다. 이렇게 손질한 성서 원문은, 아직까지 민족해방을 이끌 지도자로서의 사명감을 갖지 못한 모세에게 하나님이 확신을 심어주는 계시로, 불이 붙었으나 타지 않는 초자연적 현상을 보여주는 구절이다. 이 대목을 떠올리며 시인은 역사(하나님이 역사의 주인이기 에)의 부름 앞에 홀로 선 모세와 자신을 동일시하고 있다. 그런데 역사의 부름은 한국어와 영어, 우리말과 기독교의 경전이 동시에 등장하는, 그야말로 '동서화충'의 모습으로 제시된다. 연희전문 학풍을 극명하게 구현한 시라고 할만하다.

당대의 절박한 위기의 상황과 설정식의 교양 속에 스며든 '동서화충'의 연희전문 정신의 자취와는 그의 다른 시들에서도 자주 마주친다. 1946년 작품인 「원향」(原鄉)은 "아 해방이 되었다 하는데 / 하늘은 왜 저다지 흐릴까," 하는 시대에 대한 갑갑한 심정을 토로한다. 그런데 이 흐린 하늘이 개이고 해방다운

해방이 이루어지기를 바라는 마음은 다음과 같이 성서적인 비유에 담긴다.

> 바람이 이렇게 일어 모든 생의 싹
> 홍진(紅疹)같이 터지고
> 민족이 라자로 기적 앞서 일어난다면
> 강물은 다시 노들에 흐르리.(83)

"라자로 기적"은 신약성서 「요한복음」 11장, 예수의 제자 중 한 사람인 라자로(나사로)가 사망한 지 3일이 지났음에도 불구하고 예수가 그를 다시 살려내자 멀쩡하게 무덤에서 걸어 나온다는 이야기를 언급한 표현이다. 기독교적 배경이 없는 독자라면 이해할 수 없는 암유를 사용한 것이다. 세 번째이자 마지막 시집 『제신의 분노』(1948)에 수록된 「우일신(又日新)」에서는 아예 예수를 거명하기까지 한다. 이 시의 마지막 연은 다음과 같다.

> 고명하신 동방박사 세 분이시여
> 저마다
> 오롯한 예수밖에 될 수 없는 순간이요
> 재 되고 무너진 거리일지라도
> 돌아앉아 눈뜨지 못하는 담 모퉁이를 더듬으사
> 뼈 소리 소리 아닌 말 말 아닌 아--
> 보다 나은 복음이 있거들랑
> 우리들 구유에 보채는 핏덩이 앞에 오소서 (165~166)

「요한복음」에서 죽은 라자로를 살린 메시아는 예수 그리스도이나 분단된 한반도에서 부활의 기적을 만들어낼 주체는 누구인가? 먼저 살펴본 「원향」의 성서비유가 제기하는 이 물음에 설정식은 손쉽게 대답하지 않는다. 좌파적 지식인이라면 '당', '인민', 아니면 '역사' 같은 이름을 그리스도 대신 제시하는

게 올바른 태도이겠건만, 그는 물음을 물음 그대로 열어둘 뿐이다. 아기 예수를 찾아온 "동방박사 세 분"(『마태복음』 2장)을 호명하는 이 시에서도 마찬가지이다. "재 되고 무너진 거리"를 구원할 메시아에게 경배하는 "보다 나은 복음이 있거들랑"이라는 가정의 상황에서 이 시를 마칠 뿐이다. 기독교 복음을 받아들이지 않지만 공산주의의 복음도 선뜻 자기 것으로 만들기 주저하는 모습을 보여주는 시라고 할 수 있다. 그리고 무엇보다도, 역사와 변혁, 구원과 정의를 사유하는 시인 설정식의 어법이 사회주의 강령이 아니라 연희전문에서 배운 성서에 기대고 있음에 우리는 주목한다.

그의 마지막 시집이 되어 버린 『제신의 분노』의 제목을 제공한 대표시 「제신(諸神)의 분노」는 연희전문 졸업생 설정식이 해방다운 해방을 이루지 못한 역사의 현장에 나아갈 때 한 손에 성서를 펼쳐들고 있었음을 큰 목소리로 증언한다. "제신(諸神)의 분노"라는 제목만 보면 이 시가 올림포스의 여러 신들을 떠올리는 그리스 신화를 이용할 것으로 예상할 법하지만, 실제 작품은 "제신"이 아닌 유일신, 구약성서의 야훼의 분노임을 발견한다. 이 시의 다음과 같은 발문은 구약성서 「아모스」에서 따왔고, 또한 그러한 사실을 분명히 밝히고 있다.

> 이스라엘의 처녀는 넘어졌도다
> 넘어진 사람은 다시 일어나지 못하리니
> 조국의 저버림을 받은 아름다운 사람이어
> 더러운 조국에 이제 그대를 일으킬 사람이 없도다
> ―『구약성서』「아모스서」 제5장 제2절(174)

설정식이 가져온 성서 텍스트는 그가 재창작 수준으로 말을 첨가했기에 단순한 번역이 아니라 번안에 가까운 모습이다. 원문을 영어성경 및 두 종의 우리말 번역으로 제시하면 설정식의 번역과의 차이가 분명하게 드러난다.

(1) King James Version : "The virgin of Israel is fallen; she shall no more rise: she is forsaken upon her land; there is none to raise her up."

(2) 개역개정 : "처녀 이스라엘이 엎드러졌음이여 다시 일어나지 못하리로다 자기 땅에 던지움이여 일으킬 자 없으리로다"

(3) 공동번역 : "처녀 이스라엘이 죽었구나. 다시 일어나지 못하게 되었구나. 그 쓰러진 곳이 타향도 아니건만 일으켜줄 사람 하나 없구나."

설정식이 원문에 첨가한 표현들은 "아름다운 사람"과 "더러운 조국"이다. 쓰러진 이스라엘의 처녀를 "아름다운 사람"으로 미화하며 동정하고 그를 돌보지 않는 "자기 땅"을 "더러운 조국"으로 비난한 것이다. 이러한 첨가를 통해 「제신의 분노」의 선지자적인 진노의 어조를 강화했다. 이렇게 성서를 인용하며 시작한 시의 첫 번째 연은 또 다른 구약성서 책인 「예레미야」에 대한 언급으로 시작한다.

하늘에
소래 있어
선지자 예레미야로 하여금 써 기록하였으되
유대왕 제데키아 십 년
데브카드레자-- 자리에 오르자
이방 바빌론 군대는 바야흐로
예루살렘을 포위하니
이는 이스라엘의 기둥이 썩고
그 인민이 의롭지 못한 까닭이요
그들이 저희의 지도자를 옥에 가둔 소치라(174)

시인은 하나님이 선택하신 당신의 백성 이스라엘의 죄를 심판하기 위해 바빌론 군대를 보내어 예루살렘을 멸망시켰다고 본 구약성서의 시각을 그대로 한반도 상황에 적용하여, "이스라엘의 기둥이 썩고 / 그 인민이 의롭지 못한

까닭이요 / 그들이 저희의 지도자를 옥에 가둔" 죄를 꾸짖고 있다. 두 번째
연은 구약 「출애굽기」에 대한 암유를 토대로 삼아 전개된다.

> 하늘에서
> 또 하나 다른 소래 있어 일렀으되--
> 일찍이
> 내 너희를
> 꿀과 젖이 흐르는
> 복지에 살게 하고저
> 애급 땅에서 너희를 거느리고 떠나
> 광야를 헤매기 삼십육 년

일제치하를 이스라엘의 이집트에서의 노예생활에 비유하는 것은 일제강점
기 하의 한국 개신교 담론의 단골 수사법이나 마찬가지였다. 이 비유를 동원하므
로 설정식은 다시 한번 일제 치하 한국 개신교 문화의 중심 기관 중 하나였던
'조선 기독 대학' 연희전문 출신의 면모를 보여준다. 「예레미야」나 「이사야」
같은 구약 예언서에서는 "꿀과 젖이 흐르는" 땅으로 인도하신 야훼의 율법을
지키지 않고 우상을 숭배한 것이 일차적인 죄이고 동족들에게 불의를 행한
것은 이차적인 죄이다. 비기독교도인 설정식의 시에서 전자는 혐의가 되지
못하는 반면, 후자는 '제신의 분노'를 산 중죄가 된다. 네 번째 행은

> 내 너에게
> 흔하게 쌀을 베풀고
> 깨끗한 이빨을 주었거늘
> 어찌하여 너희는 동족의 살을 깨무느냐(175)

고 질타하고 있다. "동족의 살을 깨무"는 범죄 세력이 특정 집단이나 계급에

국한된다면 거기에 대해 계급투쟁의 당파성을 강조하는 공산주의적 해결책을 제시할 수 있을 것이다. 나아가 공산주의 혁명을 지원하는 소련에 기대어 '미제국주의'를 타도하려는 운동에 동참하기를 독려해야 할 것이다. 그러나 첫 번째 연에서 보았듯이, "예루살렘" 즉 한민족을 "포위"한 "바빌론 군대"에는 미국은 물론 소련도 포함된다. 또한 "이스라엘의 기둥이 썩고 / 그 인민이 의롭지 못한 까닭"에 민족이 고통을 당하고 있으니 계급투쟁으로 모순을 해결할 수도 없다. 현실의 난관을 직시하면서도 동시에 이를 교조적으로 해석하기를 주저하는 설정식의 작가적 양심은 마르크스-레닌주의 경전들이 아니라 연희전문 시절 읽었던 성서를 다시 펼쳐들게 했으리라고 추측할 수 있다. 연희전문의 '동서화충' 정신은 고통스런 역사의 현실을 감내하는 비판적 지식인 설정식을 지탱해주는 힘이었다.

5. 영문학자 최재서와 설정식

연희전문 문과 특대생 출신으로 미국에서 본격적으로 영문학을 공부한 후 조국의 중첩된 모순을 아파하며 분노하는 지식인으로 해방과 분단의 현실을 살다 북한의 처형대에서 사라진 설정식과 달리, 경성제대 영문과 출신으로 제국 일본과 돈독하고도 특별한 관계를 유지해 온 최재서는 1949년 연희대학 교수가 되기 전까지 문학사의 무대에서 몇 년간 사라진다. 그의 손이 다시 원고지에 가고 그가 쓴 원고가 인쇄되어 책으로 나온 것은 1951년이다. 그 전 해에 전쟁이 발발하자 인민군을 피해 공산주의자가 아닌 모든 이들이 피난지에서 숨을 죽인 채 본인과 가정과 대한민국의 운명을 걱정하던 시기에 영문학 교수 최재서는 『매카-더 旋風』을 출간한다. 이 책은 "매카-더 장군"에 대한 기사와 연설문들을 소개 및 번역하며 그에 대한 논평과 해설을 사이사이에 담고 있는 특이한 저술이다. 책의 내용과 맥아더에 대한 그의 시각을 평가하는 일은 연세의 학풍을 추적하는 이 글의 책임은 아닐 것이다.[11] 그러나 최재서의 학자적 실천이 나름대로 역사의 현장에 밀접하게 닿아있었음은 강조할 수 있다. 아래의 머리말은 이 글을 쓰게 된 정황 및 당시 피난지에서의 연희대학 강의의 정황을 생생하게 전달해준다.

지하실에서 이불을 뒤집어쓰고 동경방송에 나오는 「매카-더. 코뮤니케」를 듣던 작년 7월이래 매카-더 장군은 나의 생활의 일부였다. 위협과 음산(陰散)과 절망 속에서 작고만 꺼지려는 생명의 불길을 북도두어주고 까부러져가는 머릿속에서 이 한 몸 한 가족 이민족의 장래의 운명을 그려볼 때에 힘있게 「애스!」하고 소리쳐주는 사람도 매커-더였다.

4월12일 아침 나는 전날과 같이 시사영어강의를 하기 위하여 대구YMCA로 갔었다. 문간에서 나를 기다리고 있던 R군은 나를 보자 「오늘 새벽 일본방송에 매커-더 장군 해임이 발표되었는데 불리하지 않을까요?」하고 물었다. 나는 그날 아침 어떻게 강의를 하였는지 도무지 기억이 나지 않는다. 아마도 미스테이크가 수드룩했었을 것이다.

그날부터 한달동안 나는 완전히 흥분속에서 살았다. 매일매일 「성조기」가 미국 시민들의 귀환장군환영의 모양, 국회에서의 극적인 대연설, 상원조사위원회에서의 아슬아슬한 증언 등을 전해줄적마다 나는 그들과 더부러 비분하고 차탄(嗟嘆)하고 혹은 만세를 불으고 혹은 절망을 부르짖었다. 이 모든 감격과 흥분은 나혼자서만 갖이기엔 너무도 벅찬 것이었다.

그것뿐만은 아니었다. 매커-더 장군이 우리의 곁에서 사라짐으로 말미암아 한국전쟁은 어떻게 되며, 또 이 강토와 이 민족의 운명은 어떻게 되나? 밤에 잠이 안오는 때가 많았다. 그럴적마다 친구를 만나서 하소연하고 토론하고 싶었다.

창졸간에 이 책을 얽게된 동기는 대개 이러하다 (……)[12]

"지하실에서 이불을 뒤집어쓰고 동경방송에 나오는 「매카-더 코뮤니케」를

---

11) 이 문제에 관한 최근의 논의는 정종현, 「최재서의 '맥아더'-맥아더 표상을 통해 본 한 친일엘리트의 해방전후」, 『한국어문학연구』 59, 2012 참조.
12) 최재서, 『매카-더 旋風』, 向學社, 1951, 1~2쪽.

듣던 작년 7월이래", '매카더' 장군의 연설을 경청하며 "위협과 음산(陰散)과 절망 속에서 작고만 꺼지랴는 생명의 불길을 북도두어주고 까부러져가는 머릿속에서 이 한 몸 한 가족 이민족의 장래의 운명"을 걱정하며 희망의 단서를 '매카더'에게서 찾던 영문학자 최재서의 모습에는 복잡한 현대사의 모순이 중첩되어 있다. 일제 치하에 일본인들이 세운 제국대학에서 일본인 교수에게 영문학을 배운 영문학자 최재서는 설정식을 분노하게 한 "더러운 조국"의 "의롭지 못한" 형편 덕에 친일행적에도 불구하고 큰 불이익은 보지 않고 살아남았다. 그러다가 전쟁이 발발하기 한 해 전 1949년에는 일본의 적성국가 미국에서 건너온 선교사들이 세운, 그리고 1940년대에 들어와 일제의 극심한 박해를 받았던 '조선 기독 대학' 연희대학에서 교수 자리를 얻는다. 그러나 1년 후 전쟁이 터지자 그는 자신의 교육에 지대한 영향을 미친 일본 제국을 무너뜨린 점령군 사령관 맥아더 장군을 이제는 공산세력으로부터 "이 한 몸 한 가족 이민족"을 지켜줄 새로운 '스승'이자 '메시아'로 추앙한다. 그는 방송을 통해 맥아더의 목소리를 경청하고 그의 언행과 그에 대한 보도를 면밀히 추적했고, 아마도 그의 연설을 대구YMCA 임시 강의실에서 강의하던 "시사영어"에서도 교재로 즐겨 사용했던 것 같다. 그토록 중요한 인물인 맥아더 가 보직을 해임당하고 본국으로 소환 당했다는 소식에 그는 엄청난 충격에 사로잡힌다. 그 충격과 흥분은 전쟁 중의 열악한 형편을 아랑곳하지 않고 『매카-더 旋風』를 집필하고 연이어 그 다음 해에 『英雄매카-더 將軍傳』이라는 번역서를 출간하는 것으로 표출되었다.13)

　미국으로 돌아간 맥아더의 연설과 행적을 계속 추적하며 미국인들과 함께 덩달아 "비분하고 차탄(嗟嘆)하고 혹은 만세를 불으고 혹은 절망을 부르짖었다"

---

13) 최재서 역, 후랑크 케리, 코-니리아스 라이안(Frank Kelley and Cornelius Ryan) 공저, 『英雄매카-더 將軍傳』(MacArthur-Man of Action), 서울, 일성당서점, 1952. 이 책의 머리말은 다음과 같이 시작한다. "매커-더장군에 관한 글을 읽거나 쓰는 일은 나에게는 언제나 기쁨이다. 년말의 소한을 얻어, 문자그대로 단숨에 번역원고를 썼다. 두 번째 객리(客裡) 에서 새해를 마지하게되는 나에게, 그것은 뜻하지 않았던 세찬(歲饌)이었다."(2쪽).

고 토로하는 최재서의 발언을 어떻게 평가할 것인지는 해석자의 입장에 따라 차이를 보일 것이다. 본고에서는 바로 그 순간, 인민군 소좌로 최재서나 맥아더와는 반대 진영에서 그의 유려한 영어실력을 공산군에게 헌납하며 정전협상장에서 활약하던 설정식을 함께 기억하자는 제안을 하고자 한다. 경성제대 출신으로 연희대학 교수가 된 최재서는 미군의 힘으로 "이 한 몸 한 가족 이 민족"이 살아남기를 기대하며 맥아더 장군과 지적인 차원은 물론이요 정서적으로까지 자신을 동일시했다. 연희전문 출신으로 미국에서 유학을 한 설정식은 반대쪽 진영에서 결코 선명하다고할 수 없는 본인의 좌익이념에도 불구하고 "더러운 조국"에 대한 분노를 북측에 대한 봉사로 전환했다. 한 사람은 이후 연희대학/연세대학의 역사에서 칭송받는 이름으로 기억되었다. 또 한 사람은 휴전과 함께 북에서 숙청의 총탄을 보상으로 받았고 "더러운 조국" 남에서 그의 이름은 "더러운" 이름이 되고 말았다. 그러나 이 둘의 해방전후 국면에서의 실천을 각기 다른 족적과 다른 성향과 다른 조건 속에서 '동서화충'의 연세 정신이 격동기 역사의 현장 속에서 발현된 자랑스런 예들로 동등하게 인정해줄 수 있을 것이다. 연세의 역사는 분단을 넘어서서 이 민족의 역사 그 자체와 맞물려 있기에 최재서는 물론이요 설정식 또한 '자랑스런 연세인'의 명단에 당당히 올라가야 한다. 연세의 역사는 물론이요 한국의 문학사와 지성사는 설정식을 기억하고 탐구할 일이다.

홍순혁의 학술활동과 한국사학[*]

1. 머리말

홍순혁(1899~1950?)은 연희전문학교와 일본 와세다대학을 졸업하고 함흥 영생여학교와 함남고등공립여학교의 교사를 거쳐 연희대학교 사학과 교수를 역임하였다. 이 기간 내내 그는 근대 한국학 관련 자료 수집에 공을 들이는 한편으로 한국사학·국어학·서지학에 관한 글을 발표하면서 한국학의 토대를 마련하고 학문적으로 체계화하는 일에 전력을 기울였다.

홍순혁은 진단학회와 한빛, 그리고 한국서지학회의 발기인으로 참여하면서 일제시기와 해방 직후 활발한 학술활동을 전개하였다. 그 과정에서 윤치호·유 억겸·문일평 등과 교류하며 근대 학문, 근대 역사학을 활성화시켜 한국의 근대 사상과 민족주의 형성에 영향을 끼쳤다. 이 시기 한국학에 대한 시론적인 연구와 자료 조사를 통하여 한국학이 나아갈 방향을 모색하고자 한 그의 노력은 이를 여실하게 보여주는 증거라 할 수 있다.

이와 함께 홍순혁은 해방 직후 연희대학교 사학과 교수[1]로 재직하였는데, 사학과장과 중앙도서관장을 역임하면서 사학과의 기틀을 마련하고 중앙도서

---

* 홍순혁 관련 자료 수집에 김영원 선생(연세대학교 중앙도서관 국학자료실장)과 연세대 학교 대학원 사학과의 김선민·이상민·최민규 등 많은 대학원생의 도움이 있었다.
1) 초기 사학과의 전임 교수는 홍순혁(1945~1950, 국사)·민영규(1945~1980, 동양사)·조 좌호(1945~1947, 국사)·이인영(1949~1950, 국사)·조의설(1939~1971, 서양사)·염은 현(1945~1950, 서양사)이었다.

관을 체계화하는 데도 기여하였다.

홍순혁의 학술활동과 역사학 연구를 고찰하는 작업은 단순히 홍순혁 개인이 힘을 쏟은 근대 계몽운동 및 학문적 성취를 이해하는 것일 뿐만 아니라, 일제시기와 해방 후 학술계의 동향, 한국 근대 학술의 탄생, 지식인들의 한국학 진흥운동과 지적 교류를 파악하는 작업이기도 하다.

2. 교우관계와 학술활동

1) 교우관계

홍순혁(필명은 義山泰秀, 石戲學人)은 홍종숙(洪鍾肅, 1877~1959)의 4남 3녀중 장남으로 1899년 7월 15일 서울에서 태어났다. 본관은 남양, 본적은 강원도춘천이다. 부친 홍종숙은 협성신학교 1회 졸업생(1911년)으로, 감리교의 중심인물로 알려져 있다. 홍종숙은 1925년 기독교 사회운동 단체인 흥업구락부에이상재·윤치호·유억겸 등과 함께 참여하였고, 1930년 교회 목사로 한국 남북감리교의 통합에 노력했다. 홍순혁의 부인은 이화고녀를 졸업한 이복선이고, 이복선의 부친은 금융업에 종사했던 이지성이다.[2] 홍순혁은 슬하에 7남매를두었다.

홍순혁은 개성의 한영서원[3]과 연희전문학교를 졸업했다. 그는 한영서원교장이었던 윤치호를 평생 은사로 모셨다. 그는 자신이 조선사학에 뜻을 두게

---

2) 『延禧同門會報』에서 간행된 會友 紹介版에 史學家 홍순혁이 소개되어 있다. 여기에서 홍순혁은 사료수집가·독창적·역사비평가로서 현재 咸南公立高等女學校에 재직하고 있다고 하였다. 또한 송도중학교와 연희대학 數理科 동기이며 죽마고우인 朴承哲이 어린 아들을 남기고 일찍 죽자 그 아이의 소학교, 중학교의 학자금을 전담하여 교육시켰다고 하였다(『延禧同門會報』21, 1940년 11월).

3) 한영서원 1회 졸업생인 최규남의 회고에 의하면 한영서원은 역사수업인 '유년필독'과 '초학지리', '산술', 그리고 체조수업인 '산저'를 교과체제로 학생들에게 가르쳤다고 한다(최규남, 「유년시절」, 『참지식과 거짓 지식－東雲 崔奎南 박사 추모논집』, 한불문화출판, 1997, 9~14쪽).

된 것이 '좌옹 윤치호의 교도와 백당 현채의 감화'에 힘입은 것이라고 술회하였다. 연희전문 재학시절 홍순혁은 윤치호로부터 1923년까지 3년간 매년 270엔 및 이상의 장학금을 받았는데,[4] 이는 은사인 윤치호가 개성 한양서원의 모범생이었던 홍순혁에게 장학금과 기타 지원을 아끼지 않았음을 보여주는 것이다. 연희전문 학적부의 종교란에 '남감리'로 표시된 사실을 근거로 하면, 홍순혁의 부친인 홍종숙이 감리교의 지도급 인사이고 윤치호 역시 감리교의 대표 인물이었던 사정이 작용했을 것으로 생각된다.

윤치호(尹致昊, 1865~1945)는 갑신정변에 연루되어 1885년 상해로 망명하였다가 감리교의 후원으로 미국 유학을 떠났다. 남감리교가 조선 선교에 적극적으로 나서고 개성에 지방 본부를 두게 된 것도 윤치호 때문이었다. 독립협회 활동을 하던 중 1905년 을사조약이 체결되자, 이듬해 한영서원(韓英書院)을 설립하고 교장이 된다. 한영서원은 기독교 지도자를 배출하고 한민족의 경제적 향상을 목적으로 윤치호가 세운 학교였는데, 사립학교 규칙이 공표되자 인문계 중심의 송도고등보통학교로 개편되었다.[5] 1922년에서 1925년까지 송도고등보통학교 교장으로 재직하던 윤치호는 1938년 흥업구락부 사건으로 다시 투옥되었다가, 1918년부터 연희전문의 이사를, 1941년 2월부터 1942년 8월까지 연희전문의 교장을 역임하였다.

유억겸(兪億兼, 1896~1947)은 유길준(1856~1914)의 아들로 1922년 도쿄제국대학 법학부를 졸업하고 연희전문의 교수가 되었다. 홍순혁의 연희 재학시절(1920. 4~1924. 3) 은사였다. 연희전문의 학감, 부교장을 역임하며 일제시기 연희의 중심인물이었고, 해방후 연희전문학교 교장(1945. 9~1945. 12)이 되면서 홍순혁을 교수로 초빙하였다.

문일평(文一平, 1888~1939)은 민족주의 역사학자로 신간회에 참여 활동하였

---

4) 『尹致昊日記』 8卷, 1923년 7th. Monday. Beautiful. Warm.
5) 장규식, 「제3장 실력양성 운동과 근대화」, 『일제하 한국 기독교 민족주의 운동』, 혜안, 2001, 306~311쪽.

다. 1934년에는 안재홍, 정인보 등과 조선학운동을 전개하였고 진단학회의 발기인으로 참여하기도 하였다. 홍순혁과는 와세다대학 선배로서 긴밀한 관계를 유지하였다. 이 둘의 관계는 1934년 2월에 쓴 일기에 "홍순혁 군이 露國東方策 1권을 보내주었다"는 기록과, 3월 "김옥균 일기초를 홍순혁씨에게 우편으로 부쳤다"는 기록, "홍순혁군이 기고한 글이 왔는데 제목이 讀史漫筆6)이었다"는 기록을 통해 확인할 수 있다.7)

이밖에 일본 유학시절 은사로 시치무라 산지로(市村瓚次郎, 1864~1947)가 있다. 그는 동양사학자로 도쿄대학과 국학원 대학 교수를 역임한 인물이다. 홍순혁은 와세다대학 재학시절 쓰다 소키치(津田左右吉, 1873~1961)에게 동양사학을 배우고 실증사학을 학습했을 것이지만, 쓰다(津田) 교수의 강의를 들었다는 언급만 있을 뿐 은사라는 표현은 사용하고 있지 않다.

홍순혁의 벗으로는 이선근과 정태진·우호익 등이 있다. 홍순혁이 외우(畏友)라고 지칭했던 이선근(1905~1983)은 1923년 와세다대학에 입학하고 1934년에 진단학회 발기인으로 함께 참여했던 인물이다. 학우(學友)로 지칭했던 정태진(丁泰鎭, 1903~1952)은 1921년 연희전문을 졸업한 뒤, 함흥 영생여학교 교사(1925~1927)로 재직하던 중 미국 유학(1927. 5~1931. 6) 길에 올랐고, 돌아와 10년간 함흥 영생여학교 교사를 지내다 1941년에 조선어학회로 전직한 인물이다. 우호익(禹浩翊, 1897~1983)은 평양 숭실학교를 졸업하고 1920년 홍순혁과 함께 와세다대학에서 수학한 뒤, 귀국 후 진단학회 발기인으로 참여한 인물로 후에 숭실대학교 교수가 되었다. 이밖에도 와세다대학 사학과 선배인 이병도(1896~1989)를 언급하고 있는데, 진단학회 발기인으로 또는 실증사학에 입각한 선배 연구자로 친분을 유지했던 것으로 보인다.

---

6) 이는 『조선일보』에 다음과 같은 제목으로 실렸다(「讀史漫錄(1)(2)(3). 朝鮮學에 관한 歐文著書의 日本에 미친 影響─日譯本을 中心으로 하야」, 『조선일보』 1934. 2. 1~1934. 2. 3).

7) 『문일평 1934년 식민지시대 한 지식인의 일기』, 살림, 2008.

2) 학술활동

홍순혁은 개성 한영서원을 졸업하였다. 연희전문학교 학적부에는 '개성한영서원중학부 졸업', '품행방정, 학업우수'라고 기록되어 있다. 1920년 4월 연희전문학교 문학과에 입학하여 1924년 3월에 졸업하였다. 그 후 와세다대학 본과에 편입하여[8] 1927년 3월에 졸업하였다.[9] 와세다대학은 1882년 개교한 이래 이병도·최남선·안재홍 등 한국 학생이 많았는데,[10] 홍순혁이 졸업할 당시에도 손진태·이상백·우호익 등 일제하 해방정국기의 정치 학술계에서 지도적 역할을 한 인물들이 재학하고 있었다. 귀국 후 1928년 함흥 영생여학교의 교사로 재직하였고,[11] 1936년에는 공립학교인 함남 고등여학교로 옮겼다.[12] 함흥에 있을 당시 홍순혁은 이화고녀를 졸업하고 함흥 영생남학교에 재직하고 있던 부인 이복선과 함께 근대 문화와 신식 문화를 교육하던 인물로 널리 알려져 있었다고 한다.

함흥에서 홍순혁은 한국학 연구에 매진하였다. 그는 우선 서책 수집과 도서관 진흥에 진력했다. 도서관이 대중 교육의 일부분을 담당하고 여론 형성에 중요한

---

8) 「附錄 消息欄」, 『延禧』 3, 1925. 5, 19쪽.

9) 早稻田大學 韓國同窓會, 『會員名簿－創立四十周年紀念』, 1987, 202쪽.

10) 이기백은 1942년 가을에 早稻田大學 문학부 사학과에 진학하여 早稻田大學基督敎靑年會 기숙사인 信愛學舍에 숙식하였는데, 여기에 우호익과 홍순혁 두 선배가 거쳐 갔다고 하였다(이기백, 「학문적 고투의 연속」, 『한국사시민강좌』 4, 1989, 162~163쪽).

11) 『함흥영생여고 100년사』, 2003.

12) 와세다대학을 졸업한 홍순혁은 감리교 본부의 명령에 따라 장로교 계통의 함흥영생학교의 교사가 된다. 개성의 남감리교에 속한 홍순혁이 캐나다 장로회가 중심인 함흥의 학교 교사로 파견된 이유에 대해서 고찰이 필요하다. 널리 알려져 있듯이, 한국에 파견된 장로교·감리교 등 6개 선교본부는 각 교단 사이에 불필요한 경쟁과 마찰을 막기 위해 1893년부터 1909년 사이 선교 구역 분할 협정(교계 이양)을 맺었다. 서울·평양·원산 등 대도시는 공동 선교 구역으로, 나머지는 이미 선교 활동을 시작한 교단의 기득권을 인정하였다. 그래서 미국 북장로회는 평안도와 황해도·충북·경북을, 미국 남장로회는 전라도를, 캐나다 장로회는 함경도·간도를, 호주 장로회는 경남을, 미국 북감리회는 경기도 남부·충남을, 미국 남감리회는 경기도 북부·강원도의 선교를 맡도록 하였다.

역할을 담당한다고 보고, 도서관의 독립 건물, 전문 사서, 장서의 확보 등을 주장하였다.[13] 함흥 영생여자고등보통학교 교원 근무 시절인 1931년에 조선 교육회가 주최하는 도서관 강습회에 참여하여 도서관의 원리와 운영에 관한 교육을 받고 장차 우리나라 도서관을 확대 발전시킬 구상을 하였다.[14] 이는 후술하는 해방후 조선서지학회의 창립과 국립중앙도서관 활동의 기반이 되었다.

또한 자료 수집에 열성이어서, 평생의 꿈이 조선학을 중심으로 만권의 책을 모아 연구하는 것이라고 할 정도였다. 함흥 시절의 서재 이름을 동영문고(東瀛文庫)라 명명한 것은 도쿄대의 동양문고를 연상하면서 반도를 중심으로 주변 지역의 문화유산과 관련 자료를 모은다는 의미에서였다고 한다. 연희대학교의 연구실 이름은 고서 탐독을 의미하는 급고재(汲古齋)였다.

특히 1928년부터 1945년까지 함흥에 있으면서 많은 자료를 수집하였는데, 「汲古隨錄」, 「書痴愚觀錄」, 「汲古斷想」 등의 글을 통해 이를 소개하고 연구 자료로 활용할 것을 권하였다. 1945년 가을 연희대학으로 자리를 옮길 때 함흥집(山手洞 2-93번지) 마당 큰 항아리 속에 고서를 넣어 묻었다고 한다. 북한에서는 3대 장서가로 김양선·이인영·홍순혁 3인을 들고 있다고 한다(「장서가와 희서(4) 김양선」, 『경향신문』 1966. 3. 14).

홍순혁은 함흥에 있을 때 서울의 한국학 관련 학술 활동에 적극적이었다. 그는 와세다대학을 졸업한 해인 1927년 11월 『한빛』의 창간 발기인으로 참여하여 이윤재·문일평·최남선·이능화·장도빈·이병도·최현배 등과 함께 우리나라의 역사 지리와 한글에 관한 지식을 일반에 보급하고자 하였다. 1934년에는 일본인이 만든 청구학회에 맞서 우리의 역사·언어·문학 등을 우리 학자에

---

13) 홍순혁, 「圖書館의 充實, 輿論의 輿論」, 『조선일보』 1940. 2. 14.
14) 1931년 8월 5일에서 11일까지 열린 도서관 강습회에서 '학교도서관과 구미도서관', '조선도서관관리법과 조선고문서 일반', '사회교육과 도서관', '도서보관법 및 순회문고', '도서관의 제문제', '화한양도서 분류 및 목록법'등의 교육이 있었다(『朝鮮之圖書館』 1, 1931, 조선도서관연구회).

의해 연구하려는 목적으로 창립된 진단학회의 창립 발기인 24명 가운데 한 사람으로 활동하였다. 여기에는 이병도·백낙준·이윤재·손진태 이외에도 김태준·박문규 등이 동참하였고, 기관지인『진단학보』의 필자로는 도유호·김석형·박시형 등 사회주의 역사학자들도 포함되어 있었다. 정인보와 백남운은 참여하지 않았다.

홍순혁은 17년이 넘는 함흥 생활 동안 기독교 신앙에 기초한 국학연구와 민족교육에 힘을 쏟았다. 함흥기독교청년회에 적극 참여하여 강연활동을 벌였는데,『동아일보』에 의하면, 홍순혁은 1928년 함흥기독교청년회가 성경학원(聖經學院)을 만들 때 강사로 활동하여 '상식강좌 조선사 강의', '만주상식 강연' 등을 했다고 한다. 그는 함경도 지역의 향토와 역사 연구에도 매진하였고 현지답사에도 열성이었다. 이 시기에 쓰여진「北鮮と女眞」,「함남과 그 향토색」 등의 연구는 함경도 지역의 역사를 정리한 것이다.[15]

홍순혁은 음악 활동에도 정력적이었다. 연희전문의 음악 교육은 우리나라 최초의 피아니스트 김영환(1892~1978)이 교수로 취임(1918~1928 재직)하면서 본격화되었는데, 그 뒤를 이어 현제명(1929~1943 재직)이 교향악 운동, 음악 강습회, 음악 콩쿨 등의 분야에서 왕성한 활동을 벌여왔다. 홍순혁은 김영환·현제명의 지도 아래 음악부의 일원으로 활동하였다.『동아일보』는 1923년 홍순혁이 연희전문 학생으로 4인 합창과 독창에 참가한 사실과 1929년 연전 관현악단의 일원으로 관동지방 연주회에 참여한 사실을 전하고 있다.[16] 특기할 만한 것은 현재 우리가 알고 있는 슈베르트와 브라암스의 자장가를 홍순혁이 작사한 것이라는 사실이다.

---

15) 당시 함흥은 반일운동이 활발하였다. 일제시기의 공업화 지대인 함흥 흥남 원산에서는 노동·농민운동이 활발히 전개되었다. 조선어학회 사건(1942년 10월)은 함흥영생여학교 학생과 교사로부터 비롯되었다. 이 사건에 연루된 정태진은 함흥 지역에서 교사로 근무한 홍순혁과 연희전문 학우였다. 홍순혁은 함흥 지역의 이러한 움직임에 대한 어떠한 글도 남기지 않았다.

16)『연세음악 55년사』, 연세음악 55년사편찬위원회, 1974.

홍순혁(1949)

1945년 해방이 되자 연희전문은 학교 정상화에 주력한다. 동년 9월 연희전문학교 접수위원회가 조직되고 같은 해 11월 개학식이 열렸다. 이해 가을 홍순혁은 연희대학교 교수로 임용된다. 해방 직후 연희대학교 교장(1945. 9~1945. 12)이었던 유억겸이 연희의 재건을 위하여 교수진 확보에 매진하던 중 함흥에서 활동하고 있던 홍순혁을 교수로 초빙하였던 것이다. 당시 사학과 교수로는 1939년부터 근무한 조의설과 해방 후에 부임한 조좌호·염은현·민영규 등이 재직하고 있었다. 홍순혁은 사학과장과 전문부 1학년 학감,[17] 종교위원회 위원, 도서관장으로 활동하면서 연희대학교의 초석을 다지는데 기여하였다.[18]

홍순혁은 연희대학교 사학과의 발전에도 크게 기여하였다. 1949년 4월 사학연구회를 조직하고 같은 해 10월 2대 회장이 되었다. 그는 사학연구회를 통해 「最近 收集한 書籍에 對하여」, 「高麗官制에 對한 一考察」 등의 논문을 발표하였고, 1947년부터 답사를 활성화하여 동료 교수, 학생과 함께 경주·개성·여주·강화 등지를 다녀오기도 하였다.[19]

해방 후 홍순혁은 한국학 자료의 정리, 한국사학계와 일본 교과서의 동향에

---

17) 1946년 영문과 입학생 김동길은 "국사를 가르친 홍순혁 교수는 문과 1학년의 담임이 되어 학생 개개인의 사정을 캐묻기도 하였다"고 술회했고(김동길, 「60년전을 돌이켜 보면서」, 『우리들의 60년(1946~2006)』, 2006, 265쪽), 47년 영문과 입학생 차범석은 입학 면접시험 때, 면접관인 홍순혁·서두수에게 극작가가 되겠다고 답변하자 시큰둥하고 냉담한 반응을 보였다고 하였다(차범석, 「나의 꿈과 예술의 삶은 白楊路의 품에서 자랐지」, 같은 책, 2006, 273~274쪽).

18) 연세 창립 80주년 기념사업회, 「연희편/해방과 재출발」, 『연세대학교사』, 연세대학교 출판부, 1965, 461~463쪽, 543쪽.

19) 연희대 사학연구회, 『會誌』 1, 1950. 4.

104

대한 검토를 통해 한국학의 현황과 진로를 모색하였다. 그는 한국사와 관련된 것으로『신천지』에 5편, 국어학과 관련해서『한글』에 5편, 서지학과 관련해서는 『백민』에 3편,『향토』에 3편의 글을 발표하였는데, 위에 거명한 잡지는 모두 해방 후 우리 민족의 역사와 문화를 연구하여 창의적이고 자주적인 문화를 건설하려는 목적으로 만들어진 것이었다.

3. 한국사학과 한국학

1) 한국사학계의 동향과 일본 교과서 분석

홍순혁은 한국사의 경우 고대사와 최근세사에 관한 강의와 연구에 집중하였다. 그의 고대사 연구는 유학과 교사 시절 머물렀던 도쿄와 함흥 지역의 역사와 관련해서 이루어졌다. 1924년부터 1927년까지 와세다대학 유학시절에는 일본 무사시노(武藏野)의 고구려 유민과 신라향(新羅鄕)의 조사 연구를 기반으로 일본에 남아 있는 고구려 유민과 신라인의 흔적을 조사하였다. 그의 조사에 따르면, 도쿄 근처의 사이다마현 히다카시(日高市)는 고구려 왕족 약광(若光)이 유민 1800여명을 이끌고 황무지를 개척한 곳으로 고려신사, 고려향, 고려천(高麗川)이 현재도 남아 있고, 근처에는 신라군과 신라의 승려와 일반인 100여명이 살고 있었다고 한다. 이들은 한반도에 있을 때는 적국이었던 일본과 우호적인 관계를 유지하면서 선진기술을 전파했던 것으로 보인다고 분석하였다. 홍순혁의 글은 일본에 존재하는 한국의 유적을 널리 알리는 계기가 되었다. 함흥시절에는 북방 연구에 대한 관심에서 함경도의 여진 문제와 만주의 광개토대왕비문을 검토하였다. 이밖에도『조선명인전』(조선일보사)의 필자로 예정된 문일평이 갑자기 죽자 태종무열왕과 혜초를 대신 집필하기도 하였다.

홍순혁의 최근세사에 대한 관심은 1936년『신동아』에 연재한「韓末政客遺墨 雜攷」를 통해 확인할 수 있다. 그는 자신이 수집한 자료를 소개하였는데, 흥선대

원군의 단간(斷簡), 김옥균 최후서간, 윤웅렬 유묵, 김홍집·어윤중·김윤식의
수찰(手札), 조희연·유길준·장박의 시폭(詩幅), 북청 출신 이준의 유물, 이완용·
조중응의 시폭, 박제순의 수찰·송병준의 시폭 등이 포함되어 있었다.[20] 1950년
에는 연희대학에서 '조선최근세사'와 '조선사상사'를 강의하였다.[21]

홍순혁은 해방 후 한국사학계를 진단하며 새로운 역사학의 방향을 모색하였
다. 그는 1950년 6월 해방 후 5년간의 한국사학계를 사관(史觀)·논저(論著)·학회
(學會)의 순서로 정리하면서[22] 당시 학자들을 세 부류로 구분하였다. 즉 '식민지
시기 사관(史觀)을 가지지 않았으나 상당한 업적을 남기어 학계에 이바지한
일군(一群)의 학자(學者)'와 '유물사관파(唯物史觀派)', 그리고 '문화사관론파(文
化史觀論派)'가 그것이다. 그 가운데 "유물사관은 백남운씨가 우리 학계에 제창
한 후 해방을 기다려 이북에서는 그 정책과 병행하여 전적으로 지지를 받았고
이남에서는 신진학도들 사이에 많은 관심을 가져왔었다."고 기술하였고, 문화
사관론파(文化史觀論派)는 "문헌고증주의적인 방법에 의한 왕조사관 봉건사관
—과는 시각을 달리하면서 유물사관에 좌단(左袒)하지 않는 사관을 주장하는
일군의 학자로 이상백, 손진태, 이인영이 이에 해당한다."고 규정하였다. 그가
말하는 '문화사관론파'는 오늘날 신민족주의 사학자, '식민지시기 사관을 가지
지 않았으나 상당한 업적을 남기어 학계에 이바지한 일군의 학자'는 실증사학자
를 지칭하는 것으로 보인다.

---

20) 「書痴愚觀錄」에 홍순혁이 소개한 국보급 자료는 다음과 같다.
　一. 朝鮮統治史 論稿(秘) 朝鮮史編修會 研究彙纂의 하나. 本文 二一六페지. 西紀 一九四四年刊
　　　京城帝大 田保橋潔 敎授 著.
　二. 崇禎庚午四月日記. 寫本十六枚. 兼春秋館記事官 吏曹佐郎 尹棨의 自筆本. 吏曹와 春秋館의
　　　日記로 崇禎 三年 庚午 (李朝 仁祖 三年, 西紀 一六三〇) 四月 初一日로부터 三十日까지의
　　　分.
　三. 萬歲騷擾事件電報文 大正八年 三月一日로부터 九月에 이르는 分. 各冊 一部의 寫本.
　　　日本 內閣 拓植局 秘藏의 極秘本.
　四. 李完用의 大韓醫院 病中吟 絶句한 篇. 庚戌 夏의 書.
21) 홍순혁, 「도하각대학순례기/연희대학편」, 『신천지』 5-5, 1950. 5.
22) 홍순혁, 「해방후 국사학계의 동향」, 『신천지』 5-6, 1950. 6.

홍순혁은 당시 학회와 관련해서는 진단학회의 활동과 그 분화에 주목하였다. 그는 조선사연구회에 대하여 "일제시기 일본인 중심의 청구학회와 대립하여 우리 글로 발표하는 기관지로 진단학회가 있었는데, 해방 후에는 진단학회에 주인공격인 이병도가 조선사연구회를 조직하고 『史海』를 1호 내었으나 그 속간을 보지 못하고 있다."고 아쉬움을 토로하였다. 이와 함께 역사학회에 대해서는 "재래의 상아탑 속에서 나와 청신(淸新)한 새 학풍을 세우려는 의도에서 1945년 12월에 발족한 역사학회가 있다. 어느 의미로 진단학회나 조선사연구회와는 대립적인 모임이다. 1947년에는 5회, 1948년에는 1회의 발표회가 있고 1949년 5월에는 『歷史學研究』 1집이 나왔다. 그 건전한 발달을 비는 바이다."라고 격려하였다. 그러나 그는 "『史海』는 『진단학보』의 比(비)가 아니었다. 분립(分立)하여 각각 왕성한 활동을 할 수 있다면 모르거니와 둘 다 정체중에 있으니 힘을 한 곳에 모두어 일제 침략시에도 꾸준한 발전을 해온 진단학회를 청신한 새 모임으로서 개구(改構)하여 새로운 출발을 볼 수 있게 함이 오늘의 급무가 아닐까 우고(愚考)한다."라고 제안하였다. 그는 청구학회에 대항해서 창립된 진단학회가 해방 후에 조선사연구회와 역사학회로 분화되었다고 설명하고, 내심 조선사연구회와 역사학회를 통합하여 진단학회를 중심으로 한국학이 발전되기를 희망하였다.

현재 해방 직후 사학사에 대한 연구는 당시에 제기되었던 유물사관사학과 진단학회의 분화에 주목해 왔다.[23] 진단학회는 일본의 대학 혹은 경성제대에서 근대 인문학 훈련을 받은 이들이 발기인과 임원이 되어 순수 학문으로서의 사학 내지 문헌고증사학을 지향하였다. 학회에는 사회주의자와 비타협적 민족주의자의 전통을 잇는 흐름이 전혀 없었던 것은 아니지만, 체제내적인 문화운동을 지향하는 흐름이 주류를 형성하고 있었다. 그런데 전시체제기에 접어들면서 학회 내 일부 회원들 사이에서 민족 현실을 극복할 수 있는 실천적 역사학을

---

23) 방기중, 「解放後 國家建設問題와 歷史學」, 『韓國認識과 歷史理論』(김용섭교수정년기념한국사학논총 1), 1997.

모색하고자 하는 흐름이 나타났다. 예컨대 손진태와 조윤제 등 이른바 '동산학파'에 의한 신민족주의 사학이 그것이다.

해방이 되자 '동산학파'가 전면에 나서고 일제하 학회 운영을 전담했던 이병도는 2선으로 물러났다. 해방 이튿날 재건 총회가 열려 송석하를 회장으로 조윤제·도유호·이여성 등이 참여하면서 좌우합작, 통일전선적 관점을 견지하였기 때문이다. 같은 맥락에서 8월 27일에는 건국준비위원회(여운형·안재홍)와 손잡고 여기에 김두헌·조윤제를 파견하고, 9월 10일부터 19일까지 '국사교습회'를 개최하는 한편으로 미군 군정청과 교섭하여 국사교과서를 편찬하였으며, 11월과 12월에 걸쳐 '임시중등국사교원양성강습회'를 개최하는 등 활발한 활동을 전개하였다.[24]

'동산학파'가 주도하는 진단학회의 활동은 일제시대 진단학회의 주류 학풍과 전통을 부정하는 것이었다. 총무 송석하는 이병도를 지목하여 학회 내 친일파의 제명을 주장하였는데, 이는 진단학회의 발전 방향과 연관하여 학문관의 차이를 노정한 것이었다. '동산학파'와 이병도 그룹간의 내면적 갈등이 첨예화되고 학회 내부의 분화가 본격화되면서 대체로 세 방향으로 진행되는 양상을 띠었다.

하나의 방향은 이병도가 김상기·신석호 등과 함께 조선사연구회를 설립하고 (1945. 12. 12), 문헌고증사학의 새로운 활로를 모색한 것이었다. 조선사연구회는 기관지『史海』1집을 발행한 뒤 뚜렷한 활동을 보이지 않다가, 이병도가 1954년 환도하여 진단학회 이사장을 맡게 되면서 자연 해소되었다. 다른 하나는 손진태와 이인영 등 '동산학파'가 신민족주의 사관의 이론화와 새로운 민족사 체계를 준비한 것이었다. 하지만 손진태와 이인영이 납북되자 그 계획은 중단되

---

24) 당시 회장이던 송석하의 병세 악화, 회원간의 좌우대립, 총무 조윤제가 제기한 친일학자 제명문제, 이병도·신석호·김상기 등이 별도로 조선사연구회를 결성한 것과 염은현·홍이섭 등 젊은 역사학자들이 역사학회 결성 등을 원인으로 진단학회가 쇠퇴하고 있었다(조동걸, 「제5장 해방후 韓國史硏究의 발흥과 特徵」, 『現代韓國史學史』, 나남출판, 1998, 324~328쪽).

었다.

마지막 하나는 이상백·이여성·김일출 등 비경성대학 출신의 활동이었다. 이들은 각기 신문화연구소와 역사학회(1945. 12. 25)를 창립하면서 좌우합작의 진보적 입장을 견지하였다. 역사학회의 초대 간사는 김일출·홍이섭·염은현·민영규 등 연희전문 출신이나 연희대학 교수였고, 기관지인『역사학연구』의 필자는 조의설·김일출 등 연희 출신이 포함되어 있었다. 그 후 전쟁으로 활동이 중단되었다가 1952년 부산에서 동일한 이름으로 역사학회가 창설되고, 초대 회장은 홍이섭이 맡았다. 여기에서 홍순혁은 연희대학교 사학과 교수로서 역사학회가 아닌 진단학회를 중심으로 한국학이 발전되기를 희망하였다.

한편, 홍순혁은 패전 직후인 1946~1947년에 간행된 일본의 중등교과서와 전시하의 국정교과서를 ① 역사관 ② 조선사 관련 사항 ③ 전쟁 인식의 세 측면에서 비교 분석하였다.[25]

① 역사관 부분에서, 교과서의 명칭이 '국사'에서 '일본(역)사'로 바뀐 것은 국수주의를 탈피하고자 하는 노력으로 보았다. 종래 사용된 '皇紀' 대신 '서기'를 사용하는 등 새 교과서 1~2장에 나타난 황국사관으로부터 탈피하고자 하는 시도에 주목하였고, 1장(「국체관념에 대한 태도와 사관의 변천」)의 분석을 통해서는 전체적으로 문화사적 사관에 기초해 과학적 일본사 서술로 전환하려는 태도를 보였다고 평가하였다.

② 조선사 관련 부분에서는, 3장(「태평양전쟁까지의 고백」)에서 다이쇼·쇼와 시기를 다룬 18장을 분석하면서 군국주의 관련 서술을 점검하면서 다이쇼 정당정치를 서술하는 부분에서 "자본주의 발달의 유래와 사회운동의 발생을 통계적 수자로 보인 것 같음은 교과서로서 격세의 감이 있다."고 평가하고, 전체적으로 패전에 이르는 과정에 대한 서술이 수긍할 만하다고 하였다. 교과서의 마지막 항목(「민주주의 국가의 건설」)에 나타난 천황의 '인간선언'과 민주주

---

25) 홍순혁, 「敗戰國 日本의 歷史敎育의 新動向 : 近刊文部省編纂 日本歷史를 읽고서」,『신천지』 2권 9호, 1947. 10.

의 건설 의지, 즉 "우리나라의 앞으로의 진로는 민주주의에 의한 신국가의 건설에 있다. 인민 또한 이에 적극적으로 협력하고 있다."는 점을 강조한 것도 긍정적으로 보았다.26)

③ 전쟁 인식의 부분에서는, 일본의 역사교육이 "완전히 우상화, 가식화로부터 탈퇴되었는가를 아직도 의심"하였는데, 여전히 연합국 점령 아래 있고 우월적 국민성이 드러나며 교과서의 변화에도 불구하고 교사의 교육방법에 황실중심주의와 우월성이 남아 있다는 것이 그 이유였다. 특히 조선사 관련 부분 서술의 부당성과 미온적 변경에 관해서는 "크게 경계"한다고 우려를 표시하였다. 요컨대 한국 관련 서술에서 가장 큰 문제점을 발견하고 이를 2장(「조선사에 관한 모든 문제」)에서 집중적으로 분석하고 있다.

2장의 중요한 지적을 시기 순으로 살펴보면, 첫째 고대 한일관계에서 종래 스사노오의 도한과 신공황후의 신라 정벌 관련 기술이 사라지고 한반도와 일본의 관계를 중국 사료 및 광개토왕비 등을 근거로 실증하려는 자세는 '진보적'이지만, 관련 항목에 '대화조정의 성립과 아울러 조선반도의 경영'이라는 제목을 단 것은 타당치 않다고 비판하였다. 『위지』 왜인전 사료와 광개토왕비 신묘년 기사에 대한 정설이 없는 상태에서 "경영이란 제목을 붙이기에는 대담"하다고 평가하였다. 둘째 두 차례의 왜란에 대해 "기병의 원인을 오로지 외국무역에만 돌린 것"은 국민에게 "평화주의적 색채를 표시하려는 의도이겠지만 눈 감고 아웅하는 수작"이라고 평가절하 하였다. 셋째 정한론의 원인을 조선 측에 떠넘겼으며, 넷째 러일전쟁 부분에서 "특히 대통령 루스벨트가 보인 유형무형의 원조는 특필하지 않으면 안 된다."고 서술한 것은 "사실과

---

26) 여기서 필자는 인간 선언 부분을 포함한 서술을 일본어 원문으로 제시하는데, "필자의 본의는 결코 아니나 원문 그대로 옮기어 지금까지 필자가 할 수 있는 대로 직역법을 써서 그들의 표현을 독자에게 이해시키려고 애쓴 것에 참고를 삼고자 한다"고 부언하였다. 인간 선언이 천황에 대해 존칭을 사용하고 있기 때문에 번역하기 껄끄러워 그랬을지 모른다는 추측도 가능하지만, 그 진의는 알 수 없다(사학과 임성모 선생의 교시에 의함).

아첨이 相半"하고, 다섯째 특히 한국병합에 관한 서술은 "너무도 미온적"이라고 비판하였다. 총괄적으로 "전 교과서에 비해서는 진보적"이라 볼 수도 있지만 "좀 더 솔직한 서술을 요구한다."고 결론 내렸다.

홍순혁은 서론에서 이 글의 목적을 "우리 역사교육계에 한 참고적 자료로 소개"하는 데 있다고 했지만, 결론에서는 "추천할 만한 개설이나 교과서가 없음"을 유감으로 여기며 "과학적 연구법에 의한 엄정한 사실에 따라 문화사적 관찰로 전체를 파악할 수 있는 우리의 교과서가 발간되기를 희망한다."고 하면서 마무리하였다.

홍순혁은 조선학 연구에 매진하였지만 역사학을 현실에 적용한다는 학문적 실천이라는 점에서는 소극적이었다. 이는 와세다대학에서 실증사학을 역사학의 방법론으로 익혔고 연희전문에서 국학연구와 민족교육에 충실하면서 문화사관, 신민족주의사학의 기조를 유지하였던 그의 학문적 성향 때문이었다.

2) 국어학과 서지학

홍순혁은 평소 조선학 관련 서적 수집과 연구에 관심을 기울였다. 그는 조선광문회 간(朝鮮光文會 刊)『朝鮮叢書』와『朝鮮群書大系』72책을 본 뒤, 조선 관계 서적을 모아 문고를 만들어 보겠다는 결심을 하게 되었다고 술회하였다. 이러한 관심은 서지학과 도서관의 진흥에 진력하는 것으로 표출되었다. 그는 고서를 발굴하고 자료를 해석하는 작업뿐 아니라, 체계적인 자료의 수집과 보관 그리고 이를 통한 새로운 한국학 연구의 방향을 제시하고자 하였다. 함흥고녀에 재직하던 1940년에는『조선일보』에 기고하여 도서관의 야간 공개와 연중무휴인 독립된 도서관의 건립을 제안하고, 연희대학 중앙도서관장 (1948. 9~1950. 6) 시절에 쓴 기고문에서도 독립된 도서관을 건립하여 연구와 교육의 기초를 마련해야 한다고 역설하였다.

홍순혁은 1947년 8월 이재욱·박봉석·이병기·송석하·김구경 등과 함께 조선

서지학회의 창립 발기인 6인 가운데 한 사람으로 참여하여 상무위원으로 활동하였다. 이와 함께 사서를 양성하고 교육하는 일을 담당하던 국립중앙도서관의 강사로도 참여하였다. 1947년 4월 22일부터 4월 30일까지 국립중앙도서관 주관 제1회 도서관 사업 강습회가 열렸을 때 홍순혁은 '도서 수집'을 주제로 강의하였고, 1948년 6월 21일에서 26일에 걸쳐 조선서지학회와 국립중앙도서관이 협력해서 '조선서지 관계도서 전람회'를 열었을 때는 이 행사에 적극 참여하여 전람회의 의의와 관련한 글을 기고하기도 하였다. 기고문에서 그는 전시회를 통해 조선 서지의 대중화와 도서 간행 그리고 출판 사업의 중요성을 강조하였다. 1949년 10월 21일부터 10월 26일까지 진행된 제3회 도서관 사업 강습회에서는 '모리스 구랑의 조선서지에 대하여'라는 주제로 강의를 하기도 하였다.[27)]

홍순혁은 당시 서지학의 흐름을 개괄하면서 발전방향을 모색하였다. 그가 당시 조선 서지의 발달 추이(「조선서지발달사소고」)를 살펴보고, 도서 발간의 현황(「해방이후 간행된 조선학 관계출판에 대한 고찰」, 「해방이후 고전복각 – 영인본을 중심으로」)을 개괄한 것은 그러한 의지의 표현이었다. 특히 후자에서는 당시 간행된 한국학 저서를 갑, 을, 병으로 분류하여 소개하였다. 갑은 해방 이전에 출판된 것으로 해방 이후 재판(再版)된 것, 을은 해방 이전에 신문이나 잡지에 발표되었으나 당시에는 출간되지 못하고 해방 이후에야 비로소 단행본으로 출판된 것, 병은 해방 이후 처음으로 출판된 것으로 도서를 분류하여 도서 출판의 현황과 전망을 정리하였다.

홍순혁은 국어학에도 관심을 기울였다. 그는 국어학 가운데 이두 자료의 소개와 해석에 관한 글을 여러 편 발표했다. 「儒胥必知」(한문으로 된 각종 청원서·고소장 등의 서식을 실어 놓은 책으로 이두를 한글로 읽는 법을 휘편에 붙임), 「吏文襍例」(조선 후기 각종 書式의 吏讀文을 모아 간행한 이두학습서),

---

27) 국립중앙도서관, 『國立中央圖書館史』, 1973, 336~343쪽, 374~375쪽.

「吏文과 吏文大師」(조선시대의 지방관청에서 주고받은 이두문서에 나타나는 한자어구와 이두를 모으고, 이두에는 한글로 독법을 표기해 놓은 책), 「華語類抄」(중국말을 천문·시령·지리·기후 등으로 분류하여 어휘를 배열하고, 그 끝에 먼저 漢音을 붙이고 그 밑에 한글로 음을 단 책) 등 이두 읽는 법을 소개하였다.

아울러 「耳談續纂」(정약용이 명나라의 王同軌가 지은 『耳談』에 우리나라의 속담을 더하여 한문으로 엮은 책), 「百聯抄解」(七言 古詩中 聯句 百가지를 뽑아 한글로 그 읽는 法을 보이고 그 뜻을 해석한 것), 「喜雨詩應制賜醞圖」(김좌명 孝宗 3년(1652) 효종이 비가 오는 것을 기뻐해서 관료들에게 시를 짓게 한 것으로 13명의 시와 시 짓는 광경을 그린 그림), 「四山禁標圖」(영조 3년 서울 주변의 산에서 나무를 하거나 묘를 쓰는 것을 금하고 그 경계를 글과 그림으로 그린 것)를 소개 발표하였다.

홍순혁이 이두 자료를 소개하고 해석한 것은 1950년 이전에 국어학적으로 가치가 있는 자료들을 발굴 소개함으로써 국어학 연구의 토대를 마련하였다는 점에서 그 의의를 찾을 수 있다. 그는 이두 자료에 대해 구체적인 토(吐)의 목록을 제시하고 독법에 대한 해석도 진행하였다. 다만 토(吐)의 해석과 관련해서는 오구라 신페이(小倉進平)의 논의에 근거하였는데, 오구라와 양주동 외에는 이두에 관해 참고할 만한 연구가 없던 당시 상황에서는 불가피한 일이었다.

4. 맺음말

이 글은 연희대학 사학과 교수를 역임하고 해방 직후 학술활동을 편 홍순혁의 삶과 사상을 살핀 글이다.

홍순혁은 개성 한영서원과 연희전문학교를 졸업했다. 그는 한영서원 교장인 윤치호를 평생 은사로 모셨다. 자신이 조선사학에 뜻을 두게 된 것은 '좌옹 윤치호의 교도와 백당 현채의 감화'에 힘입었다고 술회하였다. 홍순혁의 연희

재학시절 은사인 유억겸은 해방 이후 교장이 되어 연희의 재건을 위해 교수진을 확보하는 과정에서 홍순혁을 사학과 교수로 초빙하였다. 홍순혁의 연희전문과 와세다대학 수학시절 친우로는 이선근·정태진·우호익 등이 있다.

홍순혁은 와세다대학 사학과를 졸업한 뒤, 1928년 함흥 영생여학교의 교사가 되었고, 1936년에는 공립학교인 함남 고등여학교로 옮겼다. 함흥에서 홍순혁은 한국학 연구에 매진하였다. 그는 특히 자료 수집에 열성이어서, 평생의 꿈이 조선학을 중심으로 만권의 책을 모아 스스로 연구하는 것이라고 하였다. 함흥시절의 서재 이름을 동영문고, 연희대학교 연구실을 급고재로 명명한 것은 고서를 모아 한국학을 연구하려는 그의 강한 의지가 담겨있는 것이라고 할 수 있다.

홍순혁은 서울에서 진행되던 한국학 관련 학술활동에 적극적이었다. 1927년 『한빛』 창간 발기인, 1934년 진단학회 창립 발기인 24명 가운데 한사람으로 참여한다. 홍순혁은 17여년이 넘는 함흥생활 동안 기독교 신앙에 기초한 국학연구와 민족교육에 힘을 쏟았다. 함흥기독교청년회에 적극 참여하여 '상식강좌 조선사 강의', '만주상식 강연' 등의 강연활동을 벌였다.

홍순혁은 1945년부터 1950년 납북될 때까지 연희대학교 교수로 재직하였다. 그는 사학과장과 전문부 1학년 학감, 종교위원회 위원, 도서관장으로 활동하며 연희대학교의 초석을 다지는 데 기여하였다. 그는 특히 사학과 교수로서 1949년 4월에 사학연구회를 조직하고 같은 해 10월 회장이 되어, 「最近 收集한 書籍에 對하여」, 「高麗官制에 對한 一考察」 등의 논문을 발표하였고, 1947년부터 시작한 사학과 답사에 동료 교수, 학생과 함께 경주·개성·여주·강화 등지를 다녀왔다.

홍순혁은 한국사의 경우 고대사와 최근세사에 관한 강의와 연구를 진행하였다. 고대사에 대한 연구는 와세다재학 시절 고구려 유민과 신라향에 관한 무사시노(武藏野)의 연구를 기반으로 일본에 남아있는 고구려 유민과 신라인의 궤적을 조사하고, 함흥에 있을 때는 북방 진출에 관한 연구에 집중하여 함경도의 여진 문제와 만주의 광개토대왕비문을 검토한 것 등에서 보였던 관심이 심화되는 방향으로 표출된 것이었다. 이밖에 『조선명인전』(조선일보사)의 필자로 태종무열왕과 혜초를 집필하기도 하였다.

홍순혁은 해방 후 한국사학계를 진단하며 새로운 역사학을 모색한다. 그는 1950년 6월 해방 후 5년간의 한국사학계를 사관(史觀), 논저(論著), 학회(學會)의 순서로 정리하였다. 그는 당시 학자들을 '식민지 시기 사관을 가지지 않았으나 상당한 업적을 남기어 학계에 이바지한 일군의 학자', '유물사관파', '문화사관론파'로 분류하였다. 이 가운데 '문화사관론파'는 오늘날 신민족주의사학자, '식민지시기 사관을 가지지 않았으나 상당한 업적을 남기어 학계에 이바지한 일군의 학자'는 실증사학자를 말하는 것으로 보인다.

당시 학회에 대해서 홍순혁은 진단학회의 활동과 그 분화에 주목하였다. 그는 해방 후에 진단학회의 중심 인물인 이병도가 조선사연구회를 조직하고 비경성대 출신이 역사학회를 만든 데 대해, 조선사연구회와 역사학회는 대립적인 모양새라고 진단하였다. 그러면서 그는 조선사연구회와 진단학회가 분립하였지만 다 정체해 있으므로 일제시대부터 꾸준한 발전을 해온 진단학회를 중심으로 새로운 출발을 해야 한다고 보았다.

현재 해방 직후 사학사에 대한 연구는 당시 유물사관사학과 더불어 진단학회의 분화에 주목해 왔다. 진단학회는 순수 학문으로서의 사학, 문헌고증사학을 지향하였는데, 1940년대에 학회 내 일부 회원들 사이에 민족 현실을 극복할 수 있는 실천적 역사학을 모색하는 흐름, 곧 손진태와 조윤제 등 이른바 '동산학파'에 의한 신민족주의사학이 나타난다. 해방이 되면서 '동산학파'가 전면에 나서고 일제하 학회 운영을 전담한 이병도는 2선으로 물러나면서 좌우합작, 통일전선적 관점을 견지하였다. '동산학파' 주도의 진단학회 활동은 일제시대 진단학회의 주류 학풍과 전통을 부정하는 것이다. 그런데 특기할 만한 사실은 해방 직후 새로운 역사학을 모색하는 시점에서 홍순혁은 연희대학 교수 대부분이 참여했던 역사학회가 아닌 진단학회를 중심으로 한국학이 발전되기를 희망하였다는 사실이다.

홍순혁은 패전 직후인 1946~1947년의 일본 중등교과서와 전시하의 국정교과서를 역사관, 조선사 관련 사항, 전쟁 인식의 세 측면에서 비교 분석하였다. 역사관 부분에서, 교과서의 명칭이 '국사'에서 '일본(역)사'로 바뀐 것은 국수주의 탈피의 상징으로 보았다. 1장의 분석을 통해, 전체적으로 문화사적 사관에 의해 과학적 일본사 서술로 전환하려는 태도를 보였다고 평가하였다. 조선사 관련 부분에서는 3장에서 다이쇼·쇼와시기를 다룬 18장을 분석해 군국주의 관련 서술을 점검하고, 다이쇼 정당정치 서술 부분에서 "자본주의 발달의 유래와 사회운동의 발생을 통계적 수자로 보인 것 같음은 교과서로서 격세의 감"이 있다고 평가하고, 전체적으로 패전에 이르는 과정에 대한 서술이 수긍할 만하다고 하였다. 전쟁 인식의 부분에서 일본의 역사교육이 "완전히 우상화, 가식화로부터 탈퇴되었는가를 아직도 의심"하였는데, 그 이유는 여전히 연합국 점령 아래 있고, 우월적 국민성이 드러나며, 교과서 변화에도 불구하고 교사의 교육방법에 황실중심주의와 우월성이 남아 있기 때문이었다. 특히 조선사 관련 부분 서술의 부당성과 미온적 변경에 관해서는 "크게 경계"한다고 하였다. 홍순혁은 서론에서 이 글의 목적을 "우리 역사교육계에 한 참고적 자료로 소개"하는 데 있다고 했는데, 결론에서는 "추천할 만한 개설이나 교과서가 없음"을 유감으로 여기며 "과학적 연구법에 의한 엄정한 사실에 따라 문화사적 관찰로 전체를 파악할 수 있는 우리의 교과서가 발간되기를 희망한다"고 하면서 마무리하였다.

홍순혁은 국어학에도 관심을 기울여 「儒胥必知」·「吏文襖例」, 「吏文」과 「吏文大師」·「華語類抄」 등 이두 관련 자료를 소개하고 이두 읽는 법을 설명하였다. 그의 이러한 작업은 1950년 이전에 국어학적으로 가치가 있는 자료들을 발굴 소개함으로써 국어학 연구의 토대를 마련하였다는 점에서 그 의의를 찾을 수 있다. 아울러 그는 고서의 발굴과 자료 해석을 통해 한국학 연구의 방향을 새롭게 모색하였다. 조선 서지의 발달 추이를 고찰하고, 도서 발간 현황을 정리한 것은 그러한 의지의 표현이었다. 특히 후자와 관련하여 한국학 저서를 갑·을·병으로 분류하고 전시회를 통해 소개함으로써 조선서지의 대중화와 도서 간행, 출판 사업의 중요성을 각성시켰다.

　홍순혁은 조선학 연구에 매진하였지만 역사학을 현실에 적용한다는 학문적 실천이라는 점에서는 소극적이었다. 이는 와세다대학에서 실증사학을 역사학의 방법론으로 익혔고 연희전문에서 국학연구와 민족교육에 충실하면서 문화사관, 신민족주의사학의 기조를 유지하였던 그의 학문적 성향 때문이었다.

해방 후의 연희 교육학
—임한영, 강길수를 중심으로

1. 머리말

이 글에서는 연세의 터전에서 성장해 온 교육학이 어떤 학술사적, 정신사적 토대 위에 서 있는가를 검토하는 차원에서, 해방 후에 이루어진 1950년대 교육학과 창립 직후의 교육학을 돌아보고자 한다. 특히 1950년대 초부터 10여 년간 교육학과 교수로 재임했던 임한영(林漢英), 강길수(姜吉秀) 두 분의 교육학에 주목해 볼 것이다. 그런데 이들의 교육학이 그 토대로 삼았던 혹은 계승의 대상으로 삼았던 연희 교육학의 뿌리가 있으니 이는 연희전문 시절로 거슬러 오른다. 곧 원한경(元漢慶, Horace H. Underwood)과 제임스 피셔(James E. Fisher)의 교육학이 그것인데, 이들은 1950년대 임한영, 강길수의 교육학을 비롯해서 이후의 교육학의 전개에 있어서 간과하기 어려운 토대 역할을 한다. 이에 1950년대 교육학과 창설 시기의 연희 교육학의 이해를 위해, 나아가 현재의 연세 교육학의 이해를 위해서는 연희전문시절의 교육학부터 돌아볼 필요가 있다.

연희전문학교 및 연희대학교 시기의 초기 교육학을 검토하는 일은 연세 교육학의 현재를 성찰하고 미래를 전망하는 데에 중요한 기초가 될 것이다. 나아가 연희의 초기 교육학이 한국 근현대교육(학)의 전개에 중요한 위상을 차지한다는 점에서, 이 글의 논의는 연세의 울타리를 넘어 한국사회에서 근대적 교육(학)이 착근되어온 역사적 맥락을 이해하는 데에도 유용한 자료가 될 것이다.

2. 교육학과 창립 이전의 연희 교육학, 그리고 원한경과 피셔

연세대학교의 전신인 연희대학교는 1915년에 조선기독교대학이라는 이름으로 개교한 이래 1917년 새로 반포된 전문학교령에 의해서 사립연희전문학교의 이름으로 인가받은 후 1923년 연희전문학교로, 그리고 해방 후인 1946년에 연희대학교로 전개되어 간다. 연희대학교는, 이후 1895년 제중원 및 1899년 제중원의학교로 출발해서, 1917년 사립세브란스연합의학전문학교, 1922년 세브란스의학전문학교를 거쳐 1947년 세브란스의과대학으로 발전해 간 같은 뿌리의 세브란스의과대학과의 오랜 통합 논의를 거쳐, 1957년 연세대학교로 새롭게 거듭난다.[1] 연세의 역사가 전개되는 과정에서, 교육학과는 1946년 8월 15일 조선미군정청에 의해 인가된 연희대학교의 학칙에 문학원(현 문과대학)의 6개 학과 중 하나로 포함됨으로써 설치된다.[2] 즉 연희대학교는 네 개의 학원(현 단과대학)을 두는데, 문학원(정원 500명)에는 국문과, 영문과, 사학과, 철학과, 교육과, 정치외교과를, 상학원(정원 100명)에는 상학과, 경제학과를, 이학원(정원 200명)에는 수학과, 물리기상학과, 화학과를, 신학원(정원 100명)

---

1) 그 운영 주체 및 성장 배경으로 볼 때 본래 같은 뿌리라고 할 수 있는 연희전문과 세브란스의학전문은 일제강점기부터 그 통합의 노력이 있어왔는데 해방 후 선교본부의 협조 하에 양교의 통합 논의가 본격화된다. 1948년경부터 양교의 통합 기운이 더욱 무르익었으나 이후 한국전쟁의 발발로 잠시 주춤하다가 전쟁 후 다시 논의를 재개, 1957년 1월 5일 문교부의 인가를 받아 통합의 결실을 맺는다. 연세대학교 창립식은 1957년 5월 11일에 거행된다. 연세대학교백년사편찬위원회,『연세대학교백년사』1, 연세대학교 출판부, 1985, 558~564쪽.
2) 연세대학교백년사편찬위원회, 위의 책, 1985, 358쪽.

120

에는 신과를 둔다. 대체로 종합대학이라면 갖추어야할 가장 기본적인 학문들이 포괄되었다고 볼 수 있는데, 교육과가 여기에 포함된 것은 주목할 일이다. 이는 무엇보다 1915년부터 시작된 연희의 역사에서 교육학의 중요성이 분명하게 인지되었기 때문일 것인데, 실제로 당시 대학교 설립안의 확정과정 및 그 참여 인물들의 면면을 통해서 추정가능하다.

1946년 7월 31일 조선미군정청에 연희대학교 설립 인가 신청을 하게 되는데 그 신청 당시의 설립안이 신청 직후에 수정이 되고 이 수정안이 곧 최종 승인안이 된다. 특이 변경사항으로는 애초 신청안에 없던 교육과가 수정안에 새로 포함된다는 점이다. 애초의 신청안에서는 문학원에 국문과, 영문과, 사학과, 철학과, 정치과, 경제과를, 상학원에 상학과를, 이학원에 수학과, 물리과, 화학과를, 신학원에 신학과를 두고 있다. 이때의 준비위원으로는 이순탁, 장기원, 조재한, 박효삼, 민병태, 조의설, 김윤경, 서두수, 이환신 등이 참여했다.3) 그런데 애초의 설립신청서 제출 후인 1946년 8월 6일에 이 원안은 원한경을 포함한 접수위원회에 의해 재검토되고 이 과정에서 교육과가 새롭게 포함되게 된다.4) 이로 볼 때 최종안에 교육과가 포함된 데에는, 원안의 재검토를 담당한 접수위원회의 주요 인물들의 관점이 적극적으로 반영된 것으로 보지 않을 수 없다. 여기서 접수위원회란 미군정청에서 위촉한 연희전문학교 접수위원회를 말하는데 일종의 과도이사회로서 정식 이사회가 구성되기까지 대학의 운영을 담당할 기구였다. 이 접수위원회, 즉 과도이사회에는 먼저 유억겸, 백낙준, 이춘호, 조의설, 김윤경, 이묘묵, 김성권 등이 포함되었고 이후 일제 말기에 미국으로 강제 추방되었다가 1945년 10월에 다시 내한한 원한경이 자연스럽게 참여한다. 이후 1946년 8월에 이사회가 증원되어 베커(A. L. Becker), 빌링스(B. W. Billings), 원한경 부인(Ethel W. Underwood), 원일한(元一漢, Horace G. Underwood) 등이 참여하게 된다.5) 연희대학교 설립 원안에 없던 교육과가

---

3) 연세대학교백년사편찬위원회, 위의 책, 1985, 344쪽.
4) 연세대학교백년사편찬위원회, 위의 책, 1985, 346쪽.

수정안에 포함된 이유로서 이 접수위원회의 인적 구성 요인을 빼놓을 수 없는데, 특히 원한경 및 그 가족의 참여가 결정적 역할을 한 것으로 사료된다. 원한경은 뉴욕대에서 교육학으로 박사학위를 받은 교육학자로서, 연희전문학교 시절 교수 및 교장의 역할을 담당하며 연희의 교육을 비롯한 조선 교육 전체의 발전에 지대한 관심을 보였던 인물이다. 그는 연희의 역사, 그리고 대학학문의 전체구도에서 교육학의 역할을 분명히 자각하고 있었다. 원한경과 더불어, 높은 교육학적 안목으로 가지고 연희를 이끌어 온 백낙준의 참여도 의미있게 해석될 만하다.

그런데 원한경을 포함한 접수위원회는 연희대학교 설립안에 교육과를 포함시켜 설치하기로 하되 학생모집은 1950년부터 시작하기로 결정한다.6) 이러한 결정은 학내외의 여러 상황을 반영했을 것으로 사료된다. 다만 학과 설치의 결정에 따라 교육과의 학정표(學程表 : 현 교육과정표)가 1946년에 마련되며,7) 그 시행은 학생모집과 더불어 1950년에 이루어지게 된다.8) 학과의 전임교수의 구성도 1950년 이후에 이루어진다.

비록 교육과 학생모집이 1950년으로 미루어지기는 했지만, 교육학의 중요성이 인정되어 1946년 연희대학교 설립시부터 학과의 설치가 확정되고 학정표까지 마련된 상황인 만큼, 학생모집과는 별도로 교육학 강좌의 개설 문제는 소홀히 다룰 수 없었을 것이다. 자료의 미비로 그 개설 현황을 자세히 드러낼 수 없지만 교내외의 교육학 전공자들이 다양하게 참여한 것으로 보인다. 1946년 2월 현재 교육학 담당 전임교수(교육, 심리 강좌 담당)로 성백선 교수가 있었다는

---

5) 연세대학교백년사편찬위원회, 위의 책, 1985, 392~393쪽.
6) 연세대학교백년사편찬위원회, 위의 책, 1985, 346~347쪽.
7) 1946년 제정된 학정표에는 교육학개론, 서양교육사, 동양교육사, 조선교육사, 교육철학, 심리학개론, 청년아동심리, 실천심리, 변태심리, 교수법, 종교교육, 종교심리, 체육, 교육심리, 교육연습, 교육특수강의 같은 교과목이 제시되어 있다. 연세대학교백년사편찬위원회, 위의 책, 1985, 371쪽.
8) 연세대학교백년사편찬위원회, 위의 책, 1985, 368~380쪽.

공식 기록으로 볼 때9) 이 분을 비롯해서 몇 분의 강사들이 참여하여 1940년대 후반에서 1950년 학과의 독립 이전까지의 교육학 강의가 진행되었을 것으로 보인다. 학과 독립 바로 직전인 1950년 초반(5월 이전) 현재 이인기(李寅基) 교수의 '교육학', 장리욱(張利郁) 박사의 '교육사조', 방현모(方顯模) 강사의 '심리학' 강의가 이루어졌다는 기록도 있다.10) 예정대로라면 1950년 학생모집과 더불어 전임교수단도 갖추어져야 하겠지만, 곧 한국전쟁의 발발로 상황이 악화되면서 이는 1952년으로 미루어진 것으로 보인다. 『연세대학교백년사1 : 1885~1985』에서 1952년 교수현황에 교육학을 강의한 인물로 한영교(韓永敎)만이 들어있는 기록에 근거한다면,11) 그리고 그가 신과대학장을 역임한 신학전공 교수임을 고려한다면, 1952년 전반기까지만 해도 교육학과 전임교수가 없었던 것으로 보인다. 즉 교육과의 학생모집은 1950년부터 이루어지되 전임교수를 둔 것은 1952년 후반에 이르러서야 가능했던 것 같다. 이런 정황으로 본다면 1952년에 컬럼비아대 박사학위 취득 후 곧바로 연희대학교 교육학과 주임으로 부임한 임한영 교수가 교육학과의 최초의 전임이 아닌가 한다. 임한영을 시작으로, 강길수, 오기형 교수 등이 부임하면서 교육과의 전임교수단이 구축된다.

예고한 바와 같이 이 글에서는 1950년 학과 창설 이후 50년대의 교육학과를 이끌어 온 전임교수 중에서 교육철학 분야를 담당한 임한영 교수와 교육행정 분야를 담당한 강길수 교수를 주목해 보고자한다. 이 두 분은 1950년대 한국사회 전체에 걸쳐 교육학의 학문적 기반이 취약한 상태에서, 각자의 전문 분야를 매개로 교육학의 한국적 토착과 발전을 위해 애썼고 또 그 성과도 적지 않다.

---

9) 연세대학교백년사편찬위원회, 위의 책, 1985, 341쪽.

10) 1950년 교육학과가 창립될 당시의 정황에 대해 당해 洪淳赫의 「都下各大學巡禮記」 '延禧大學篇'에서는 다음과 같이 기술한다. "敎育科는 科目은 가르치되 科로서는 獨立하지 못하였다. 斯界의 中堅인 前 商科大學長 李寅基敎授가 敎育學을, 前 서울大學校總長인 張利郁博士가 講師로서 敎育史潮를, 方顯模講師가 心理學을 擔當하고 있는데, 今年에는 미국으로부터 交換敎授의 來援을 얻어 獨立할 計劃을 세웠다고 한다."

11) 1952년 현재 한영교는 학술연구법, 칼빈신학, 종교심리학, 교과과정, 교육철학 등을 강의했다. 연세대학교백년사편찬위원회, 앞의 책, 1985, 415쪽.

더욱이 이들은 연희전문 시절의 교육학의 역사에 대해서도 각별히 주목하고 의식하면서 그 역사를 이어서 자신의 학문적 책무를 다하고자 했다.

연희에서의 교육학 강의는, 교육과 설치 및 창설과는 별개로, 일제 연희전문학교 시절부터 다양하게 개설되었다. 교육학은 문과는 물론이고, 신과, 수물과(數物科)에도 개설이 되었다.12) 일제강점기 교육학 교육이 활성화된 곳은 경성제대 외에는 연희전문과 이화여전 두 군데에 불과했다. 경성제대에서는 독일유학 출신 일본인 교육학 교수를 중심으로 주로 독일교육학(특히 문화교육학 및 정신과학적 교육학)이 전수되었고, 연희전문이나 이화여전에서는 미국유학 출신 교수를 중심으로 진보주의, 자연주의 교육학이 다루어졌다.13) 당시 연희전문의 교육학 담당 교수 현황은 아래와 같다.

연희전문학교 교육학 담당 교수 현황14)

성명	담당과목	재임기간	학력
원한경 (H. H. Underwood)	교육학, 심리학, 영어, 역사	1917~1945	뉴욕대 박사(1925)
피셔(J. E. Fisher)	교육학, 영어	1919~1935	컬럼비아대 박사(1928)
백남석(白南奭)	교육학, 심리학, 영어	1923~1934	네브라스카대 석사(1922)
최현배(崔鉉培)	교육학, 심리학, 철학, 조선어	1926~1938	교토제대 대학원(1926)
김여제(金與濟)	교육심리	?~1936	노스웨스턴대 석사(1926)
갈홍기(葛弘基)	교육학, 성서	1936~1942	시카고대 박사
박상현(朴相鉉)	교육학, 심리학, 논리학	1936~1942	연희전문학교 문과(1934)

원한경, 피셔, 백남석, 최현배, 김여제, 갈홍기, 박상현은 모두 교육학 영역에서 박사학위나 석사학위를 취득한 인물들로서 기본적으로 교육학자들이다. 그런데 이들이 연희전문에서 실제로 진행한 강의에는 교육학만이 아니라

---

12) 연세대학교백년사편찬위원회, 위의 책, 1985, 163~168쪽.
13) 김성학, 『서구교육학 도입의 기원과 전개』, 문음사, 1996, 317~320쪽.
14) 김성학, 위의 책, 1996, 267쪽 참조 및 재구성.

심리학, 철학, 영어, 조선어, 신학 등이 다양하게 섞여 있다. 이는 교수진이 풍부하지 못했던 당시로서 여러 학문을 함께 감당할 수밖에 없었던 사정, 그리고 지금처럼 그 학문 간의 경계가 뚜렷이 나뉘어져 있지 않아서 여러 유사 학문을 연계해서 연구하고 가르쳐야했던 사정이 반영된 것이다. 특히 당시에는 심리학의 경우 교육학과 분리되지 않는, 교육학의 부분 학문으로 여기는 경향이 컸다. 공식적으로 교육학과가 창설된 후에도 그 교육과정에 심리학 관련 과목들을 자연스럽게 편입시키고 교육학과 내에서 심리학이 연구되고 가르쳐졌던 것은 이 때문이다.15)

연희전문 교육학 강의를 담당했던 인물들 중에서 그 자신 뛰어난 교육학 연구자이자 실천가인 동시에 후에 연희대학교 교육학과의 교수들에게 각별히 주목된 인물들을 꼽자면 원한경과 피셔이다. 이들은 모두 당시 근대화의 전환점에 서 있었던 조선의 교육의 현황과 전개 과정에 대해 서양의 근대적 학문방법론을 활용해 정리하며 그 발전 방향을 모색하는 것을 자신의 주된 학문적 관심사로 삼았다. 이들의 박사학위논문은 조선 교육현실을 서양의 근대적 학문방법론으로 분석한 최초의 연구 성과라고 하겠다. 이들은 한국에서의 근대적 교육학 연구의 길에 있어서의 선구자였을 뿐 아니라, 연희라는 터전을 중심으로 조선 교육의 발전에 자신의 역량과 혼을 바치는 교육실천의 모범이었다.16)

먼저 원한경을 살펴보자. 주지하듯이 원한경은 연희 역사의 토대를 닦았던 언더우드(Horace G. Underwood, 1859~1916)의 아들로서 그 아버지의 정신적,

---

15) 이것이 연세대학교의 역사에서 심리학과가 교육학과로부터 분리되어 형성되는 방식으로 설립된 배경인 셈이다. 1950년대와 1960년대에는 심리학에 관심을 둔 이들은 교육학과에 적을 두고 심리학을 공부하는 것이 일반적이었다.

16) 원한경과 피셔 외에도, 교육학으로 박사학위를 취득하고 또 조선 교육현실에 지대한 관심을 가지고 논설을 전개한 인물로 최현배도 빼놓을 수 없다. 그의 학위논문 주제는 페스탈로치의 교육사상에 관한 것으로 이는 암울한 조선 교육현실을 타개해가기 위한 교육실천적 관심이 반영되어 있다. 실제로 그는 『조선민족 갱생의 도』나 『나라 사랑의 길』 등을 통해 깊고 넓은 교육적 성찰을 지속한다. 다만 그는 자신의 민족 사랑을 반영한 학문적 주요 관심을 조선어로 돌림으로써 국문과에 적을 두고서 그 분야의 기틀을 다져가는 시대적 역할을 한다.

실천적 유산을 고스란히 물려받고 있다. 동시에 언더우드와 더불어 세브란스의 학교를 일으킴과 동시에 연희전문학교의 교장도 겸하면서 연세의 역사적 토대를 닦았던 에비슨(Oliver R. Avison, 1860~1956)의 유산도 충실히 이어받고 있다. 연희전문학교 교수이자, 에비슨에 이어 연희전문학교 교장으로서의 역할을 담당했던 원한경은[17] 연희와 조선의 교육현실의 개선 및 창조를 위해 심신을 바쳤다. 아버지 언더우드가 그러했듯 그는 선교사로서의 선교적 사명을 근간으로 하되, 척박한 조선의 현실을 넘어서기 위해 요구되는 근대적 교육체제를 갖추어 가는데 혼신을 다했다. 연희라는 터전에 몸담으며 연희 교육의 지속적 개선을 위해 노력함과 동시에 조선 교육 전체의 발전을 향한 관심도 놓치지 않았다. 그는 서양문명의 후손답게 세계적인 전망을 가지면서도, 동시에 어떤 조선인에도 뒤지지 않는 조선 사랑이 내포된 한국적인 관점을 견지하며 조선 교육의 현재를 진단하고 나아갈 바를 모색했다. 무엇보다 자신이 담당한 연희의 교육 터전에서 그런 역할을 감당해갈 인재를 자신의 손으로 키우고자 했다.[18]

원한경의 조선 교육에 대한 학술적 인식은, 그의 뉴욕대 박사학위논문을 저본으로 한 저서인 *Modern Education in Korea*[19]에 잘 나타나 있는 바, 여기에서 그는 당시 조선의 교육이 초등, 중등, 고등교육의 체제를 갖추어가는 근대화의 과정에서 선교계가 어떤 역할을 수행했는가를 분석했다. 당시 전통교육체제가 근대적 형태로 전환되는 과정에서 선교계의 역할이 결정적이었음을 감안한다

---

17) 원한경은 1917년에 연희전문학교 조교수로 부임해서 영어, 심리학, 철학 등을 강의하기 시작했고, 1923년에는 뉴욕대학교 교육대학원에 입학, 1925년에 박사학위를 받는다. 이후 다시 연희전문에 복귀를 해서 1928년에는 연희전문 교장 에비슨 아래에서 부교장을 역임하고 1934년에는 연희전문 교장으로 취임, 1941년까지 복무한다. 1941년 이후 일제의 강요로 교장을 사임, 미국으로 추방되었다가 1946년 미군정청 고문 및 검열국 총무 등의 역할을 수행했고, 1946~47년을 거쳐 연세대학교로 귀임, 봉사하다 1951년 별세한다. 연세대학교백년사편찬위원회, 앞의 책, 1985, 436~437쪽.

18) 원한경의 삶과 교육사상에 대한 선구적 연구로서 손인수의 『원한경의 삶과 교육사상』 (연세대 출판부, 1992)이 참조된다.

19) Horace Horton Underwood, *Modern education in Korea*, New York: International Press, 1926.

면 원한경의 저서의 학술적 의미는 비단 선교계의 성과 정리라는 좁은 틀에 가두어 설명하기 어려운 보편성을 지닌다. 서구의 근대적 학문방법론으로 정리된 최초의 한국교육사 저술이라는 점도 그 학술적 가치를 높인다.

피셔는 원한경과 마찬가지로, 조선 교육체제의 근대적 전환이라는 실천적 관심을 기저로 연구와 교육 활동을 이어갔다. 특히 그는 조선 교육의 근대적 전개에 있어서 그 배경 사상으로 유력하게 거론되었던 듀이(J. Dewey) 교육학의 전문가로서 특히 듀이의 민주주의 교육사상에 입각해서 조선 교육의 현재와 미래를 전망하고자 했다. 피셔는 1919년부터 연희전문의 문과 교수로 봉직하면서 연희를 터전 삼아 조선의 교육을 면밀하게 들여다보게 되었고 이를 배경으로 1928년에 컬럼비아대 대학원에서 조선 교육을 주제로 한 연구를 수행한다. 당시 컬럼비아대는 듀이가 교수로 재직하면서 자신의 사상을 성숙시켜가고 있던 곳으로, 피셔는 이 대학교 대학원에서 듀이의 강의를 직접 듣기도 하고 듀이의 제자인 킬패트릭 교수의 지도를 받아서 박사학위논문을 완성했다. 피셔의 학위논문을 저본으로 한 *Democracy and Mission Education in Korea*[20]는 듀이의 민주주의 교육론의 시각에서 당시 조선에서의 일제 식민지 교육 및 선교교육을 비판적으로 검토한 것이다. 특히 2장에서는 듀이가 개진한 민주주의 교육의 기본 가정들과 킬패트릭식의 구안법을 실천한 실험학교를 구체적으로 소개했다. 특히 존 듀이의 저서로는 *Democracy and Education*(1916)을 비롯해서 *Schools of Tomorrow*(1915), *Reconstruction of Philosophy*(1920), *Human Nature and Conduct*(1922)를 참조했다. 피셔의 이 연구는 듀이의 진보주의 사상이 성숙되어 가는 같은 시기에 이를 섭렵해 한국에 소개했다는 의미도 지닌다. 이는, 오천석이 조선인으로서는 처음으로 컬럼비아 대학에서 듀이 사상을 공부하고 이를 조선에 알렸던 것보다 몇 년 앞서서 이루어진 것이었다.[21]

---

20) James Earnest Fisher, *Democracy and mission education in Korea*, New York: Teachers College, Columbia University, 1928.

21) 오천석은 1930년 「미국의 교육계」(『우라키』 4, 63~72쪽)에서 미국교육을 소개하는

원한경과 피셔의 저작은 그것이 선교적 관점을 배경으로 해서 쓰여진 것이기는 하지만, 당시 조선 교육 근대화의 전개 과정을 분석하고 전망한 최초의 근대적 학술 연구 성과로서의 위상을 지닌다. 변혁의 시대를 맞아 새로운 교육체제 건설이라는 시대적 과제를 이론적, 실천적으로 풀어내고자 한 원한경과 피셔의 학문정신은 이후 연희대학교의 교육학과를 주도한 이들에게 전승된다. 이들은 당시 조선사회에 긴요한 세계적 수준의 학술에 대한 개방 및 수용의 자세, 그리고 한국문화 및 역사를 소중히 여기는 자세를 동시에 견지했던 바, 이러한 학술적 균형감도 후배들에게 의미 있는 영향을 미치게 된다. 이 흔적은 임한영과 강길수의 학문 활동을 검토하는 과정에서 일정하게 드러날 것이다.

3. '한국의 존 듀이', 임한영(林漢英)

임한영(1960)

임한영이 연희에 봉직한 시기는 1950년 교육학과 창립 2년 후인 1952년부터 1960년까지 약 9년간이다. 1914년 경기도 개성군에서 출생한 임한영은, 1941년 관서학원대학 문학부 영문학과를 졸업했다. 이후 1949~1952년 사이에 미국 에모리 헨리(Emory and Henry) 대학에서 문학사를, 컬럼비아(Columbia) 대학교 대학원에서 문학석사와 교육학박사학위를 취득하게 된다. 박사학위 취득 직후인 1952년에 연희대학교 교육학과 교수로 부임해서 1960년까지 봉직한

맥락에서 듀이 사상을 다루었다.

다. 이어 1960년에서 1963년까지는 공주사범대학장, 1963년에서 1965년까지는 인천교육대학장으로 복무했고, 1965년부터 1979년까지 성균관대학교 교수로 봉직한 후 퇴임했다.

임한영은 '한국의 존 듀이'라고 칭송될 정도로[22] 평생 듀이 사상 연구와 그 한국적 의미를 찾기 위해 힘썼다. 해방 후 민주주의 사회로의 현대적 변혁이 필요했던 시대에, 임한영은 교육영역의 현대화의 과정에 듀이 사상이 절대적으로 필요하다는 실천적 문제의식도 지니면서 그 연구에 몰두했다. 해방 이후 많은 듀이 연구자들이 등장했지만, 임한영 만큼 듀이 사상에 대한 학술적 연구를 지속한 사람은 찾아보기 어려우며, 그 연구 성과는 듀이에 관한 한국 최초의 체계적인 학술서인『듀우이 교육사상의 연구』[23]로 드러났다. 이 책에 대한 당시 교육학계의 원로인 이인기와 오천석의 평은 다음과 같다.

우리나라 교육계에 듀우이처럼 널리 알려진 이름도 드물 것이다. 8.15 이래 20년 동안의 교육개혁 운동은 주로 미국의 진보주의 교육사상에 근거하였음은 누구나 다 인정하는 바로서, 진보주의 교육사상의 원조인 듀우이가 교육자들의 입에 오르내리게 된 것은 조금도 이상한 일이 아니다. 그러나 우리 교육계의 과거를 반성해 볼 때 듀우이 사상의 참뜻이 얼마만큼이나 교육자들에게 이해되었는가에는 의심의 여지가 있다. 새교육 운동이 형식면에서 치우치고 알맹이를 놓쳤다는 여론에 대해서는 우리의 사회적 경제적 여건에도 책임이 있겠지만 듀우이 사상을 골몰히 연구하고 적용하려는 노력의 부족에 기인한 바가 컸다고 본다. 교육의 근대화가 절실히 요청되고 새교육에 대한 비난의 소리가 높아진 이 때에 임한영 박사는 다년간 심혈을 기울여 연구한 결과를 정리하고 계통적으로 한데

---

22) 임한영이 '한국의 존 듀이'로 통상 불렸음은 그의 유고집에 실린 서명원, 함종규, 신득렬 등의 추모의 글들에서 여러 차례 확인된다. 추모의 글들을 통해 임한영이 후학들에 의해 학술적 인간적으로 얼마나 신뢰를 받고 있는지, 한국교육학계와 교육현실에 듀이 사상을 뿌리내리기 위해 얼마나 심혈을 바쳤는지를 볼 수 있다. 고송임한영박사추모사업회,『고송임한영박사유고집 : 듀이철학』, 법문사, 1987 참조.

23) 임한영,『듀우이 교육사상의 연구』, 민중서관, 1968.

엮어 『듀우이 교육사상의 연구』란 이름의 방대한 책을 세상에 내어 놓았다. 이것은 듀우이의 교육사상에 관해 우리나라에서 처음으로 나온 다각적이고 종합적인 저작이다. 이 때까지 원작의 번역서와 단편적인 논문에 의지하여 듀우이의 사상에 접촉해 온 교육자들은 이제 비로소 그 전모를 한권의 책 안에서 엿볼 수 있게 된 것이다. 덮어놓고 새교육을 비난하기에 앞서서 그 사상적 근원을 따져야 하겠고 진보주의 교육사상을 비판함에 있어서도 듀우이 사상의 깊은 뜻을 캐내는 작업이 선행되어야 할 것이다.[24]

해방과 더불어 듀우이의 사상은 우리 학계에 뚜렷한 존재로 클로우즈 업되었다. 이것은 우리 대학에 의해서가 아니라 교육계에 의하여서였다. 일정이 물러간 뒤 이 땅에 새로운 교육을 일으켜야할 절박한 정세에 처하여 있었던 우리 교육계에 는 의거할만한 사상적 지주가 없었던 것이다. 이 공백을 메꿀 수 있었던 것이 바로 듀우이였다. 듀우이의 철학이 교육을 중시하였다는 사실, 그의 영향이 미국 내지는 세계의 교육사조와 실천에 크게 미치고 있었다는 사실, 당시 우리 교육의 기본방침을 정할 수 있는 자리에 있던 사람이 미국인과 미국에서 교육을 받은 사람이었다는 사실, 이러한 요인들이 뭉쳐서 우리 교육계로 하여금 듀우이의 사상을 환영하게 한 것이다. 그 뒤로 우리의 대학들이 아직도 일본의 전통에서 해방되지 못하고 주로 유럽 특히 독일의 관념주의적 철학에 도취되고 있는 동안, 교육계에서는 듀우이의 사상을 소개하는 학자가 나오고 그의 주요 저서들이 번역되었다. 우리 대학에서 미국철학 특히 듀우이에 대한 강의가 시작된 것은 훨씬 뒤의 일이다. 이렇게 지내기 20여년, 이번에 임박사의 『듀우이 교육사상의 연구』가 나오게 되었다. 이제까지 단편적 소개, 또는 번역물로 만족할 수밖에 없었던 우리 학계, 교육계에 비로소 체계를 갖춘 연구서가 출간되게 된 것은 실로 때늦은 감이 있으나 경하할 만한 일이라 하지 않을 수 없다. 더구나 그 저서가 듀우이 사상의 본거지라 할 수 있는 컬럼비아 대학교에서 듀우이의 수제자 인 킬 페트릭 교수에게서 친히 교수를 받고 귀국 이래 줄곧 듀우이를 연구하여 온 임박사라는 점에 있어 신뢰를 가지고 그의 저서를 대할 수 있는 것은 다행한 일이라 하겠다.[25]

---

24) 임한영, 위의 책, 1968에 실린 이인기의 추천사.

이인기와 오천석의 추천의 글에서도 나타나는 바와 같이 듀이 사상은 해방 후 새로운 교육의 전개가 필요한 시점에서 여러 요인에 의해 교육개혁운동의 주축으로 낙점된 사상으로서 그 중요성은 이루 말할 수 없었다. 그럼에도 불구하고, 이에 대한 깊고 체계적인 연구가 부족한 상황이었다. 이 공백기에 듀이에 대한 학술적 연구의 최전선에서 지속적인 노력을 했고 그 일단의 결실을 맺은 인물이 임한영이었다. 임한영의 듀이에 대한 연구는 단지 이론적 관심이 아닌 한국교육의 현대적 변혁이라는 실천적 관심에서 비롯된 것이다.

임한영은 1952년 듀이 사상의 본거지인 컬럼비아 대학에서 교육학박사학위를 취득한 후 곧 당시 전시(戰時) 임시수도인 부산의 연희대학교 교육학과의 주임교수로 부임하게 되었다. 연희에서 임한영은 한국대학으로는 처음으로 듀이 교육철학에 대한 강의를 열었다. 또한 그 전란 중에도 조직화된 학술토론의 장이 마련될 필요성을 느끼고 교육학회 창설을 주도했고 듀이의 교육사상을 주제로 학회창립학술강연을 했다. 이는 이후 한국교육학계의 전개에 있어 듀이 교육사상의 위치가 핵심이 될 것임을 예고해 주는 사건이기도 했다.[26]

> 듀우이의 교육학이 대학에서 본격적으로 소개가 되고 학회활동이 시작된 것은 6·25동란 이후다. 필자가 1952년 9월 학위과정을 마친 후에 부산에 있는 연희대학교에 교육학 주임교수로 부임하게 되었다. 필자는 이화대학과 연희대학 두 곳에서 최초로 존 듀우이의 교육철학을 강의했다. 그리고 1953년 4월 부산 서울대학교 임시 캠퍼스에서 필자는 교육학회를 창설하고 창립총회에서 『듀우이의 생애와 교육사상』이라는 기념 학술강연을 했다. 그 논문은 『사상계』 잡지의 창간호에 실렸었다.[27]

---

25) 임한영, 위의 책, 1968에 실린 오천석의 서문.
26) 정광희, 「한국의 듀이 교육론 전개 과정에 대한 일고찰」, 『한국교육사학』 21, 1999, 444쪽.
27) 임한영, 『존 듀우이의 생애와 사상』, 배영사, 1977, 217쪽.

임한영이 재직했던 1950년대 내내 연희대학교 교육학과는 듀이 연구의
중심축을 이루었다.[28] 그런데 임한영이 애초 듀이에 관심을 가지게 된 것은
1920년대 연희의 피셔의 영향이 컸다. 피셔에 대한 임한영의 다음 서술은
그가 연희 교육학의 학풍을 어떻게 이해하고 있으며 그것을 어떤 관점에서
계승하고자 하는지를 잘 보여준다.

　　듀우이 사상을 정통적으로 공부하여 한국의 학생들에게 철학적으로 소개한
학자가 있으니 이는 미국인 제임스 피셔(James E. Fisher) 박사이다. 피셔 박사는
현재 미국의 버어지니아 주에 있는 브리스톨이라는 조그만 곳에 생존해 있으며
금년(1977년-필자주) 89세의 고령자이다. 피셔 박사가 한국에 최초로 온 것은
1915년 봄이었다. 그는 17년 동안 연희전문학교(연세대 전신) 창설자인 호레이스
언더우드(Horace H. Underwood)와 같이 그 학교에서 교수생활을 했던 것이다.
당시 연희전문학교는 일본의 식민지통치하에 있으면서도 미국의 자유민주주의
사상을 가지고 학생들을 교육시켰던 유일한 고등교육기관이라고 할 수 있을
것이다. 그러한 자유스러운 분위기 속에서 피셔 박사는 철학과 심리학과 영어를
강의했었다. 그가 처음에는 박사학위를 소지하지 못했었기 때문에 한국에서 강의
한 경험을 가지고 다시 미국으로 건너가 컬럼비아 대학에서 수년 동안 연구를
하고 1928년『한국에 있어서의 민주주의와 선교교육(Democracy and Mission Education
in Korea)』이라는 학위논문을 제출하여 철학박사 학위를 받았다. 당시 피셔 박사가
컬럼비아 대학 대학원에서 학생으로 있을 때 직접 그를 지도한 교수가 한국에도
잘 알려져 있는 킬패트리 박사였으며 또한 듀우이가 컬럼비아 대학에서 철학과
교육철학을 강의했었기 때문에 피셔 박사는 듀우이의 강의를 직접 듣고 그에게
민주주의의 사상의 영향을 크게 받았던 제자라고 말할 수 있다. (중략) 듀우이

---

28) 1954년 6월 2일, 듀우이 제2주기 기념강연회가 연세대 교육학과 주최로 열렸으며
　　오천석이 "듀우이의 교육사상"이라는 주제로 발표했다. 1955년 6월 2일, 듀이 제3주기
　　기념강연회가 연세대 수도여자사대 공동 주최로 열렸는데 이 때 임한영, 김준섭과
　　더불어 강길수 교수가 참여했다. 또한 임한영은 1959년 연세대『인문과학』4집에
　　「듀이의 교육철학 프래그머티즘에 관한 연구」를 싣기도 했다. 임한영, 앞의 책, 1977,
　　217쪽 ; 임한영, 앞의 책, 1968, 339쪽, 341쪽.

사상의 요람이 되고 있는 컬럼비아 대학에서 직접 듀우이의 민주주의를 연구한 피셔가 연희전문학교를 근거지로 하여 한국의 민주주의 사상을 암암리에 소개하여 이를 학생들에게 소개했던 것은 당시의 상황에 대단히 어려운 일이었다고 말할 수 있을 것이다. 1919년 3·1운동 당시 그 운동의 주모자로서 연희전문학교 학생이었던 분으로 왜경에 발각되어 마침내 처벌을 당했던 분이 현재 외국어대학 학장으로 계신 박술음(朴術音) 박사이다. 이 박학장은 피셔 박사의 제자이며 피셔 박사와 같이 민주주의 사상과 생활을 실천하기 위하여 Good Life Society라는 클럽을 조직하고 해방 전까지 한달에 한 번씩 모여 선한 생활을 위한 토론과 세미나를 계속했던 것이다.

피셔 박사가 학문적으로 사상적으로 듀우이를 소개한 것은 위에서 언급한 『한국에 있어서의 민주주의와 선교교육』인 그의 학위논문에서 찾아볼 수 있다. 논문의 1장과 2장에 보면 민주주의 사상을 풍부하게 소개했으며 듀우이에게서 인용한 문헌을 보면 그의 저서인 『민주주의와 교육』, 『명일의 학교』, 『철학의 개조』, 그리고 『인간성과 행위』라는 주되는 저서에서 찾아볼 수 있다. 피셔박사의 『한국에 있어서의 민주주의와 선교교육』이라는 그의 논문집은 출판된 지가 50년이 경과했지만 듀우이의 민주주의 사상을 근거로 한 학술적 가치는 50년 전보다는 오늘 더욱 한국교육에 미치는 영향이 중요하다고 평가되기 때문에 1972년에 다시 출판하게 되었다. 연세대학교 인문과학연구소 소장인 전형국 교수의 진력에 의하여 연세대학교 출판부에서 피셔 박사의 한국에 끼친 고귀한 사상과 정신을 고이고이 기념하기 위하여 출판하게 되었던 것이다.

1941년 일본이 미국에 대해 선전포고를 하자 그 이듬해인 1942년 피셔 박사는 일본 식민지교육정책에 맞지 않는 정신을 가지고 교육을 한다는 구실로 해서 미국으로 귀국하지 않으면 아니되었었다. 그러나 해방후 피셔 박사는 미군정 교육의 고문으로 다시 내한하여 1950년까지 한국의 민주교육의 발전을 위하여 진력했던 것이다. 필자는 피셔 박사의 덕택으로 그의 모교인 애모리 대학과 컬럼비아 대학에서 수학할 기회를 가졌으며 또한 그의 영향을 받아 컬럼비아 대학에서 듀우이의 교육철학을 연구했던 것이다. 그는 미국의 데모크라시 사상을 계몽시키기 위하여 많은 한국학생을 미국으로 유학할 수 있도록 스칼라쉽을 마련해 주었으며 한국의 민주교육 발전의 파이어니어라고 장담할 수 있을 것이다.[29]

임한영에 의하면, 연희전문학교는 식민지하라는 어려운 여건 속에서도 원한경과 피셔 등의 영향 아래에서 민주주의 자유교육을 행하는 유일한 고등교육기관이 될 수 있었다. 피셔는 일제의 방해로 미국에 갔다가 해방 후에 다시 돌아와서 고문 역할을 했는데 이 때 임한영을 포함한 한국학생들이 미국으로 가서 듀이의 교육철학을 공부하도록 이끌어 주었다. 특히 임한영은 피셔가 다녔던 대학(에모리대, 컬럼비아대)을 그대로 따라서 다닐 정도로 피셔의 영향을 크게 받았다. 임한영은 피셔를 한국의 민주교육 발전의 '파이어니어(pioneer)'라 칭했는데 이는 그 자신 한국교육에 관한 연구와 실천을 했을 뿐 아니라 이후 한국교육 현대화를 이끌 인재들에게 그 기초사상을 공부할 수 있는 미국 유학의 길을 터주었기 때문이다.

임한영은 당시 한국의 교육개혁이 듀이 사상을 기초로 삼게 되었던 역사적 맥락에 대해, 한국인으로서는 최초로 듀이 연구로 박사학위를 받고 듀이 사상에 입각한 한국교육의 현대화를 꿈꾸었던 오천석이 문교부의 일을 맡은 점, 그런 와중에 문교부 내부와 일선 교육자들 사이에 전통교육을 개혁하려는 기운이 나타난 점 등으로 설명하고 있다. 또한 듀이 사상을 근간으로 한국교육의 개혁을 모색했던 미국교육사절단의 영향도 꼽고 있다.

듀우이의 교육사상이 본격적으로 탐구되어 우리나라 학계 및 교육계에 소개된 것은 해방 직후의 일이라고 고증할 수 있을 것이다. 1945년 9월 군정이 시작되자 당시 오천석 박사가 문교부 차장으로 추대가 되었던 것이다. 그분은 미국 컬럼비아 대학에서 듀우이 교육철학을 연구하고 박사학위를 받은 최초의 분이었기 때문에 일본 제국대학에서 공부했거나 또는 독일에서 관념철학을 연구했거나 하는 교육자들과는 전적으로 사상을 달리했었다. 그분은 듀우이가 주장했던 것과 같이 교육에 있어서 가장 중요한 것은 민족과 국가를 위하여 이바지할 수 있는 제2세 국민들의 무럭무럭 자라나는 착한 마음씨라고 생각했던 것이다. 그리하여 문교부 차장이라

---

29) 임한영, 앞의 책, 1977, 199~203쪽.

는 책임있는 자리에 앉아서 미군정 고문의 조언에도 불구하고 일본의 제국주의 잔재교육을 불식하고 독일식 국가주의, 전통주의, 보수주의, 권위주의의 관념론적 교육사상을 외면하면서 오로지 한국의 풍토에 맞고 과거의 낡은 전통을 변개할 수 있고 한국의 사회를 민주사회로 재건할 수 있는 민주주의 교육의 깃발을 들고 고무 당당하게 새 교육 운동의 앞장을 섰던 것이다. 오박사에 의하면 "해방 첫해가 지나가고 다음해에 접어들면서부터 점차로 문교부 내와 일선교육자들 사이에 전통적 교육을 개혁하려는 기운이 나타나기 시작하였다."라고 했다. 여기서 소위 새 교육운동의 탄생을 보게 되었다고 말하고 있다.[30]

듀우이의 진보주의 교육사상이 많은 영향을 미치게 한 것은 1946년부터 1955년 사이에 다섯 차례에 걸쳐 미국의 교육사절단이 내한하여 듀우이의 민주주의 사상을 가지고 한국의 교육을 재건하고자 시도했던 사실은 빼놓을 수 없을 것이다. 초기에 내한한 미국사절단을 위하여 당시 보좌관의 역할을 담당했던 교수들을 보면 김종철, 유형진, 정범모, 이영덕, 정원식, 유영준, 이남표 제씨를 들 수 있다. 그분들은 모두 그 후 미국에 유학하여 교육학을 전공하고 지금은 한국의 교육학계 에서 눈부시게 활약하고 있는 교육학자들이다.[31]

한국교육현실이 듀이 사상을 필요로 하는 상황에서 많은 이들이 임한영과 같이 컬럼비아 대학교를 탐방했다. 앞서도 언급했지만 이는 피셔의 영향이기도 하다. 이미 일제강점기에 컬럼비아 사범대학에서 교육학으로 석·박사학위를 취득한 일군의 집단(오천석, 김활란 등)이 형성되어 진보주의 교육사상 도입에 앞장섰는데,[32] 해방 후에는 특히 피셔의 영향과 더불어 많은 이들이 이 대학으로 유학가서 한국적 상황에서 필요한 사상으로서 듀이 사상을 공부했다. 그 최전선 에 임한영이 있었다.

---

30) 임한영, 위의 책, 1977, 210~211쪽.
31) 임한영, 위의 책, 1977, 215쪽.
32) 김성학, 앞의 책, 1996, 320쪽.

1945년 이후 군정이 시작되자 많은 한국의 청년들이 미국으로 유학할 기회를 가졌었다. 이리하여 듀우이의 프래그마티즘의 본산지이며 진보주의 교육사상의 센터를 이루고 있는 컬럼비아 대학의 문을 많은 한국인 학생이 두드리게 되었던 것이다. 학문의 다른 분야도 그럴 뿐만 아니라 특히 철학과 교육학은 미국 국내에서는 물론이려니와 세계적으로 알려진 명문대학이 컬럼비아 대학이다. 따라서 1946년부터 1952년 사이에 컬럼비아 대학에는 한국 전학생수가 19명에 달했다. 그중에 해방 후 한국인 학생으로 박사과정에서 철학과 교육학을 연구한 사람은 서두수, 김준섭, 임한영 세 사람이었다. (……) 그 밖에 한국의 교육학 교수와 교사들이 미국에 가는 경우 듀우이의 교육사상을 필요로 할 때는 반드시 컬럼비아 대학을 찾게 된다. 필자가 컬럼비아 대학 대학원에서 수학할 당시(1949~1952)에 많은 한국의 저명한 인사 및 대학교수와 교장들이 컬럼비아 대학을 방문했을 때 그들을 안내하고 통역하는 일에 진땀을 뺀 일은 지금도 기억에 생생하게 남아 있다.[33]

임한영의 듀이에 대한 관심은 단지 학문적인 것에 있지 않고, 더욱 중요하게는 실천적인 것에, 말하자면 한국교육의 민주주의적 전환에 기여하는 데 있었다. 듀이 90세 탄신기념행사에서의 감회를 통해 그에게 듀이 사상 공부의 의미가 무엇인가를 알 수 있다.

필자는 컬럼비아 대학에 재학 당시 듀우이에게 직접 강의를 받은 경험은 없다. 그러나 특별한 경우에 그의 담화는 종종 들었었다. 그때 필자가 듀우이에게 받은 인상은 강직하고 성실하고 정직한 노력형의 학자라는 것이다. 필자가 일생을 통하여 기억에서 사라질 수 없는 일은 죤 듀우이의 90세 탄신을 축하라는 만찬회석 성이었다. (……) 여기에 당시 인도 수상이었던 네루도 참여했는데 그의 축사를 잊을 수 없다 : "듀우이 선생께서는 평생을 일생동안 교수하는 일과 글쓰는 일과 연구하는 일을 하여 세계사회의 민주주의와 자유를 위하여 진력해온 세계적인 석학이다. 또한 듀우이 선생은 학자이며 철학자이다. 물론 네루 나 자신과는 전문성에 있어서 차이를 갖고 있다. 네루 나 자신도 나의 생애를 바치어 인류의

---

33) 임한영, 앞의 책, 1977, 205~207쪽.

자유와 민주주의를 위하여 총칼을 들고 투쟁해 왔던 것이다. 두 사람의 투쟁방법은 다르다 할지라도 듀우이 선생께서 염원하는 이상의 세계나 내가 도달하려는 종착점은 동일한 것이다. 그것은 곧 인간의 자유와 행복을 위한 민주주의 사회의 건설이라고 나는 생각한다." 이 네루의 축사를 들은 우리 세 사람은 자유와 민주주의를 위한 세계에는 국적도 이데올로기도 종교도 초월한 것이라는 것을 느꼈다. 필자는 그 자리에서 인간은 누구나 참된 한 가지를 위하여 일생을 바칠 때 비로소 그는 삶의 가치가 만인에게 인정이 된다는 진리를 깨닫게 되었던 것이다.[34]

이를 통해 임한영에게 듀이 연구는 궁극적으로 자유와 민주주의라는 세계적 보편가치를 한국사회에 구현하는 데 그 의미가 있음을 알게 된다. 마치 듀이 자신이, 그리고 네루가 평생을 그 가치 실현을 위해 바친 것처럼 임한영도 그런 역할을 꿈꾸었다. 그의 듀이 연구는 그 자체 속에 한국교육의 민주주의적 개혁의 관심을 반영하고 있었고 이는 원한경과 피셔가 한국교육을 연구한 정신과 맥을 같이 한다고 볼 수 있다.

임한영은 연희대학교에서 교육철학을 담당한 교수로서 여러 저술과 강의를 통해 비단 듀이 사상만이 아니라 많은 서양의 교육사조를 함께 다루었다. 나아가 그는 서양의 교육철학이 어떻게 한국현실에 조화될 수 있을까를 염려하는 차원에서 한국전통의 교육사상에도 관심을 가졌다. 그러면서도 그는 무엇보다 한국교육의 현실에서 듀이 사상이 긴요함에도 불구하고 충분히 연구되지 못하고 쉽게 비판의 대상이 되는 것이 심각한 문제라고 판단하고 이를 극복해 가는 것을 자신의 핵심의 소명으로 삼았다. 그러나 그에게 결국 중요한 것은 듀이 연구 자체가 아니라 한국교육현실을 개선하는 데 기여하는 한국교육철학의 모색이었다. 이런 실천적 문제의식은 임한영의 저작들에서 일관되게 드러난다. 예시를 하면 다음과 같다.

---

34) 임한영, 위의 책, 1977, 208~209쪽.

임한영, 『듀우이 교육사상의 연구』(민중서관, 1968)

제10장에서 '한국과 듀우이 사상'의 제하에 한국적 맥락에서의 듀이교육사상 연구의 의미를 다룸.

임한영, 『죤 듀우이의 생애와 사상』(배영사, 1977)

제13장에서 '한국에 있어서의 듀우이의 교육사상'의 제하에 한국적 맥락에서의 듀이교육사상 연구의 의미를 다룸.

임한영, 『교육사상사』(수문각, 1955)

서문에서 다음과 같이 말함 : "이 책은 두 가지 방법으로 전개되고 있다. 하나는 한국교육 통일과 재건을 위한 준비과정으로 과거의 각국의 교육을 반성하는 태도이고 또 하나는 한국교육의 새로운 노정으로 지향하여야 할 구체적 사상체계와 목표의 결정적 태도이다."

고대에서 현대에 이르는 교육사상의 흐름을 주로 서양권을 중심으로 다루되 마지막 세장('14장 오늘의 한국교육', '15장 한국교육의 진로', '16장 세계평화의 노정')에서는 한국적 문제를 다루면서 교육사상사 연구의 궁극적 의미가 한국교육 현실의 이해와 개선에 있음을 밝힘.

임한영, 『교육철학』(풍국학원, 1958)

교육철학 개론서로서는 거의 최초의 시도로서 주로 서양의 교육철학을 소개하면서도 한국교육철학의 문제도 다룸. 연세대학교 백낙준 총장의 서문이 있는데, 교육사업의 기초로서 철학적 토대가 필요한 데서 이 책의 의미를 찾을 수 있다는 점, 또 서양에서 발전된 교육이념의 연구가 우리나라 교육철학의 수립과 교육사상사의 체계화에 이 책이 도움이 될 것이라는 점 등을 강조함.

임한영, 『교육학개론』(정음사, 1963)

교육현실 개선에 대한 실천적 문제의식이 엿보이는 개론서이며 특히 한국적 정체성을 찾으려는 노력이 보임. 서문에 다음 내용이 있음 : "이러한 시추에이션에서 한국교육은 미국식이니 구라파식이니 공산식이니 하는데 싫증을 느끼게 되었다. 한국은 자기의 발견과 자기의 방향을 찾기 위해 노력해야 한다"

10장에서 '한국사상과 교육'의 문제를 다룸.

임한영 외, 『교육의 당면과제』(왕문사, 1967)

공저인 이 책에서 임한영은 '제1장 교육철학확립에 관한 과제'를 맡아 썼는데, 서양교육철학의 주류와 더불어 유교와 불교 등 한국사상도 본격적으로 리뷰하며 한국교육철학의 과제를 논함.

임한영, 『교육사상의 비교연구 : 한국교육사상의 정초』(배영사, 1976)

특히 제4부에서는 '한국교육사상의 정초'라는 제하에서 '13장 한국교육의 인간상', '14장 교육애와 교육사상', '15장 선과 도덕교육', '16장 공존주의와 새교육사상'을 두고 한국교육의 방향성을 제시하고 새로운 교육관을 내 놓고자 함. 특히 313쪽 총괄적 설명으로 다음 내용이 주목됨 : "본서를 내 놓게 된 동기는 혼동된 가치관 속에서 한국교육의 방향성을 제시하고 새로운 교육관을 확립해야 된다는 객관적 요청에 의해서 탐구된 것이다. 본서의 부제가 되고 있는 제4부의 논문은 본 저서의 핵심을 이루고 있는 것이다. <한국교육의 인간상>에 있어서는 교육법에 나타난 홍익인간의 이념을 한국의 교육이 기대하는 인간상으로 전망하면서 이를 한국의 전통적 사상에 입각해서 해석해 보았다. <교육애와 교육사상>에 있어서는 교육애의 정신이 교육사상의 핵심이 되고 있다는 사실을 역사적으로 분석하고 입증하고자 했다."

듀이 사상 연구 외의 저술에서의 학술적 엄밀성의 강도는 그렇게 높다고는 할 수 없으나 듀이에 매진하면서도 열린 관점에서 동서의 여러 사상들을 들여다보며 현실에 필요한 한국교육철학을 모색해간 흔적을 충분히 엿볼 수 있다. 그의 후학들의 추모사에서도 이 점을 다음과 같이 엿볼 수 있다.

선생님의 학문은 초지일관하여 프래그머티즘의 철학과 존 듀이의 사상을 파헤치면서 한국의 교육을 이끌어 나갈 수 있는 사상과 가치관의 근본을 바로 잡으려는 데 있었습니다. 선생님께서는 평소에 늘 한국의 문화와 사상이 한국인에게서 끝나는 것이 되어서는 아니됨을 역설하셨습니다. 이 말씀을 되새기면서 선생님의 유고를 선집할 적에 우리들 문하생은 '한국의 존 듀이'라는 별명으로 통할 정도로 선생님께서 프래그머티즘의 철학을 줄기차게 탐구하신 학문적 소신은 한국문화와 사상이 세계의 사상과 가치통념(價値通念)으로 발전하는 목표를 이룩하는 데 있었음을 재삼 통감하게 되었습니다. 프래그머티즘의 철학은 실천적 가치와 판단을 존중하는데서 절대가치를 부인하며 또한 전통집착의 가치관을 배척하는 사상입니다. 이러한 사상의 배경과 테두리를 분명히 전제로 하고 선생님께서는 그 심오한 학문적 온축과 열성을 기울여 한국교육을 이끌어가는 사상의 체계화를 위하여 헌신적 연구와 후학지도에 힘쓰시다가 일생을 마치셨습니다. 선생님의 숭고한 학문정신과 교화유덕(敎化遺德)은 만세의 사표로서 후세에 길이 추앙되며 그 학풍이 이어져 나갈 것임을 우리들은 믿어 의심치 않는 바입니다.[35]

결국 임한영은 원한경, 피셔가 그러했듯 한국교육의 현대적 틀을 새롭게 갖추는 것을 실천적으로 고민하는 연장선에서, 우선은 듀이 연구에 몰두하여 독보적인 성과를 거두었고, 동양과 서양의 다양한 교육사상을 둘러보며 한국교육철학 정립에 관심을 기울여 왔다. 연희대학교 교육학 교수로서 한국교육학회의 창립을 주도하고 듀이교육사상을 주제로 기념창립학술강연을 행한 것은 그의 실천적 관심과 힘을 단적으로 보여준다. 그가 1960년에 연희를 떠나 공주사범대학장으로 옮긴 것도 한국교육현실에서 필요한 교원양성의 사명을 직접 수해해 보기 위한 실천적 관심의 표명이었다.

4. '교육사학자인 교육행정학자', 강길수(姜吉秀)

강길수는 1952년 미국 미시간 대학교 대학원을 수료한 후 1953년에 연희대학교 교육학과 교수로 취임, 1962년까지 10년간 봉직했다. 이후 서울대학교

---

35) 고송임한영박사추모사업회, 앞의 책, 1987에 실린 간행사.

문리대학으로 자리를 옮겨서 1988년까지 봉직한 후 퇴임했다.

임한영의 경우처럼 강길수의 학문도 한 국교육의 현대화라는 실천적 관심을 배경으로 하고 있다. 1957년 발간된 강길수의 교육행정 관련 저서의 제목이『교육행정 : 한국교육행정 민주화의 기초』36)로 되어 있는 것에서도 그 실천적 관심을 엿볼 수 있다. 그런데 임한영이 교육철학자로서 한국교육 현실개혁에 필요한 외래사상의 도입에 주안점을 두었다면, 강길수는 교육행정학자로

강길수

서 교육행정의 전통적 뿌리를 과학적으로 규명하는 데 관심을 가졌다. 임한영과 강길수의 공존은 1950년대 연희 교육학과 교수진의 연구 활동에 있어서의 동서의 조화를 보여주고 있다.

한국교육행정학사의 첫 페이지를 장식하는 강길수는 최근의 교육행정학자들이 역사적인 문제에는 관심이 없거나 무지한 것과는 달리, 교육행정을 역사적 안목에서 풀고자했다. 이 점은 그의 첫 교육행정 저작,『교육행정 : 한국교육행정 민주화의 기초』에서부터 잘 드러난다. 이 책은 3부로 구성되었는데 1부는 '새 교육행정의 입장', 2부는 '우리의 교육행정 자료', 3부는 '새 교육행정의 원리'라는 제목으로 되어 있다. 이 중에 특히 양적으로도 가장 큰 비중을 차지하는 2부는 교육행정의 역사적 토대를, 중국의 영향, 일본의 영향, 미국의 영향 등으로 설명했다. 그는 이후 이 책의 2부의 관점을 기초로『한국교육행정사연구』37)를 1976년에 발간했는데, 이는 조선시대의 교육행정 및 학규에 관한 역사적 사료가 충실히 반영된 본격적인 역사서술로서의 성격을 지니고 있다.

---

36) 강길수,『교육행정 : 한국교육행정 민주화의 기초』, 풍국학원, 1957.
37) 강길수,『한국교육행정사연구』, 교육출판사, 1976.

지금의 관점에서 말하자면 그는 교육행정학과 교육사학 연구를 겸했다.[38] 강길수는 역사적 이해 배경 없이 현재교육에 대한 올바른 이해와 미래의 계획이 어렵다는 시각을 견지했던 것이다. 역사학적 관점 및 방법론에 입각한 교육행정학을 추구하는 그의 학문적 입장은 연희대학교 교수였을 때 이미 갖추어진 것으로 보인다.

그런데 강길수의 교육행정학은 역사학적 관점과 더불어 과학적 관점을 중시한다는 데 또 하나의 특징이 있다. 연세대에서 서울대로 봉직 대학을 옮긴 후인 1964년에『교육의 과학화』[39]라는 책을 묶어낸 것을 보면 그의 과학적 학문방법에 대한 관심의 크기를 엿볼 수 있다. 더구나 이 책은 그가 서문에 밝히듯이, 연희 시절 10여년의 기간에 썼던 글들을 모은 것이다. 연희 시절부터 학문의 과학적 연구방법을 중요시하면서 과학적 연구방법론 자체에 대한 글도 쓰고 이러한 방법론을 활용한 교육행정 연구를 지향한 것이다.

재작년 가을에 현재 다니고 있는 청량대로 옮기게 되자 그 전까지 약 10년 동안이나 오르고 내리던 연희 동산에서 쓴 이 글 저 글을 정리해 보게 되었다. 인문과학, 연세춘추, 새교육, 유네스코한국총람, 현대교육총서 등에 실렸던 약 30편의 글이다. 이 글들에 학적 깊이가 없는 줄은 뻔히 알면서도 자리를 옮기게 됨에 따르는 일종의 감상과 지난날에 대한 반성과 그리고, 앞으로 연구에 비코자 하는 느낌이 적지 않아 한권의 책으로 엮어보고 싶어졌다. 그리하여 이 모든 글을 모아 놓고 그 다룬 바 대상을 보니 대체로 세 덩어리로 유별되었다. 첫째는 교육연구의 방법론에 속하는 것이고(8편-제1장), 둘째는 교육행정의 연구나 문제에 속하는 것이고(10편-제2장), 셋째는 한국교육행정사의 배경적 내지 자료적 탐색에 속하는 것이다(10편-제3장). 그런데 이 삼자를 통해서 그 밑을 흘러나가며 꿰뚫고 있는 하나의 중심적 생각이 있었으니 말하자면 "교육의 과학화"라고 하겠다.

---

38) 그는 이 저작을 의식하며『교육행정 : 한국교육행정 민주화의 기초』의 2부 내용만을 거의 변경없이 따로 떼어서『한국교육행정사연구초』(재동문화사, 1980)라는 제목으로 출판하기도 했다.

39) 강길수,『교육의 과학화』, 교학도서주식회사, 1964.

그래서 이것으로 본 책제(冊題)를 삼았다.[40]

여기서 보듯이 강길수는 연구방법론, 한국교육행정문제, 한국교육행정사 등 세 가지 연구 관심을 가지고 연희 시절을 보냈고 여기에 교육의 과학화라는 관심이 일관되게 깔려 있었다고 한다. 여기서 '과학화'는 주로 교육행정학이라는 학문영역에서의 연구방법의 엄격성, 교수학습방법의 과학성 등을 의미한다. 그런데 특기할 점은 과학적 연구방법에는 과학적 역사연구방법도 포함되어 있다는 것이다. 그의 역사에 대한 관심은 크게는 과학적 접근에 대한 관심의 일환이었으니, 말하자면 그가 이해하는 바의 과학적 방법론에는 이미 역사학적 방법론이 포괄되어 있었다. 실제로 강길수는 당시로서는 상당한 수준의 엄밀한 사료처리 방법론을 가지고 교육행정사를 정리하는, '과학적' 연구자세를 보여 주었다.

강길수가 역사연구방법론을 습득하는 데는 당시 연희대학교에 함께 재직했던 홍이섭, 그리고 서강대학교의 이광린의 영향과 도움이 컸던 것으로 보인다.[41] 특히 홍이섭과의 교유는 매우 깊었던 것으로 보이는데, 홍이섭의 교육사 관련 연구 성과를 적극적으로 받아들이는 사례도 보이고,[42] 또한 홍이섭의 글 여러 편을 영어로 옮기기도 했다. 즉 강길수는 유네스코에서 발행하는 *Korean Studies*에 '성균관 학령'과 '율곡의 학교모범', 그리고 홍이섭의 '정약용의 정치경세사상 연구의 요약', '인문과학사', '자연과학사', '구미의 한국 연구사', '한국의 교육과학문화개설' 등을 영역해서 게재했다.[43] 강길수의 이러한 노력

---

40) 강길수, 위의 책, 1964의 머리말.
41) 강길수, 위의 책, 1964의 머리말.
42) 이덕무의 「士小節」에 대한 당시까지의 교육사학적 해석들(이만규나 한기언 등의)에 아쉬움을 표하면서, 홍이섭의 「사소절-교육의 현대화를 위한 명저 해설」(『새교육』 15-1, 1963)을 예를 들어 실증적이고 과학적인 태도로 그 시대의 학풍과 그의 행장을 소개하고 있다고 높이 평가한다. 강길수, 위의 책, 1964, 154쪽 각주 참조.
43) 강길수, 위의 책, 1964, 155~254쪽.

은 그가 한국학을 세계에 알리는 일에도 깊은 관심을 보였음을 말해준다. 임한영이 밖의 것을 안으로 끌어들이는데 주안점을 두었다면 강길수는 안의 것을 밖으로 펼치는데도 관심을 두었던 것이다.

『교육의 과학화』에 실린 강길수의 글 중에서 또 특별히 눈에 띄는 것은 피셔와 원한경에 대한 평가이다. 임한영과 마찬가지로 강길수도 피셔와 원한경의 업적에 강한 인상 및 영향을 받고 있음을 보여 준다. 특히 강길수는 피셔와 원한경에서 한국근대교육에 대한 역사적 연구의 범례를 보고자 했다.

우리를 위하여 수고를 아끼지 않은 수많은 선교사 가운데에는 전호에 소개된 원한경박사44)와 같이 이 땅에서 나서 한국에서 일생을 마칠 때까지 오랜 세월을 선교와 교육은 물론 기타의 여러 방면에 걸쳐 빛나는 공적을 남긴 분도 있지만, 횟쉬박사는 그의 나이 불혹을 바라보는 34세시(1919년)에야 한국을 찾아 왔고 50세때(1935년)에는 이 땅을 떠나갔으니 한국에는 약 16년동안을 살았으며 그 활동의 분야도 교육과 선교 이외에는 별로 없었던 것 같다. 그밖의 방면에서도 많은 활약이 있었는지는 모르겠으나 그는 한 권의 저서를 남기고 갔다. 즉『한국의 민주주의와 선교교육(Democacy and Mission Education in Korea)』이다. 이것은 불과 1백80여 면의 작은 책이기는 하지만 "한국에 와 있던 선교사의 손으로 쓰여진 저작중의 가장 훌륭한 것의 하나로서(중략) 선교교육의 현재와 장래를 재고하고 연구하려는 선교사에게 하나의 쵀린쥐가 되는 것이다." 그러나 이보다도 더 우리의 주의를 끄는 것은, 이것이 원한경박사의『한국의 현대교육(Modern Education in Korea)』과 더불어 실로 한국근대교육사의 중요문헌이며 "우리사회에 선교교육을 매개로 해서 기독교 정신과 민주주의 정신을 여하히 전달할 것이냐"를 논하고 있어 한국의 민주화를 위한 교육이라는 큰 문제까지에 중점을 두고 있다 하겠으니 한국교육사를 공부하는 사람에게도 커다란 "쵀린쥐"가 되는 까닭에서다. 그리고 전권에 넘쳐 흐르는 그분의 우리에게 대한 뜨거운 우정과 힘찬 격려를 엿보게 되어 더욱 횟쉬박사를 알아보고 싶어졌으나 여기서는 주로 그의 저서만을 가지고 그것도 교육과의 관련 밑에 살펴보련다.45)

---

44) 『신태양』 7-7(1958. 7)에 실린 홍이섭의 원한경 박사에 대한 글을 의미함.

(횟쉬박사는) 1919년(34세)에 동대학(컬럼비아 대학)에서 석사학위를 받았다. 그리고는 곧 기미독립운동이 일어난 한국을 찾아와 전 연희전문학교의 교육학 교수로 취임했었던 것이다. 겸하여 그는 동교 이사 및 운영위원도 되어 1935년(50세)에 귀미(歸美)할 때까지 약 16년간 동교에서 계속하여 강의와 행정의 일을 맡아 보았다. 그러다가 체한(滯韓) 10년만인 1928년(43세)에는 전기(前記) 저서를 컬럼비아대학교출판부를 통하여 간행하였고 같은 해 같은 대학에서 박사학위를 받았으니 아마 동저서가 그의 학위논문이 아니었는지 모른다. 만일 그렇다면, 전기 원박사의 저서도 역시 학위논문이었다고 듣고 있어, 결국 당시의 연희전문학교의 두 교수가 다 한국의 교육을 주제로 삼아 또 거의 때를 같이 하여 학위를 받은 것이 되지만, 이것은 단순히 우연한 일치로만 돌릴 일이 아닐 것 같다. 당시에 우리는 하기 어려웠던 일, 즉 올바른 한국의 교육사정을 세계에 알리는 일을 이 두 분이 우리를 대신해서 수고해 주시었다는 데에 그 의의가 있을 것이다. 그리하여 이제는 우리의 손으로 그러한 저작을 많이 내는 일이 그분들의 뜻에 보은하는 길이 될 것이며, 나아가서 이것이 그분들의 저작 뒤에 숨어있는 무언의 교훈이었으리라고 생각할 때에 그 의의를 바로 잡는 것이 아닌가 생각된다.[46]

우리나라 교육의 과거와 전통을 찾고 있는 이에 적지 않은 참고가 될 뿐이 아니라 필자에 의외의 기쁨을 준 책을 최근에 하나 얻었으니 그것은 바로 우리 연세를 키워낸 몇 분 중의 하나인 호레이스 호오톤 언더우드 박사의 저서 한국교육(가역)이다. 참고삼아 원명을 적어보면 H. H. Underwood, *Modern Education in Korea*(New York: International Press, 1926)이고 336면이다.[47]

강길수는 원한경과 피셔가 모두 다름 아닌 연희전문의 교수로서 한국교육에 대한 연구서를 출판했음을 유심히, 흥미롭게 주목한다. 그러면서 이 두 저술이 한국의 교육사, 교육행정사, 그리고 교육학사에서 지니는 학술적 의미가 특별하다는 인식을 드러낸다. 그는 원한경과 피셔의 연구가, 한국의 교육사정을

---

45) 강길수, "제3장 2절 횟쉬박사", 앞의 책, 1964, 145쪽.
46) 강길수, "제3장 2절 횟쉬박사", 위의 책, 1964, 145~146쪽.
47) 강길수, "제3장 3절 연세캠퍼스", 위의 책, 1964, 150쪽.

세계에 알린 중대한 의미를 지녔다는 점, 그리고 비록 시간이 지났지만 그 연구사적 가치가 여전히 크다는 점을 직시한다. 심지어 강길수는 원한경의 책에 대해 "사실은 전고에서 지적한 바와 같이, 이 책을 번역하고자 하였으나 아직 그 일을 못하고 있다"고 고백한다.[48] 원한경의 책에 대한 번역을 심각하게 고려하고 있었음을 보여주는데, 이는 강길수 자신의 연구가 원한경 및 피셔의 업적을 계승할 때 발전적일 수 있다는 인식을 보여주는 것이다. 그러나 강길수는 원한경의 저술을 끝내 번역하지 못했다. 원한경과 피셔의 저술은 현재의 관점에서도 그 번역의 가치가 충분하다고 사료된다.

교육행정 전공자면서 교육사학자이기도 했던 강길수는 자신의 교육사적 이해를 배경으로 자연스럽게 동양과 서양의 교육전통을 비교하려는 안목도 갖추었다. 그런데 거기에는 한국의 교육사 전통에 대한 자긍심, 특히 한국의 교육전통이 서양의 것에 비해 뒤지지 않는다는 자긍심이 엿보인다. 예로 그는 루소의 『에밀』을 소개하면서, 에밀이 출판된 지 13년 후인 1775년에 조선에도 아정(雅亭) 이덕무(李德懋)의 『사소절(士小節)』의 간행이 있었음을 강조하고, 이 『사소절』은 우리나라의 어린이 교육에 관한 고전의 하나로서 아동의 관심과 능력에 맞추는 교육을 논했고 이는 당시의 윤리와 도덕에 맞는 전인적인 인간발달을 외친 사례로 볼 수 있다는 해석을 펼친다.[49] 이 해설의 정당성은 차치하고라도 그가 한국교육전통과 서양교육전통을 대등한 관점에서 상호 교류시키고 있음을 볼 수 있으며, 이를 통해 그의 최종 관심사인 현대 한국교육 (행정)의 민주화에 있어서 전통의 교육사적 자산이 중요한 역할을 할 수 있다고 인식했음을 알 수 있다.

---

48) 강길수, "제3장 3절 연세캠퍼스", 위의 책, 1964, 150쪽.
49) 강길수, "제3장 5절 에이밀", 위의 책, 1964, 153쪽.

5. 연희 교육학의 정신과 의미

지금까지 해방 후 연희의 교육학이 어떻게 전개되었는지, 그 속에 담긴 정신이 어떠했는지에 대해 임한영, 강길수 두 분의 사례를 통해 살펴보았다. 그 과정에서 연희 교육학의 뿌리가 멀리 연희전문 시절의 원한경과 피셔로 거슬러 올라갈 수 있음도 확인했다.

원한경과 피셔의 교육학 연구는 한국의 역사에서 최초로 서구의 근대학문적 방법과 시각에 입각해서 조선 교육을 분석한 교육사학적 연구의 사례로서의 중요한 학술사적 의미를 지닌다. 더욱이 이들의 연구는 단순한 관찰자적 입장에서가 아니라, 실제로 오랜 시간동안 연희를 중심으로 한 조선의 현실 깊숙이 들어와서 조선 역사를 만들어가는 주체로서 생생한 문제의식을 담은 것이어서, 그 의미에 있어 연세의 울타리를 넘어 한국교육사 전체에 주는 울림이 크다. 원한경과 피셔는 일제강점기라는 시련의 시기에 조선인 이상으로 조선의 현실과 앞날을 염려하며 시대가 요청하는 교육의 길을 개척하고자 하는 조선 사랑의 혼을 보여주었고, 동시에 이 실천에 있어 당시로서는 세계적 수준의 교육학적 안목을 투영하는 학문적 모범을 보여 주었다. 말하자면 이들은 한국적이면서도 세계적인 교육학의 선구적 범례로서 한국교육의 학술사에 우뚝 서 있다고 할 수 있다.

그런데 필자가 원한경과 피셔를 연희 교육학의 뿌리로 보고자 하는 것은 비단 이들의 이와 같은 교육학 저술 및 교육실천 자체의 탁월성을 의식해서만은 아니었다. 이후 연희의 역사에서 교육과가 창설된 후 학과의 초기를 이끌어 온 교육학 교수들이 실제로 원한경과 피셔의 교육학과 실천정신을 특별히 주목하며 계승하고 있다는 사실에 근거를 둔 판단이었다. 앞에서 우리는 1946년 연희대학교의 교육과 설치 이후, 그리고 1950년 교육과의 학생모집 이후, 1952년부터 전임교수단이 갖추어지기 시작할 당시 취임하여 10여년 간 연희대학교 교육과에서 봉직한 임한영, 강길수 두 분의 사례를 통해서 원한경과 피셔의 교육학과 실천정신이 어떻게 주목되고 전승되어 갔는가를 자세히 살폈다. '한국의 존 듀이'라고 불렸던 임한영은 한국교육의 현대적 전개에 있어 듀이 교육사상의 존재 의의가 지대하다는 점을 자각하고, 듀이 교육사상에 대한 이론적 연구의 초석을 다졌을 뿐 아니라, 이를 기초로 한국교육의 개혁을 이루어내고자 하는 실천적 문제의식 및 성과를 드러냈다. 임한영의 이와 같은 교육학적 업적과 실천적 사명감에는 듀이의 영향은 물론이고 연희의 터전에서 선구적으로 조선교육현실에 대한 듀이 사상의 접목에 애쓴 피셔의 영향이 크게 작용했다. 한편, 교육행정학자인 강길수는 당시 한국의 교육행정학 및 교육행정체제의 현대적 정초와 민주적 발전을 둘러싼 책임감을 바탕으로 자신의 학술적, 실천적 역할을 다하고자 했다. 그런데 그의 교육행정학은 한국교육의 역사에 대한 깊은 식견을 배경으로 전개되었으니, 그는 다름 아닌 '한국'의 교육행정을 이해하고 전개하기 위해서는 한국적 맥락에서의 교육행정의 역사의 맥을 짚는 것이 중요하다는 점에 주목했던 것이다. 이런 의미에서 그는 교육행정학자인 동시에 교육사학자였다. 이렇게 교육사적 관점을 중시한 교육행정학자 강길수의 눈에 원한경과 피셔의 업적이 특별하게 포착된 것은 자연스러운 일일 것이다. 강길수에게 원한경과 피셔의 교육학 저술은 한국교육의 역사에 대한 최초의 근대학문적 분석 성과로서 그 학술사적 의미가 지대한 것으로 인식되었고, 이에 강길수는 이들의 업적을 새롭게 추스르며 계승하는 과제를 자임하게 된다.

임한영과 강길수는 각자가 한국교육의 현대화라는 시대적 과제 앞에, 강조점의 차이는 있지만 각자 자신의 틀 안에서 동서양의 교육사상을 조화롭게 활용하고자 했다. 1950년대 연희대학교의 교육학과 전임교수진 전체를 놓고 볼 때, 한 사람은 그 시대에 필요한 서양의 교육철학을 최전선에서 연구하고 흡수하는 역할을, 또 한 사람은 그 시대에 필요한 전통의 교육적 유산을 적극적으로 발굴해 내는 역할로서 균형을 맞추었다. 이들은 원한경과 피셔가 보여주었듯, 그리고 그 이전 언더우드 1세가 보여주었듯 한국사회의 근대적 변화발전을 꾀하되 세계의 보편적인 지적 문화적 자산과 한국 특유의 지적 문화적 자산을 동시에 소중하게 여기며 조화롭게 활용하고자 했던 동서고근(東西古近)의 화충(和衷)의 연희학풍을 창조적으로 계승했다고 평가할 수 있다.

연희의 교육학은, 원한경과 피셔에서 임한영과 강길수로 이어지며 태동하고 정착되어 갔다. 이들은 연희 교육학의 학풍의 원형을 보여주었으며 이는 현재 연세 교육학의 정체성을 재정리하고 미래를 전망함에 있어서 참조할 가치가 크다. 초기 연희의 교육학은 특히 우리에게 특히 다음 두 가지를 주시할 것에 대해 요구한다. 첫째 연세의 교육학은 무엇보다 한국교육현실의 합리적 진단과 개혁의 방안을 제시하고 그 실천적 성과를 이끌어내고자 하는 문제의식을 그 저변에 깔고 있어야 한다는 점이다. 교육학은 결코 현실과 동떨어진 관념이나 탁상위의 산물이 아닌, 늘 절박한 역사적 교육현실의 숨통을 열어가고 온전한 교육공동체를 만들어가는 실천정신의 산물이어야 한다. 둘째, 연세의 교육학은 엄밀한 학술성을 견지해야 한다. 실천에 대한 중시가 곧 이론적 기반을 다지는 일을 소홀히 해도 된다는 뜻은 아니다. 소박하고 공허하거나 편협한 학문적 토대 위에서는 결코 온전한 현실진단과 실천방안이 나오기는 어렵다. 원한경과 피셔, 그리고 임한영과 강길수는 당대의 최고 이론가였다. 그 이론은 세계적 수준에서의 학술성과를 수용한 규모와 깊이를 갖추었으며, 동시에 그 이론은 철저히 한국의 교육이라는 현실에 발을 딛고 있었다. 이 두 가지 점을 주시하며 시대가 요청하는 교육학의 길을 뚜벅 뚜벅 열어 가는 것이, 초기 연희 교육학이 지금의 연세 교육학에 던지는 엄중한 명령이다.

해방 후 연세 신학의 발전과 특징
─김하태, 서남동을 중심으로

1. 김하태의 생애와 사상

김하태(1916~2007) 박사는 신학자, 철학자, 그리고 미주한인사회의 목회자
였다. 그는 1916년 송도(현 개성)의 기독교 가정에서 태어나, 1938년 연희전문학
교(현 연세대학교) 문학부를 졸업하였다. 이후 미국 드류 대학교에서 신학과
종교철학을 전공하여 1941년 학사학위를 받았고 1944년 시라큐스 대학교에서
철학으로 석사학위를, 그리고 1950년 남가주 대학교에서 철학박사학위를 받았
다. 1956년 귀국하여 1960년까지 연세대학교에서 철학과 교수와 신과대학장을
지냈으며 이후 미국으로 건너가 휘티어 대학교에서 1981년까지 철학교수로
재직했다. 1981년 그는 다시 귀국하여 1985년까지 대전 목원대학교 학장과
대학원장을 역임했다.

뿐만 아니라 김하태는 미국에서 4번에 걸쳐 세 교회에서 목회하면서 이민목
회와 이민신학의 초석을 놓았다. 1942년부터 1946년까지, 그리고 1949년부터
1953년까지 목회한 상항한인감리교회(현 샌프란시스코 한국인연합감리교회)
는 미국에서 가장 먼저 세워진 한인 어머니 교회(母教會)이다. 두 번째로 목회한
나성한인감리교회(현 로스앤젤레스 연합감리교회)도 2004년 3월 창립 100주년
이 되었다. 세 번째로 섬긴 태평양한인교회(현 태평양한인연합감리교회)는

1978년 3월 그 자신이 개척한 신앙공동체로서 그가 제창한 이민신학의 본거지가 되어 왔다.

1970년대 중반 목회자와 신학자로서 미주 한인교회사에서 최초로 이민신학을 제시한 그는 한인사회와 교계에 신학적 전망을 제시하면서 이민자들의 공동체 생활을 안내하는 등불의 역할을 감당하였다.[1] 이처럼 김하태는 2007년 소천할 때까지 남다른 활력과 여일함으로 신학자, 철학자, 그리고 목회자의 삶을 살았다.

이 글에서는 이런 김하태의 삶, 그리고 그가 남긴 뜻을 신학자로서, 철학자로서, 그리고 목회자로서 각각 살펴보고자 한다. 우선 한국성리학과 대화를 시도한 신학자로서의 김하태를 조명하고, 다음으로는 동서(東西) 철학의 길잡이로서의 김하태의 면모를 보고자 한다. 그리고 마지막으로는 단순히 강단의 신학자, 철학자로서만이 아닌 삶의 현장에서 사람들과 부딪치면서 자신의 학문과 현장의 대화를 시도한 이민목회자, 이민신학자로서의 김하태를 살펴보고자 한다. 이를 위해 먼저 김하태의 학문의 길을 짚어봄으로써 장차 김하태의 삶과 사상이 어떤 경로를 노정할지를 미루어 짐작해 보고자 한다.

1) 김하태의 학문의 길

김하태는 평양광성중학교를 졸업하고 1934년 서울의 연희전문학교 문과를 다니게 된다. 그가 연희전문학교에 들어가 문학을 전공하게 된 것은 자신의 선택이었다. 본래 부친(김종필 목사, 대한감리회 제8대 감독)은 세브란스의과전문학교에 들어가 의사가 되는 것을 바랐으나 장차 신학을 공부하길 결심했던 김하태는 문학과 철학이 인간에 대한 폭넓은 이해에 유익한 바탕이 되리라는 생각에서 문과를 선택했다. 당시 연희전문 문과에는 정인보 교수(1892~1950)

---

1) 이선주, 「김하태 박사의 미주한인목회와 이민신학」, 『궁극의 실재를 찾아서』, 대한기독교서회, 2005, 265~266쪽.

와 최현배 교수(1894~1970)가 있었다. 두
분 모두 20세기 초에 국어와 국문학의 과학
적 연구를 개척해 쓰러져가던 국권을 회복
하려던 주시경(1876~1914)의 뒤를 이은 한
글 학자들이었다. 김하태는 문학을 전공하
면서도 신학에 대한 관심이 깊고 열정이
뜨거웠다. 그는 엄요섭, 이영근 등의 학우들
과 함께 서울협성신학교에서 정경옥 교수의
강의를 들었다. 김하태는 정교수의 강의를
통해 크리스천이 되기 위해 필요한 조건은
교리나 신학이 아니라 참된 경건에 부합하

김하태(1938)

는 인격과 행위이며, 예수 그리스도에게 충성하고 따르는 결단이라는 것을
배우게 된다. 즉 예수 그리스도는 완전한 인격적·도덕적 성취의 극치이며,
종교는 하느님과 인간 사이의 인격적 관계가 핵심이라는 것이다.[2]

1938년 김하태는 연희전문학교를 졸업하고 가을에 미국 드류 신학교로
유학을 가게 된다. 입학하자마자 그는 모든 과목을 열심히 공부하였을 뿐만
아니라 엄격한 학교 규율에 따라 경건 훈련도 받았다. 매일의 일과는 기도로
시작되고 기도로 끝났다. 그 무렵 드류 신학교에서는 칼 바르트의 신정통주의가
풍미하고 있었다. 바르트에 따르면, 하느님은 하느님에 의해서만 알려진다.
곧 예수 그리스도에게 나타난 그의 계시에 의해서만 알려진다는 것이다. 하느님
은 완전타자(完全他者)로서 인간이 하느님에게 이르는 길이 없다는 것이 바르트
의 신관이었다. 따라서 인간이 하느님을 볼 수 있는 길은 오직 믿음을 통해서만
가능하다는 것이었다.

그러나 김하태는 이러한 바르트의 복잡한 논리로 엮어진 하느님에 관한

---

2) 이선주, 위의 글, 2005, 272~274쪽.

지식보다는 존 듀이(John Dewey)의 휴머니즘과 화이트헤드(A. N. Whitehead)의 과정철학, 그리고 그리스도교 연구에 있어 과학적 접근과 함께 하나의 경험적인 과학으로 발전시키려는 미국 '더니스트학파' 또는 '시카고학파'에 더 관심을 기울였다. 1900년부터 1940년까지 미국의 자유주의 신학에는 독일의 리츨학파에 속하는 복음주의적 자유주의와 자유주의적 모더니즘의 두 갈래의 흐름이 있었다. 전자의 대변자는 월터 라우센부쉬(1861~1918)와 해리 에머슨 포스딕(1878~1969)이었고, 후자의 대표는 헨리 넬슨 와이만(1884~1975)이었다.

김하태는 와이만의 신학에 탐닉되었다. 왜냐하면 현대 과학기술시대에 있어서 인간의 생활을 지배하는 원칙은 그리스도교의 신학적 전통이 아니라 과학적 조사 연구라는 그의 주장에 깊은 인상을 받았기 때문이다. 와이만은 확실히 역사적인 그리스도교 신앙을 지적이고 현대문화에 적합하게 만들고자 하는 미국 모더니즘의 최선봉장이었다. 김하태는 1941년 드류 신학교를 졸업한 뒤 시라큐스 대학교 대학원에서 1년 동안 찰스 하트숀 교수의 지도로 와이만의 신관에 관한 논문을 써서 1944년 철학석사학위를 받았다. 김하태의 와이만에 대한 연구는 과정철학에 대한 그의 이해를 깊게 하였다.

1946년 김하태는 목회현장을 샌프란시스코 한인감리교회에서 로스앤젤레스 한인감리교회로 옮기면서 남가주대학교(USC) 대학원에서 철학전공 박사학위과정을 시작하였다. 그 무렵 미국의 철학계를 지배하고 있던 세력은 신헤겔주의였다. 이 분야의 세 거두는 모두 하버드 대학교를 배경으로 삼은 조사이아 로이스(Josiah Royce)를 비롯하여 윌리엄 제임스(William James)와 조지 산타야나(George Santayana)였는데, 김하태는 후기 칸트철학이 미국철학자 로이스에게 끼친 영향을 연구해 1950년 박사학위를 받게 된다. 로이스는 그의 저서 『기독교의 문제』에서 그리스도교의 근원적인 해석을 시도했다. 그는 먼저 교회, 죄, 그리스도의 속죄 등 세 가지 중심적 개념에 담겨있는 경험적 근저를 찾아내고 다음에는 그 자신의 해석과 공동체의 형이상학적 개념을 지지하고 있다. 로이스는 종교적 신념에 대한 순수한 실천적 기초에 만족하는 제임스와는 달리

종교의 타당성을 형이상학적 체계에 의존하고 있다.[3]

이상과 같은 김하태의 학문의 길은 장차 김하태의 신학과 철학, 그리고 이민 목회의 향방이 어디를 향할지에 대한 실마리를 보여주고 있다고 하겠다. 김하태는 단지 강단의 신학자가 아니라 직접 목회현장에서 그의 신학과 철학을 피드백한 성찰과 재구성의 신학자라 할 수 있다. 특히 이민목회를 통해 최초로 이민신학을 정립한 점은 자칫 국외자로서 자신의 정체감을 상실할 수 있는 이민자들에게 새로운 땅에서 새로운 삶을 시작할 수 있는 의미와 가치를 찾을 수 있게 해줬다는 데에 큰 의의가 있고, 이민의 척박한 토양에 신앙의 씨앗을 심어 향후 이민자들의 자존감 형성에 일조했다는 데에 그 신학적 기여가 있다고 하겠다.

2) 신학자 김하태

신학자로서의 김하태의 관심과 업적은 다채롭다.[4] 서구에서 신학을 공부한 1세대 신학자인 김하태는 새로운 신학과 철학 사상에 전념하여 그것을 자신의 연구와 목회에 적용했을 뿐만 아니라, 기회가 닿는 대로 모국의 신학계와 철학계에 소개하고 함께 새로운 사상들을 논의했다. 그는 연세대 신과대 학장으로 재직할 때『신학논단』을 발간하여 신학계만이 아니라 한국지성계 전반에 걸친 진리탐구의 이정표를 세워놓았고, 진리란 고정되고 응결된 것이 아니라 끊임없는 활력과 유동성 가운데 변화, 발전하는 것임을 천명하였다.

그가 관심을 가졌던 신학, 철학, 종교는 결국 인간에 대한 관심이었고, 그 인간에 대한 관심을 '궁극의 실재'와의 관련 속에서 추구한 것이 김하태의

---

3) 이선주, 앞의 글, 2005, 277~281쪽.
4) 김하태가 발표한 글들을 보면 그의 관심과 연구의 다양함을 볼 수 있다. 새로운 신학 사조들과 신학자들, 그리고 신앙에 대한 다양한 글들이 있고, 철학과 종교, 그리고 인간이해에 관한 심도있는 연구논문들이 다수 있다. 이러한 김하태의 학문적 관심과 다양성은 참고문헌에 실린 논문의 제목들을 통해서도 알 수 있겠다.

김하태(1959)

신학이요, 철학이요, 종교라고 할 수 있다. 그리고 그 '궁극의 실재'에 대한 김하태의 물음은 서구신학과 철학이라는 먼 뒤안길을 돌아 다시 한국 사상, 동양 사상과의 연관 속에서 재구성하려했던 것이라 볼 수 있다. 그런 점에서 동서사상의 만남이라는 십자로에서 김하태는 자신의 학문적 토대를 구축하고, 다시 그 토대에서 '궁극의 실재'에로 우리를 안내하고 있는 것이다. 여기에서는 이런 김하태의 업적에 주목하여 서구 사상과 한국·동양 사상과의 대화의 측면에 주목하여 김하태의 신학과 철학을 각각 살펴보고자 한다.

김하태는 신학만이 아니라 철학 분야에서도 좋은 논문들을 많이 썼다. 그 가운데는 동서(東西) 철학을 비교하는 논문들이 많았고, 퇴계나 율곡에 대한 신학적 접근을 시도한 논문들도 있었다. 그러한 논문들을 책으로 엮어 나온 것이『동서철학의 만남』(종로서적, 1985)이었다. 이 책은 으레 동서철학의 비교강의에 교재로 사용되었으며, 관심있는 교수나 학생들에게 많은 인기가 있었다. 이 책은 김하태가 단순한 신학자나 목사를 넘어 '동서철학의 권위자'로 자리매김하는 계기가 되었다. 이 책의 중요성은 김하태의 독창적인 '경(敬)의 신학'을 담고 있다는 데에 있었다. 김하태는 율곡에 바탕을 둔 윤성범의 '성(誠)의 신학'과 달리 퇴계에 바탕을 둔 '경의 신학'을 내놓은 것이다. 김하태는 신유학[퇴계]의 '경'(敬)과 기독교의 '하느님 공경'의 상통성에서 기독교의 한국 토착화 가능성을 보았다. 신유학의 '경'은 성서의 '마음과 뜻과 정성과 힘과 목숨을 다해서'를 의미하며, 신유학에서 '경'이 '성'[誠者, 하늘]에 이르는 길이라면, "마음과 뜻과 정성과 힘과 목숨을 다하는" 것 또한 하느님과 사람에 이르는 길이 된다는 것이다. 따라서 "하느님을 공경하고 사람을 사랑하라"는

'경천애인'(敬天愛人)은 "마음과 뜻과 정성을 다해서 하느님을 사랑하고 이웃을 네 몸과 같이 사랑하라"는 성서의 강령과 뜻을 같이 하는 것이 되기 때문이다. 김하태는 이러한 마음의 상태는 틸리히의 '궁극적 관심'으로 표명될 수 있고, 동시에 경의 대상인 '하늘'은 '궁극적 실재'인 하느님의 신유학적 표현이라고 보았다. 김하태의 제자 송기득은 김하태가 틸리히의 자리에서 '경'을 해석하는 뜻이 여기에 있다고 보았다.[5] 문제는 경천사상은 신유학에서처럼 자못 지배자에 대한 '충성 이데올로기'가 될 소지가 있다는 것인데, 이 점은 특히 민중신학의 입장에서 보면 경계할 대목이었다. 하지만 '경천애인'을, 사람을 향한 하느님의 뜻을 역사에서 실현하는 것으로 이해한다면, 그리고 그 하느님의 뜻이 소외계층의 인간화 실현에 있다고 본다면, 경의 신학이 반드시 민중신학과 상충된다고 볼 필요는 없게 되는 것이다.[6] 이러한 김하태의 '경의 신학'에 대한 신학적 응답 또한 다양하다. 이정순은 「그리스도교와 유교의 만남ー김하태의 '경(敬)의 신학'을 중심으로ー」에서 김하태의 신학과 철학이 틸리히의 철학적 신학에 뿌리를 내리고 있다고 평가한다.[7] 그러나 김하태는 이에 머물지 않고 한국 신학의 토대를 퇴계의 신유교 사상, 즉 '경'에서 찾는다고 본다.

김하태에 의하면, 믿음으로 구원에 이른다는 기독교의 구원관이 유교에서는 '경'(敬)을 통해 '성'(誠)에 이른다는 식으로 표현되고 있으며, 특히 '경' 개념이야말로 기독교의 신앙개념과 너무도 비슷하다는 것이다.[8] 한편 이경숙은 성서신학적 입장에서 김하태의 '경의 신학'에 응답한다. 지혜문학에서 "야웨경외"는 지혜의 시작으로 간주되며, "야웨경외"는 하느님의 초월적 힘을 고백하는

---

5) 송기득, 「나의 스승, '늘여름' 김하태」, 『궁극적 실재를 찾아서』, 대한기독교서회, 2005, 256~258쪽.

6) 송기득, 위의 글, 2005, 258쪽.

7) 김하태는 틸리히에 대한 논문과 서평 등을 통해 틸리히 사상을 한국 신학계에 소개했을 뿐만 아니라 그 스스로도 틸리히와 같이 '궁극적 실재'를 추구한 철학적 신학자였다.

8) 이정순, 「그리스도교와 유교의 만남ー김하태의 '경(敬)의 신학'을 중심으로ー」, 『궁극적 실재를 찾아서』, 대한기독교서회, 2005, 93~106쪽. 이 글에서 이정순은 김하태의 '경의 신학'을 논하면서 그 의의와 문제점까지도 지적하고 있다.

존경의 태도라는 것이다. 그런데 이 생각은 신유교의 '경'(敬)의 개념으로 더욱 발전시킬 수 있게 된다. 즉 모든 존재는 '경'으로 밀접하게 연결되어 있으며, 모든 살아 있는 창조물에 대한 '존경'이나 '성실함'은 억눌린 자의 해방과 전세계의 환경문제에 응답해야 한다는 가장 결정적인 논점이 된다는 것이다. '경'이 함의하고 있는 '모든 존재 사이의 진지한 태도', '서로 연결됨', '밀접하게 관계됨' 등은 "야웨경외"의 뜻을 좀 더 깊게 이해하도록 해 준다는 것이다.9)

이렇듯 김하태는 성리학적 관점에서 기독교, 특히 한국에 들어온 기독교가 어떠한 수정과 변형이 가능한가를 묻고, 또한 성리학을 통해 기독교의 본질을 더욱 더 명료하게 드러내고 이해하는 것을 한국신학의 과제로 삼았다. 이는 서구 신학의 장점이자 한계가 되는 교리, 개념, 관념 중심의 사유에 실천궁행(實踐躬行)의 한국적 수양방법론을 접목시키려는 시도로 읽을 수도 있다. 「성리학과 한국신학의 과제」에서 김하태는 '경'에 대해 다음과 같이 말하고 있다.10)

(……) 천부의 본성을 되찾기 위해 필요한 것은 수양(修養)이다. 수양의 목적은 성인(聖人)이 되기 위해서인데 성인이 된다는 것은 하늘이 주신 본성을 다시 되찾아 천도(天道)와 인도(人道)가 합일하는 성(誠)에 이르게 되는 것을 의미한다. 그래서 송유(宋儒)는 성(誠)을 천지도(天之道)라고 하고 사람은 이 성(誠)을 얻기 위해 노력하여야 된다고 했는데, 이 성(誠)에 이르기 위한 인간의 노력을 경(敬)이라고 한다. 주자는 수양의 방법을 두 가지로 제시했는데 그것은 거경(居敬)과 궁리(窮理)이다. 거경은 인간이 이 우주 만물 앞에 설 때 엄숙하고 경건한 태도를 가지라는 인간자세에 대해 말하는 것이고, 궁리는 격물치지(格物致知) 하는 것으로 이 우주의 원리를 깊이 터득하여 아는 길이다. 이처럼 신유교의 종교적 차원으로 볼 수 있는 것은, 인간 실존을 본래 선하고 순수한 본성이 기(氣)의 청탁으로 말미암아 흐려진,

---

9) 이경숙, 「아시아 여성신학의 관점에서 본 지혜문학에 나타난 '하느님'」, 『궁극적 실재를 찾아서』, 대한기독교서회, 2005, 141~144쪽.

10) 김하태, 「성리학과 한국 신학의 과제」, 『기독교사상』 391, 1991, 106~110쪽.

즉 실낙원의 상태에 놓여 있다고 보는 것이다. 이러한 상태에서 하늘을 두려워하는 경천을 통해 또는 궁리를 통하여 성(誠)에 이르러 성인(聖人)이 되는 것으로 잃어진 낙원을 되찾는 것을 목적으로 하는 것이다.

이처럼 김하태는 단순히 서구신학을 수용하고 그 속에서 안주하는 것만이 아니라 다시 그 서구신학을 우리 고유의 사상들과 대화시킴으로 기독교 진리의 보편성을 시공을 넘나들며 확장시켰고, 거꾸로 우리 고유의 사상들 속에서 기독교 진리와의 소통 가능성을 발견해 낸, 어떤 의미에서는 신학의 토착화에 선구적 역할을 감당한 신학자라 볼 수 있다. 이는 김하태의 신학적 사유가 유동적이고 포용적이었기에 가능한 일이었고, 타학문과의 개방적 대화 속에서 가능한 일이었다고 볼 수 있다. 그리고 이러한 김하태의 학문적 태도는 일찍이 연희전문에서의 학문적 전통 즉, 자주적이면서 동시에 개방적인 선생들의 태도에 감화받은 것이라 볼 수도 있을 것이다. 이러한 김하태의 서구신학과 한국성리학과의 대화 시도는 이후 한국적 신학에 새로운 활로를 열어주었을 뿐만 아니라 후학들이 감당해야할 과제로서의 성격도 지니게 된 것이다.

3) 철학자 김하태

철학자로서의 김하태의 평생의 물음은 '궁극적 실재'를 찾는 것이었다. 이미 신학자로서의 김하태에서 드러났듯이 '하느님'에 대한 끝없는 물음이 철학에서는 '궁극적 실재'에 대한 물음으로 바뀐 것뿐이었고, 김하태에게 있어 이 양자는 결코 다른 물음이 아니었던 것이다. 신학에서와 마찬가지로 김하태는 이 '궁극적 실재'에 대한 물음을 서구 철학의 한계 내에서가 아니라 동양이라는 보다 확장된 지평에로 개방시킴으로 '궁극적 실재'에 대한 모색을 보다 밀도 있게 탐구하게 된다. 즉 동양의 무(無)와 서양의 신(神)을 상대시킴으로써 한편으로는 동서(東西) 사상의 소통과 통합의 실마리를 풀어내면서, 다른 한편으로는 그러한 '궁극적 실재'에 대한 포착을 통해 참된 인간의 해방과 자유에 이르는 길을 구도적으로 추구하고 있다고 볼 수 있다. 여기에서는 이러한 김하태의 동서철학을 통전하는 철학자로서의 면모를 살펴보고자 한다.11)

철학의 목표는 '궁극적 실재'(Ultimate Reality)가 무엇이며, 어떻게 그것을 알 수 있는가 하는 데 있다. '궁극적 실재'란 참으로 있는 것, 모든 허구를 벗어버린 참된 것, 변화하는 모든 것 배후에 있으면서도 그 변화를 일으키게 하는 그 무엇을 의미한다. 이 '궁극적 실재'를 발견하고 이해하는 방법을 모색하는 일에서, 동양철학과 서양철학은 현저하게 다른 태도를 보이게 된다.

김하태는 서양철학은 '궁극적 실재'를 긍정적으로, 적극적으로 생각하는 반면에, 동양철학은 그것을 부정적으로, 소극적으로 생각한다는 데 그 차이점이 있다고 한다. 곧 동양철학에서는 '절대무'(絶對無)를 궁극적 실재로 삼지만, 서양철학에서는 '존재'(存在) 또는 '유'(有) 그리고 '신'(神)을 궁극적 실재로 삼는다. 무(無)와 유(有)의 구별은 서로 상반되는 개념이므로 서로 교섭과 교차는 불가능한 것처럼 보인다. 그러나 근래에 이르러 동서문화의 긴밀한 접촉과 동서철학의 대화가 잦아졌기 때문에 동양의 무와 서양의 신이 어떻게 이해되며, 어떻게 연결되는지가 현대철학의 주요한 과제가 되었다는 것이다.

동양의 불교가 강조하는 개념은 공(空, Sunyata)이며, 열반(Nirvana)인데, 이것은 분명히 부정적 표현방식을 사용한 것이다. 이것을 일반적으로 표시할 때는 '무'라는 개념으로 나타낸다. 그런데 여기서 '무'라는 것은 아무것도 아니며, 아무것도 없다는 뜻이 아니다. 그리고 또한 '무'라는 말은 존재하는 모든 것의 논리적 부정을 가리킨 것도 아니다. 여기서 '무'는 모든 이성적 작용을 초월한 것으로서, 있는 것과 없는 것의 근거 곧 장소라는 의미를 지니고 있다. 곧 '무'는 모든 현상의 모태이며, 유무의 장소로서 궁극적 실재가 된다는 것이다.

---

11) 김하태, 「동양의 무(無)와 서양의 신(神)」, 『궁극적 실재를 찾아서』, 대한기독교서회, 2005, 49~62쪽 ; 「동양사상과 신관(神觀)」, 1993년 5월 미주 세계신학연구원/청암크리스챤아카데미 주최 제3회 정기학술대회 발표문.

한편 서양의 기독교의 '궁극적 실재'는 신이다. 신은 인격적 존재이며 최고의 존재로서 모든 존재하는 것들의 창조주가 된다. 신은 삼위일체의 신이며, 정의롭고 자애로운 속성을 가진 분이다. 그러므로 신은 긍정적인 '유'의 모습으로 나타난다. 이와 같은 전통적인 그리스도교의 신관을 유신론(有神論, Theism)이라고 한다. 신에 관한 모든 속성을 배제한다고 해도 신의 존재 그 자체를 부인할 수 없다는 것이 서양의 신이 지닌 특징이다. 동양의 궁극적 실재는 '절대무'이며, 서양의 궁극적 실재는 유신론적 신인데, 이것은 '무'와 '유'의 대조이며, 불교와 그리스도교의 대조를 나타낸다.

김하태는 이러한 동양의 무와 서양 기독교의 궁극적 실재인 신을 에크하르트의 신비적 사상과 교토학파의 공(空)에 대한 해석을 통해 연결 짓고자 한다. 기독교의 신 개념을 파헤치고 깊이 성찰할 때 신성(神性)의 무에 도달할 수 있고, 이 신성의 무는 불교의 공(空)에 맞닿아 있는 것으로 볼 수 있다는 것이다.

먼저 에크하르트(Meister Eckhart, 1260~1328)의 사상을 살펴보면, 에크하르트는 신(神, God)과 신성(神性, Godhead)을 구별한다. 이 둘 사이에는 하늘과 땅만큼 차이가 있다는 것이다. 신은 기독교에서 말하는 인격적 신인데, 이 인격적 신은 피조물들과의 관계에서 본 신으로서, 존재와 속성을 가진다. 그러나 신성(신 그 자체, 신의 본질)은 모든 형상의 틀을 뛰어넘는 곳에 있으며, 모든 개념의 옷을 벗어버린 '벌거벗은' 상태에 있기 때문에 그것을 에크하르트는 '이름 없는 무(無)', 또는 '전적 공(空)'이라고 불렀다. 곧 그는 신성을 신의 근저이며, 인격적 신을 뛰어넘는 무(無)라고 보았던 것이다. 그리하여 에크하르트는 신성을 '황야'(Wilderness) 또는 '사막'(Desert)이라고 묘사했던 것이다. 에크하르트는 우리가 참된 신을 만나려면 먼저 표상적인 신을 돌파한 후에 신 그 자체, 신의 본질 곧 신성을 경험하게 된다고 한다. 이 '벌거벗은'(모든 표상을 제거한) 신성은 무나 다름없다. 이것은 형상이 없을 뿐만 아니라 모든 형상을 파괴하는 절대무(絶對無)인 동시에 절대생(絶對生)이다. 이 신성이 우리 영혼에 나타날 때 에크하르트는 이것을 가리켜 '하느님의 아들의 탄생'이라고 했다. 인간 영혼의 근저에서 일어나는 '하느님의 아들의 탄생'은 죄의 존재성을 절대적으로 부정한다. 그 결과 인간의 영혼은 그리스도와 같이 하느님의 아들이 되며, 이 과정이 다름 아닌 '신격화'이다.

이러한 에크하르트의 신비적 사상은 두 가지 점에서 불교와 유사하다. 첫째, 궁극적 실재인 기독교의 신은 표상적인 신 또는 인격적인 신이 아니라, 이를 뛰어넘은 신성이며, 이 신성은 불교에서 말하는 공 또는 절대무와 비슷하다는 것이다. 둘째, 인간 영혼 속에서 하느님의 아들이 태어나기 위해서는 자기 자신을 비우고 부정해야만 한다. 이것은 인간의 잡다함, 곧 기억, 의지, 지능, 힘, 행동 같은 것을 포기하는데서 이루어진다는 것이다. 이 신격화는 불교에서 말하는 성불(成佛)과 통할 수 있다는 것이다.

'교토학파'의 창시자인 니시다 기타로(1870~1945)의 철학사상의 중심이 되는 말은 '순수경험'(純粹經驗)이다. 이것은 주객미분(主客未分) 또는 주객합일 (主客合一)의 경험을 가리키는 말이다. 모든 인식은 주와 객이 분리된 데로부터 시작한다. 주체는 독립적으로 있는 객체를 인지한다. 그러나 주객이 분리되기 이전의 상태에서는 아무 것도 알 수 없다. 그러나 이런 상태는 인간의 경험 안에서 일어나는 것으로서, 이것은 분별력을 초월한 경험이며, 모든 존재자의 근원이라고 볼 수 있다. 그러나 이 '순수경험'은 인식과 지식을 넘어선 것이기 때문에, 이것은 무로 볼 수밖에 없다는 것이다. 그러므로 자아와 사물의 근원을 추궁해 가면 '절대무'에 도달한다는 것이다. 이 '순수경험' 또는 '절대무'는 모든 것의 근원이며, 원점이다. 그러므로 이 '절대무'는 에크하르트가 말하는 '신성', 곧 모든 것의 핵심과 근원이 되는 것이라고 말할 수 있다. 여기서 말하는 '절대무'는 존재를 부인하는 상대적인 무를 가리키는 것이 아니라, 존재와 비존재(상대무)를 둘 다 내포하는 절대적인 '무'를 가리키는 것이다. 니시다의 제자인 니시타니 게이지는 이 사상을 현대 세계 사조와 관련지어 풀어나갔다. 니시타니의 시대는 과학주의와 허무주의가 판치는 시대였다. 자연의 비자연화를 낳은 과학적 합리주의와 니체, 하이데거를 거치는 현대철학은 인간에게 허무주의를 알게 해 줬다. 그러나 허무(虛無)는 현대인을 무의 심연으로 몰고 가지만, 동시에 이 무와의 대면이 자기를 초월하는 계기가 된다는 것을 니시타니는 깨우쳐 주었다.

니시타니의 사상은 다음과 같다. 첫째, '의식(意識)의 장(場)'으로서, 인간의 감성과 이성으로 객관적 세계를 구성하는 보통 경험의 세계이다. 둘째, '허무(虛無)의 장(場)'으로서, 객관적 세계를 '무화(無化)', '비실재화(非實在化)'하는 단계이다. 이 '허무의 장'에서는 인간도 세계도 다 없어진다. 셋째, '공(空)의 장(場)'으로서, 여기에 있는 것은 단순히 주관적인 것도 아니고 객관적인 것도 아니다. 여기에서 인간은 비실재적으로 미래의 실재성에 접하게 된다. 공(空)이란 유(有) 밖의 것이나, 유(有)와는 전혀 다른 것으로 표상되는 것이 아니다. 단순한 공이나 무가 아니고, 오히려 허무라는 이름으로 표상된 무(상대무)까지도 없애는 절대무(絶對無)라는 것이다. 그러므로 여기에서 무는 유와 동일한 것이 된다. '절대무'는 부정한 것을 다시 부정한 것이기 때문에 '무화(無化)'된 것이 바뀌어 '유화(有化)'가 된다.

그러므로 깨달은 사람이 경험하는 공의 자리에서는 '유(有) 그 자체'와 '있는 그대로의 것'이 동일하다. 이를 불교에서는 탓하타(Tathata), 곧 'Suchness'(진여, 眞如)라고 한다. 이처럼 니시타니는 공을 절대무로 보았으며, 이것은 에크하르트의 '신성'과 같은 것이라 할 수 있다. 이 '절대무'는 존재하는 것을 부정하는 상대적 무를 가리키는 것이 아니라, 유와 무 또는 생과 사를 포함하는 근저와 장소를 가리키는 것이다. 인간도 공 또는 신성 안에서 참된 인간이 되고, 이 '공'을 통해서 인간은 자유와 독립성을 확보한다는 것이다.

이처럼 김하태는 에크하르트의 신비적 사상과 교토학파의 공(空) 사상을 통해 기독교의 신과 불교의 공을 연결 짓는 교량을 발견했다. 특히 그는 서양철학을 전공한 입장에서 동양의 무를 재발견하여 서양 철학사상과 대화하고 있다는 점에서 동서양 사상의 만남과 통전을 꾀하는 선구적 역할을 감당한 철학자라 볼 수 있다.

4) 이민목회와 이민신학[12]

김하태·민덕순 부부가 샌프란시스코에 도착한 것은 1942년 늦가을이었고 목회는 12월부터 시작하였다. 김하태가 파송된 상항(샌프란시스코)한인 감리교회는 1903년 9월 22일 안창호가 미주대륙에서는 최초로 조직한 이민사회단체인 한인친목회의 회원들의 회합에서 태동된 미주 최초의 한인어머니교회였다. 친일적인 미국인 외교관 더함 스티븐스를 총살한 장인환 의사 등이 창립교인이었으며, 1930년 조선감리교 초대 총리원장 양주삼 목사가 미국남감리교 C. F. 리드(Reid) 선교사의 도움을 받고 조직한 한인교회이다. 김하태가 담임목사로 이 교회에서 목회한 것은 두 차례였다. 1942년 12월부터 1946년 6월 로스앤젤레스의 남가주 대학교로 떠날 때까지 그리고 철학박사를 받은 뒤 1949년 다시 이 교회에 와서 목회하다가 1953년 7월 오하이오 노던 대학교 교수가 되어 떠날 때까지다. 처음 3년 반 동안 이 교회를 섬기던 시기를 상항한인감리교회 목회 제1기로 본다면 1949년부터 1953년까지의 목회기간을 제2기라고 말할 수 있다.

제1기에 있어 김하태의 목회의 특징은 첫째, 샌프란시스코 지역의 한인공동체 전체를 대상으로 하는 목회였다는 점이다. 둘째, 하느님을 섬기며 겨레와 동포들을 사랑하고 미국생활을 익히고 민주주의를 배우는 생활도장으로 교회를 만든 점이다. 그는 동포들에게 개방적이고 진취적인 자세로 남을 존중하고 새로운 지식을 추구하도록 권장하였다. 신앙공동체의 코이노니아로 민족공동체의 화합과 성숙을 도모하자고 가르쳤다. 제2기에 있어 김하태의 목회는 '과도기의 교회 목회자'로서의 역할을 하였다. 1949년 그가 이 교회로 다시 돌아왔을 때에는 조국이 건국을 맞이했을 때였고, 1950년 6월 25일부터 그가 오하이오로 떠날 때까지는 한반도에 전쟁이 진행되었던 '위기의 기간'이었다. 이 무렵에는 또한 1945년까지 굳게 닫혔던 한국인에 대한 이민 문호도 점차

---

12) 이선주, 앞의 글, 2005, 281~303쪽.

열리기 시작해 미국 내 한인 수도 1950년에 약 1만이던 것이 1960년까지 2만 명이 넘어섰다.

이러한 과도기와 위기에 직면하여 김하태는 강단과 목회 일선에서 한인교회의 시대적 역할을 역설하였다. 이 세상의 방주(方舟)로 자주 비유되는 교회는 사회와 시대를 떠나서는 존재하지 않으며 존재할 수 없는 만큼 사회와 시대의 특수한 요구에 이바지해야 하며, 또한 교회는 대내적으로는 이민자들에게 위안과 나아갈 길을 제공하고 민족공동체에는 필요한 일꾼 곧 지도자들을 제공할 책임이 있다고 주장하였다. 한편 김하태는 그 무렵 조국이 남북으로 분단되어 자주통일 국가를 세우지 못함으로써 동포들이 극심한 어려움을 겪고 있는 현실을 탄식하면서, 그 책임이 갈기갈기 찢겨 당쟁만 일삼고 있던 지도자들에게 있다고 질책하였다.

해방된 조국에 돌아가 가르치는 일을 소원하던 김하태는 1946년 6월 남가주 대학 대학원에서 박사학위를 시작하면서 두 번째 목회도 시작하였다. 나성(로스앤젤레스)한인감리교회는 김하태를 맞아 활기를 되찾게 되었다. 그때 이 교회가 부흥의 계기를 맞은 것은 두 가지 조건이 맞아 떨어졌기 때문이다. 첫째, 오랜 세월에 걸쳐서 자체 예배처가 없어서 방황해 오던 이 교회의 교인들이 김하태가 부임하기 바로 전에 남가주 대학교 캠퍼스 근처에 있는 스칸디나비아인 교회당을 구입하게 되었다. 둘째, 김하태의 지도력이었다. 그는 연희전문학교를 졸업한데다가 미국의 저명한 드류 신학교를 나온 인재였다. 그뿐만 아니라 그는 기독교 신앙이 뛰어난 가문에서 자랐으며, 또 상항한인감리교회에서의 목회경험도 있었다. 게다가 남가주 대학교 대학원에서 박사학위 과정을 밟고 있으니 그의 신앙적 학문적 지도력은 어느 누구에 비해 손색이 없었다. 당시 한인들에게는 영어를 자유롭게 구사하고 미국 사회를 이끌어갈 만한 지도력을 갖춘 목회자가 요구되었는데 김하태가 바로 그에 딱 맞는 적격자였던 것이다. 김하태가 나성한인감리교회에서 목회하는 동안 가장 헌신하였던 부분 중의 하나가 2세들과 한국에서 온 유학생 약 15명을 모아 토론포럼인 철학클럽을 지도하였던 일이었다. 그는 젊은이들과 함께 모여 관심사에 관하여 진지하게 토론하면서 2세들의 교육에 주력하여 장차 한국과 이민사회를 이끌어나갈 지도자들을 키웠던 것이다.

세 번째, 김하태의 미국에서의 목회는 1978년 3월 첫 주일 사우스 파사데나 연합감리교회 친교실을 빌려 시작되었다. 김하태는 창립예배에서 새로운 신앙 공동체의 출범을 선언하면서, 첫째, 우리 교회는 또 하나의 교회가 아니라 태평양을 건너 미국에 와 살고 있는 코리언 아메리칸 공동체에 이바지할 목표와 꿈을 가지고 시작하였고, 둘째, 우리 교회는 어느 종파나 교리에 얽매이지 않는 자유로운 입장에서 오직 기독교의 본질을 늘 새롭게 생각하고 예수 그리스도의 삶과 가르침을 본받고자 노력할 것이며, 셋째, 우리 교회는 교인 사이의 형제애와 친교를 두텁게 하며 진솔한 대화를 통해 신앙과 인격을 향상하는데 함께 힘쓸 것이라고 설명하였다. 교인들은 이 교회를 창립하면서 '우리 교회의 나아갈 길'을 채택해 엄숙히 선포하였다. 모든 한인교회의 이정표라고 부를만한 이 선언에서 김하태는 한인교회가 한국의 문화유산을 계승 발전시키는 동시에 미국문화의 장점을 섭취하여 제3의 문화를 창출할 의무를 지니고 있다고 거듭 강조하였다.

이러한 김하태의 이민목회의 경험은 자연스럽게 이민신학의 제창으로 이어졌다. 1970년대 들어서자 이민자의 수가 해마다 3만을 넘게 되었고, 자연 증가에 의한 수를 합치면 1980년에는 45만에 가까워지고, 1990년에 90만, 2000년에는 135만에 이르게 되었다. 그런데 미국에 이민 온 한인은 순수한 한국인이라기보다는 미국을 새로운 고향으로 삼고 살아갈 '코리언 아메리칸'으로 불러야만 한다. 왜냐하면 한국인으로서 미국에 와 살고 있으므로 그들은 코리언 아메리칸으로서의 정체성을 지니게 되었기 때문이다. 김하태는 미주한인들의 이러한 독창적인 종합문화의 건설을 돕기 위해 그들의 이민생활에 신학적인 해석과 전망으로서 이민신학(移民神學)을 제창하게 되었을 뿐 아니라 구체적인 지도력의 향상을 위해 태평양한인교회를 창립하였던 것이다.

166

김하태는 한인미주이민을 구약시대의 이스라엘 민족이 이집트의 압제에서 해방되어 제1의 가나안복지와 미국국부들이 종교의 자유를 찾아 건너온 제2의 가나안 복지에 이어 제3의 가나안땅 정착으로 해석하면서, 이민생활의 여러 가지 난관과 고초를 극복하기 위해서는 뚜렷한 과거에 대한 기억과 미래에 대한 기대를 가져야 하는데, 이민에 대한 새로운 의미를 부여하는 일정한 신학적 안목으로서 이민신학을 구상한 것이다. 김하태는 현재적 결정이 미래에 일어날 사건의 형태를 좌우하게 되는데, 그 결정은 다름 아닌 비전과 이상이라고 보았다. 한인들이 현재의 이민현상을 '제3의 가나안 복지'라는 신념으로 맞이함으로써 역사창조의 에너지를 얻게 된다는 것이었다.

김하태가 목회를 한 지역은 샌프란시스코와 로스앤젤레스 등 캘리포니아 주의 한인 집중 거주지역이었으며, 그가 목회를 한 시기는 한인이민 100년사의 세 시기,[13] 곧 제1기와 중간기 그리고 제3기에 걸친 중요한 기간이었다. 그리고 김하태는 재미한인교계에서는 최초로 '이민신학'을 제창해 캘리포니아 지역뿐만 아니라 전 미주에 걸쳐 지대한 영향력을 끼쳐오고 있다.

한국의 전통문화와 미국의 이상을 빚어 제3의 문화를 창조하는 작업이야말로 코리언 크리스천들의 사명이라는 김하태의 이민신학의 구상은 목회자이면서 철학자요, 신학자이던 그가 꿈을 안고 새로운 삶을 개척하고 있는 미주 한인들에게 안겨준 가장 큰 선물이자 실천과제가 아닐 수 없던 것이었다.

5) 나가는 말

이상으로 김하태의 생애와 학문의 길을 살펴보았고, 신학자로서, 철학자로

---

13) 이선주는 이민교회사의 중요한 시대구분을 3기로 나누어 제1기를 1903년부터 1945년까지, 중간기를 1945년부터 1965년까지 그리고 제2기를 1965년부터 현재(2005년)까지로 잡고 있다. 제1기가 고달픈 망명자의 의식으로 산 시기이고, 중간기는 해방과 6·25전쟁의 혼란 속의 과도기였다면, 제2기는 체류자 의식, 곧 스스로 선택한 삶의 터전이라는 생활의식을 지닌 시기라고 간략히 볼 수 있다.

서, 그리고 이민목회자로서의 김하태의 면모를 각각 살펴보았다. 간략한 글을 통해 김하태의 사상과 업적을 다 평가할 수는 없겠지만 그의 삶과 사상의 여정을 살펴볼 때, 김하태는 신앙과 학문에 있어 개방적이고 포용적인 태도로 일관하고 있음을 볼 수 있다. 유서 깊은 신앙의 가정에서 튼튼히 뿌리내린 믿음의 견고함에 더하여, 이후 진행되는 학문의 길은 그의 신앙에 다양성과 개방성을 더하여 주었다. 특히 연희전문에서의 민족정신의 고취와 타학문에 대한 개방적 접촉은 이후 김하태가 평생의 과제로 삼았던 신학의 한국화, 철학의 세계화의 실마리가 되었다고 볼 수 있다. '궁극의 실재'를 찾았던 인간 김하태의 모습 속에서 우리는 '궁극의 실재'를 찾아야 할 우리의 운명을 다시 보게 된다. 연세대학교『신학논단』「권두언」에서 말하는 김하태의 목소리는 오늘 우리에게도 여전히 유효한 것 같다.

> 진리가 일방적이었더라면, 우리의 탐구는 벌써 그 종지부를 그린지 오래였을 것이다. 행인지 불행인지는 몰라도, 우리는 다각적 안목을 가졌으며, 또한 생활과 역사라는 유동체 안에 우리는 살로 있기 때문에, 잠시도 고정할 수는 없는 것이 아마도 인간의 운명인 듯싶다. 그러므로 우리가 생존하여 있는 한 결코 우리는 진리탐구의 의욕을 억압할 수는 없을 것이다.

2. 서남동의 생애와 사상

1) 서남동의 살아온 이야기

20세기 한국 기독교가 낳은 맑은 영혼의 소유자, 죽재(竹齋) 서남동(1918~1984)은 1918년 목포 앞 바다 작은 섬(자은도)에서 태어났다. 죽재가 갈릴리 예수를 만난 것은 소학교 5학년 때 목포에 있는 교회 학교에 진학하면서 처음으로 성경을 배우면서이다. 죽재는 목포에서 소학교를 마치고 전주에 있는 기독교 계통의 학교인 신흥 중·고등학교에 입학하여 학업을 계속하다가

1936년에 고등학교를 졸업하고, 그의 나이 19세가 되는 해에 일본으로 유학한다. 그는 일본 도시샤대학 문학부 예과를 1년 수료한 후, 신학과에 입학하여 본격적인 신학수업을 쌓게 된다. 죽재는 1941년(24세) 일본 도시샤대학 신학과를 졸업한 후, 한국에 돌아와 잠시 평양에 있는 감리교 계통의 요한성경학교 교사로 재직하다가, 그 다음 해부터 십 년간 대구에서 목회를 한다. 그는 대구에 있는 대구제일교회, 범어교회, 동문교회 등에서 목회를 했는데, 목회를 하면서도 '신학'에 대한 학문적 집념은 대단했다. 이 시기에 한국인으로 죽재에게 가장 큰 영향을 끼친 사람은 함석헌과 김재준이었다. 죽재는 대구에서 목회를 하면서도 함석헌이 하는 성경강해에 참석하여 그의 정신적 영향을 받았고, 김재준과 깊은 교류를 하면서 신학형성에 있어 많은 영향을 받았다. 한편, 죽재에게 가장 큰 영향을 끼친 서구의 신학자는 틸리히이다.

1952년 35세 되던 해에 죽재는 그의 꾸준한 학문적 연구에 힘입어 한국신학대학의 교수로 초빙을 받게 된다. 죽재는 한국신학대학에서 이종성 교수 등과 함께 '철학적 신학'을 강의하면서 자신의 신학적 폭을 넓혀갔다. 그러던 중 더 넓고 체계적인 신학수련의 필요성을 느끼고 37세에 캐나다 유학길에 올랐다. 그는 캐나다 토론토 대학 빅토리아 신학교에서 신학수업을 받고, 1957년에는 동 대학 대학원을 졸업하고 신학석사를 취득하고 귀국하여 더욱 왕성한 신학적 활동을 하게 된다.

1961년 44세의 나이로 연세대학교 신학과 교수로 초빙 받고, 종합대학이라는 보다 넓은 학문적 분위기 속에서 신학수련을 계속하면서 죽재는 주로 '현대신학', '기독교역사철학' 등을 강의한다. 죽재는 연세대학에 있으면서 본격적으로 자기 신학을 체계화시켜 나가는데, 그것은 먼저 본회퍼의 세속화신학, 떼이야르의 진화론, 화이트헤드의 과정사상, 몰트만의 정치신학, 죌레의 신 죽음의 신학, 요아킴 프로리스의 성령의 제3시대론 등이다. 이 때 쌓은 신학적 수련은 훗날 죽재의 민중신학의 신학적 토양이 된다.

또한 죽재는 이 시기에 현대 신학에 가장 민감하게 반응하면서 최신 서구신학

서남동(1966)

을 한국신학계에 소개하여 한국신학의 발전을 위해 크게 공헌하게 된다. 유동식 교수는 이때의 서남동을 가리켜 '현대신학의 안테나'라고 했다. 죽재는 연세대학이라는 종합대학에 있으면서 타학문, 특히 물리학, 생물학, 과학사상을 접하게 되는데, 과학사상이 던져주는 충격의 결과로 그의 연구실에는 신학서적 대신 과학서적이 가득하게 됐고, 신학적 관심 대신 과학종교에 깊이 심취하게 되었다. 그 시기에 죽재는 과학사상에서 새로운 신학적 비전을 보았다. 죽재가 민중신학에 관심을 갖지 않았다면 아마 그에게는 '과학신학자'라는 새로운 명칭이 붙었을 것이다.

1960년 초 이승만 정권의 독재와 부정선거에 반대하여 일어난 4·19 학생혁명은 막강한 이승만 정권의 종말을 가져왔지만, 5·16 군사쿠데타에 의해 한국사회는 다시 장기적인 군사독재 시기로 접어들었다. 이와 같은 1960년대와 1970년대 한국 민중현실의 한 가운데 살았던 죽재는 정치적으로, 경제적으로, 사회적으로, 문화적으로 소외받는 민중을 자신의 신학의 주제로 삼게 된다.

죽재의 민중신학 태동에 있어 중요한 역사적 요소들은 다음과 같다. 첫째, 도시산업선교의 영향이다. 도시산업선교회는 1960년 중반부터 일기 시작한 경제개발계획으로 공업화, 산업화에 따라 발생하는 경제성장의 자체모순에 관심을 두고, 교회의 울타리를 벗어나 고난받는 민중의 현장에서 하느님의 선교(Missio Dei)를 믿고 실천하려는 것으로 죽재의 민중신학 형성에 큰 영향을 준다. 둘째, 젊은 노동자 전태일의 분신자살 사건이다. 죽재는 자신의 민중신학을 전개하면서 전태일의 모습에서 '고난받는 민중의 메시아성'을 보고 전태일의 죽음 속에서 예수의 부활 사건을 보았던 것이다. 셋째, 민중시인 김지하의 문학과 그의 정치적 행태이다. 특히 김지하의 문학은 죽재의 민중신학을 신학적으로 체계화시키는 데에 있어서 중요한 토대가 된다. 즉 '신과 혁명의 통일', '한과 단의 변증법' 등의 구도는 지하의 구상 메모인 "장일담"에서 나온 것이다. 이와 같이 1970년대 한국민중의 상황과 이러한 일련의 중요한 역사적 사건들이 죽재의 민중신학 태동의 배경이 된다.

죽재가 처음으로 민중현실에 직접 참여한 것은 1973년 5월 20일 죽재 자신이 직접 주도하여 이루어진 "한국 그리스도인의 신앙선언"이다. 서구의 교회들이 "제2의 바르멘 선언"으로 부르기를 주저하지 않았던 이 선언은 유신체제하의 한국교회의 신앙고백이며, 한국적인 '민중신학의 선언'이었다. 그러나 신학사적인 차원에서 민중신학을 처음으로 발전시킨 죽재의 논문은 1974년 연세대 신과대 퇴수회에서 발표한 「예수와 민중」이라는 논문과 1975년 2월 기독교 사상에 발표한 「예수·교회·한국교회」라는 논문이다. 민중신학자로서의 서남동의 이러한 현실 참여는 이에 따른 시련을 예고하고 있었다. 1974년 4월 소위 '민청학련' 사건이 조작되어 죽재가 재직하고 있던 연세대학교에서도 학생 17명과 김찬국, 김동길 등 동료 교수들이 구속된다. 죽재는 4월 22일부터 26일까지 '구속 학생, 교수의 석방 실현을 위한 기도회'를 주재하면서 그들의 고난에 동참한다. 1974년 11월 죽재가 '민주회복국민선언'에 서명했다는 이유로 안병무 교수 등과 함께 정부로부터 경고조치를 받음으로써 그에 대한 정부의 정치적 탄압이 시작된다. 1975년 대통령긴급조치 9호에 의해 죽재는 이계준, 안병무, 문동환 교수 등과 함께 국가안보를 위하여 면학분위기를 조성해야 한다는 명분으로 교수직 해임을 권고받고 사직하게 된다. 1975년 8월 17일에는 민중신학사적으로 대단히 중요한 일이 일어난다. 그것은 바로 문동환, 안병무, 이문영 등 기독자해직교수와 그 가족들, 그리고 해고된 기자 등이 참여하여 창립한 '갈릴리교회의 설립'이다. 이 갈릴리교회는 '민중교회'의 효시가 됨과 함께 기독교 민주화운동의 중심적인 장이 된다.

1976년 죽재는 이른바 '명동사건'으로 불리는 '3·1 민주구국선언'에 서명함으로써 긴급조치 9호 위반혐의로 입건되어 커다란 시련을 겪게 된다. 죽재는

15번의 재판과 10차례의 항소심 끝에 징역 2년 6개월, 자격정지 2년 6개월로 형이 확정되었다. 죽재는 만 22개월 만에 문익환 목사와 함께 석방되어 자유의 몸이 되어, 그가 감옥 안에 있으면서 구상한 민중신학을 체계화시키는 일에 전념하게 된다.

죽재는 석방 후 두 달 뒤인 1978년 2월 한국 기독교장로회 선교교육원원장으로 취임한다. 죽재는 동 교육원에서 한국 민중신학을 전개하면서 과감하게 '서구신학'을 단(斷)함으로써 단순히 서구신학을 전달하거나 답습하는 신학자가 아니라, 한국 민중의 고난의 현장에 현존하시는 하느님을 말하는 '한국적 신학자로서의 서남동'의 모습을 보여주게 된다.

죽재는 1979년 한 해 동안 민중신학에 있어 가장 핵심적인 논문인 「두 이야기의 합류」, 「우리의 부활과 사월혁명」, 「한(恨)의 사제」, 「한의 형상화와 그 신학적 성찰」, 「소리의 내력」 등 무려 5편의 논문을 발표하고, 그 이듬해도 민중신학에 대한 논문을 꾸준히 발표했다. 이를 보아 죽재는 이미 감옥에서 민중신학을 구상하고 있었음이 분명하다.

이러한 죽재의 뜨거운 신학적 열정은 민중에 대한 사랑으로 이어지고, 이것은 한국 민중신학의 성숙으로 나타난다. 죽재의 신학은 중단없이 이어지고, 방법론적으로도 더욱 발전된 모습을 보여주는데, 이 시기에 발표한 논문은 「민중은 누구인가」, 「민중신학의 성서적 근거」, 「민담에 관한 탈신학적 고찰」, 「세계의 생명과 그리스도」, 「문화신학-정치신학-민중신학」 등이다. 그러나 죽재의 신학 작업은 더 이상 나가지 못하고 여기서 멈추게 된다. 죽재의 건강이 극도로 악화되어 더 이상 신학작업을 진행할 수 없었기 때문이다. 죽재는 아픈 몸을 이끌고 자신의 모교인 캐나다 토론토 대학 빅토리아신학교에서 명예박사학위를 받고 돌아온 지 두 달 뒤, 1984년 7월 67세의 일기로 한국교회와 신학에 커다란 공헌과 함께 후학들에게 무거운 과제를 남겨 놓고 떠나가 버렸다.[14]

---

14) 채희동, 『민중·성령·생명』, 한들, 1996, 25~53쪽.

2) 서남동 신학의 흐름들

(1) 신학방법론

"신학이란 그리스도교 신앙을 학문적으로 체계화하는 것"이며, "그 시대의 언어와 사상의 틀로써 성서를 재해석하는 작업"이라고 신학의 학문적 성격과 목적을 정리한 죽재 자신에게 있어서도 신학방법론은 중요하게 인식되었다. 채희동은 죽재의 신학방법론을 일반적 방법론과 한국적 방법론으로 나누어 설명하면서 죽재의 위대한 업적은 바로 '한국적 신학'을 모색한 점에 있다고 주장한다. 여기서는 채희동의 구분을 따르면서 죽재의 신학방법론을 살피고자 한다.

우선 일반적 방법론에는 실존론적 방법, 사회경제사적, 문학/예술 사회학적 방법, 성령론적 방법이 있다. 첫째, 실존론적 방법이란 인격적 만남과 결단과 참여를 통해서 이루어지는 지극히 내면적이고 주체적 세계에 대한 접근 방법인데, 그것은 객관화, 일반화, 사물화를 거절하는 궁극적 성격을 지닌 것이다. 이 실존론적 방법의 특징은 '실존적 체험', '결단과 의지', '주체성'의 강조, '지금 그리고 여기'라는 현재 사상, '현재적 종말', '불안' '소외' 등인데, 이러한 실존주의적 사고가 죽재신학의 기본적 요소가 되었다. 비록 후일 이러한 실존주의적 방법론은 고난받는 민중의 삶의 문제를 해결하는 틀로서는 적합하지 않다고 죽재가 말했지만 여전히 죽재의 신학적 사고의 저변에는 일관되게 실존주의적 사고가 자리하고 있음을 볼 수 있다.

둘째, 사회경제사적, 문학/예술 사회학적 방법이다. 죽재는 "사회경제사적 방법으로 성서를 보아야 지금까지 보지 못했던 면이 보일 뿐만 아니라 가장 중요한 면이 보인다"고 말하면서 성서연구의 방법으로 사회경제사적 해석방법을 도입한다. 이제 죽재 신학에 있어 신학을 해석하는 틀은 인간의 인격적 실존이 아니라 인간의 사회적 조건이 그 틀이 되고, 교의적 신학과 실존론적 신학이 간과한 사회적 조건들이 돋보이게 된다. 또한 인간을 볼 때도 개인이기보다는 집단으로, 공동체적 존재로 파악하게 되고, 지배와 피지배의 관계가 인간이해의 중요한 열쇠가 된다. 죽재는 사회경제사적 방법과 함께 문학·예술 사회학적 방법도 적용한다. 우선 사회경제사적 방법과 함께 문학·예술사회학 적 방법을 적용함으로써 비로소 지배세력에 대한 민중의 제약조건들이 분명해 지는데, 여기에서 민중의 '사회적 전기', 민중의 집단적 영혼, 민중의 의식과 그들의 갈망들을 볼 수 있다는 것이다. 이렇듯 서남동의 민중신학의 해석학적 틀에서 사회경제사적 방법은 고난받는 민중 현실에 대한 일차적 방법이 되고 문학·예술사회학적 방법은 민중인식의 이차적인 방법이 된다. 다시 말하면 민중의 대자적인 실체 파악에는 사회경제사적 방법이 크게 공헌하지만 민중의 즉자적인 실체, 즉 민중의 주체적·집단적인 혼이 부각되는 데는 문학/예술 사회학적 연구가 공헌하게 되는 것이다.

셋째, 성령론적 방법은 실존론적 해석과 구별되는 본 회퍼의 '비종교화'를 거친 '정치적 해석'을 뜻한다. '성령론적·공시적 해석'은 자기해방의 역량을 갖춘 민중의 등장을 역사적 근거로 하며, 성령의 제3시대, 탈기독교 시대의 도래를 신학적 근거로 삼는다. 실존론적 해석에서는 개인의 양심의 소리에 의한 결단이 요청되지만, 성령론적 해석에서는 사회적·집단적인 '민중의 여론' 에 의한 결단이 문제시 된다. 그러므로 성령론적 해석에서는 현재의 성령의 역사가 문제의 핵심이고 물려받은 전통은 해석의 '전거'의 구실을 하기 때문에, 여기서 물려받은 전통, 그것이 교회사든, 신학이든 심지어 '성서' 조차도 지금 나의 결단에 하나의 '참고서'가 될 뿐이다.

이렇듯 죽재 신학의 형성의 틀은 우선 실존론적 방법으로 기본적인 신학적 사고 구조를 이룬 다음, 다시 실존론적 방법으로 밝힐 수 없는 사회적 조건의 문제를 경제사회사적·문학/예술 사회학적 방법을 통하여 성서와 교회, 그리고 한국의 민중전통을 분석한 후, 오늘날 민중현실 속에 현재화시켜 실천을 매개로 하여 통합시키는 성령론적 방법으로 완성되었다고 볼 수 있다.15)

다음으로 한국적 방법론을 살펴보면 거기에도 두 이야기의 합류, 한(恨)과

단(斷)의 변증법, 민담(民譚)의 신학-반(反)신학, 탈(脫)신학이 있다. 첫째, 두 이야기의 합류란 서남동의 민중신학에 있어 핵심적인 원리이다. 죽재는 "한국의 민중신학의 과제는 기독교의 민중전통과 한국의 민중전통이 현재 한국교회의 '신의 선교'(Missio Dei) 활동에서 합류되고 있는 것을 증언하는 것"이라 한다. 서남동은 기독교의 민중전통과 한국의 민중전통의 합류가 진정한 '한국신학'으로서 민중신학의 모습을 드러낼 수 있다고 보는 것이다. 죽재에게 있어서 민중의 전통을 이어받는다는 것은 이론이 아니라 실천을 매개로서만 가능한 것이며, 그 전통을 오늘의 구체적인 민중현실에서 현실화시키는 것이 합류인 것이다.

둘째, 서남동의 신학은 쌓이고 쌓인 민중의 한을 풀어주는 한의 신학이다. '한(恨)'에는 두 가지 국면이 있는데, 하나는 패배의식이요, 다른 하나는 강인한 삶에의 의지이다. 죽재의 관심은 혁명이나 반란의 동력으로 작용하는 후자의 측면이다. 죽재는 '한'을 기독교 신학의 주제로 발전시킨 처음 공로가 김지하에게 있다고 인정하면서 그의 "장일담" 구상 메모에서 '한의 신학'을 본다. 이 장일담의 포괄적인 주제는 신과 혁명의 통일, 지상양식과 천상양식의 통일, 밑바닥과 하늘의 일치, 개인의 영적 쇄신과 사회의 정의적 쇄신의 통일인 동시에, 그것은 한(恨)과 단(斷)의 행위로 혁명의 동력화이다. 그러므로 오늘의 교회는 고난받는 민중의 한의 소리로 오시는 그리스도의 음성을 동정하여 학대받는 자, 가난한 자, 고난받는 민중의 한을 풀어주는 '한의 사제'가 되어야 한다는 것이다.

셋째, 죽재는 민중의 이야기, '민담(民譚)'을 재발견하고 민중의 이야기 속에서 민중신학의 새로운 방법론을 탐색한다. 1980년대 들어와서 나타나기 시작한 '민담의 신학' 방법론은 전통신학을 비판 극복하려는 '반신학·탈신학적 방법론'을 낳게 되는데, 이러한 방법론은 민중신학의 방법론적 틀을 보다 더 구체화

---

15) 채희동, 위의 책, 1996, 75~86쪽.

시키고 체계화시킨 것으로 볼 수 있다.

전통신학, 교리는 하느님의 역사적 계시·사건을 담고 있는 이야기를 왜곡 변질시켰고 지배이데올로기에 편입시켰다. 따라서 '원계시'의 재생은 신학적 논술이 아니고 역사적 사건이기에 '이야기'로 가능하다는 것이다. 이 이야기 신학은 사변적이고 추상적이며 지배의 신학인 전통적인 신학이 아닌 '반(反)신학'으로 가능하다. 다시 이 '이야기 신학'은 신학을 '방법론적으로' 유보하는 '탈(脫)신학화'로서 가능해진다.

이렇듯 죽재의 '민담의 신학·반신학·탈신학적 방법론'은 지배 이데올로기로부터 해방되고자 하는 정치신학으로서의 민중신학이요, 한국문화의 주체성의 자각에서 나오는 문화신학으로서의 민중신학이다. 서구신학으로부터 탈신학하여 한국 민중의 이야기가 담긴 민담을 통해서 성서를 해석하고 한국 민중 자신이 구원의 주체요 복음의 담지자임을 말하는 죽재의 민중신학은 바로 '한국적 신학'이라 함이 마땅하다.16)

(2) 신학의 굽이굽이17)

서남동의 신학적 여정은 그의 첫 번째 논문집인 『전환시대의 신학』 머리말과 『기독교사상』(64년 11월)에 쓴 「내가 영향 받은 신학자와 그의 저서」라는 글을 통해서 정리될 수 있다. 우선 죽재의 신학적 변천 과정은 크게 네 시기로 볼 수 있는데, 50년대의 실존주의 신학사상, 60년대의 기독교 신앙의 비종교적 해석을 시도한 세속화 신학사상, 60년대 말부터 70년대 초까지 현대 과학사상을 가지고 신학을 재구성·재해석하려 했던 과학신학사상, 그리고 마지막으로 한국의 민중상황에서 민중의 한의 소리에 신학적으로 응답했던 정치신학으로서의 민중신학 탐구기이다.18) 죽재는 그의 신학 사상의 형성에 있어 개방성을

---

16) 채희동, 위의 책, 1996, 87~102쪽.
17) 채희동, 위의 책, 1996, 55~66쪽.
18) 채희동, 위의 책, 1996, 54쪽.

가지고 각 시대에 도전해 오는 문제들에 적극적으로 대응했다. 또한 서구신학의 한계를 절감하고 한국적 신학의 모색에 골몰했다. 이는 비단 이론적인 차원에서만이 아니라 종국적으로는 자신의 몸을 현장에로 던지는 실천신학으로서의 한국적 신학, 즉 민중신학에로의 여정이었다고 볼 수도 있다. 여기서는 이러한 죽재의 신학 사상의 흐름을 간략히 살피되, 그의 신학 사상의 집성이라 할 수 있는 민중신학 사상은 별도로 다루기로 한다.

우선 죽재의 실존주의 신학사상을 살펴보자. 죽재는 현대 신학자들의 사상을 민감하게 받아들이면서 자연히 실존주의 신학에 몰두하게 된다. 특히 죽재에게 영향을 끼친 신학자는 틸리히(P. Tillich)와 불트만(R. Bultmann)이다. 이 시기에 죽재의 주된 관심은 불트만의 신학을 중심으로 한 '실존주의 역사'에 있다. 그가 '말씀' 일변도의 바르트 신학에 그리 흥미를 느끼지 아니하고, '상황과 문화'에 초점을 두었던 틸리히와 역사적 실재를 추구하던 실존주의 신학자 불트만에 관심을 두게 된 것은 당연한 일이었다. 이 시기에 죽재가 받은 실존주의 신학의 사고의 특징은 '실존적 체험', '결단과 의지', '주체성'의 강조, 그리고 '지금 그리고 여기'라는 현재사상, '현재적 종말', '불안' 등인데, 이러한 실존주의적 사고가 죽재신학의 기본적 요소가 되었다고 볼 수 있다. 후에 죽재의 신학적 관심이 개인의 '실존'에서 인간의 '사회적 조건'으로 옮겨갔지만, 그의 신학적 사고 구조는 여전히 실존론적 사고를 토대로 한다. 왜냐하면 죽재는 실존론적 방법이나 민중신학의 방법 양자에 있어 모두 인격적 만남과 결단과 참여를 통해 이루어지는 주체적 신학을 그 근원으로 하기 때문이다.

죽재 신학 형성에 영향을 끼친 두 번째 요소는 본 회퍼의 『옥중서신』으로부터 시작되는 세속화 신학사상이다. 그리스도교의 복음을 세속화된 세계 속에서 어떻게 비종교적으로 말할 수 있겠느냐 하는 본회퍼의 신학사상은 그에게 하나의 신학적 충격으로 받아들여진다. 이 시기에 죽재는 본 회퍼는 물론 고가르텐, 칼 라너, 반 류벤, H. 콕스 등의 세속화신학을, 그리고 M. 마티의 'New Theology' 시리즈와 W. 판넨베르크의 역사의 신학, 알타이저의 신의 죽음의 신학, 요아킴 플로리스의 성령의 제3시대론, 몰트만의 희망의 신학까지 섭렵하고 있다.

이제 죽재의 역사의식은 실존주의적인 데서 새로운 시대경륜(dispensation)이라는 데로 넘어가고 있다. 본회퍼와 신 신학자들에 의하면 새로운 시대경륜에 돌입했다는 것은 과학과 기술 문명에 의해 종교의 시대가 지나갔으며 교회의 보호를 떠난 세속의 시대요, 따라서 현대는 콘스탄틴 이후 시대(Post-Constantine Era), 기독교 이후 시대(Post-Christian Era), 종교 이후 시대(Post-Religions Era)라는 것이다. 지금까지의 문화의 기초가 되어 왔던 종교는 무용지물이 되었고, 이제는 신 없이 인간들이 스스로의 운명과 역사에 책임을 지고 기술문명을 구사해 가는 '성숙한 시대'(World come of Age)요, 세속화한 시대라는 것이다. 이것은 타락이 아니라, 하느님의 시대경륜인 것이다.

세속화 신학에 관한 연구 이후 죽재는 '역사신학'에 관한 논문들을 발표한다. 죽재의 신학적 관심은 확연히 실존주의적 신학에서 '역사의 신학'으로 전환해 간 것이다. "참 실재는 형이상학적 실체나 초월적 주체가 아니라 역사적 과정이요, 사회적 관계이며, 주어진 것은 완결된 우주가 아니라 방향을 가진 역사 곧 열려진 장래이다."[19]라고 서남동은 말한다. 죽재는 이렇게 역사로서의 계시를 말하면서 미래의 신학 곧 소망의 신학으로 넘어가고 있는 것이다. 현대의 '신 죽음의 신학'과 '세속화'라는 신학적 논제들을 철저하게 밀고 나아가서 관통하고, 현대인의 신 상실을 공감하기 때문에 부활의 신을 소망할 수밖에 없다는 것이다. 이처럼 '세속화 신학'이 기독교 후기 시대를 주장하기 시작하면서 신학은 그 주제를 세속, 희망, 혁명, 해방, 정치 등으로 옮겨가게 되었고, 죽재는 이러한 흐름 속에 민중신학의 신학적 토양을 준비하고 있었다고 볼 수 있다.

죽재 신학의 제3기는 연세대학이라는 종합대학으로 옮겨오면서, 현대의

---

19) 서남동, 『전환시대의 신학』, 한국신학연구소, 1976, 398쪽.

'과학종교'에 충격을 받아 현대의 과학사상을 가지고 '성서', 특히 신학을 재해석, 재구성하면서 형성된 과학 신학사상의 전개 시기이다. 죽재는 떼이야르 드 샤르뎅의 진화론을 정리하는데, "샤르뎅 사상을 타원형으로 상징하여 두 중심 중 하나는 우주 진화 과정의 종극점, 곧 Omega Point(이성의 오메가)요, 또 하나는 우주적 그리스도(Cosmic Christ, 계시의 그리스도)인데, 결국 이 둘은 같은 하나"라는 것이다. 죽재는 이러한 샤르뎅의 사상이 오늘의 신학의 최대 과제인 '이원론'의 극복, '미래의 비전'에 대한 새로운 응답이라고 본다. 그러면서 과학적 탐구 자체가 '앞서 가는 신'에 대한 찬양이라는 샤르뎅의 사상에 동의하고 있다.

죽재의 관심은 이어 기술과학에 대한 자리로 옮겨간다. 죽재는 인간과 기술의 관계를 생래(生來)의 신체와 그 수족의 관계와 같은 것으로 보고 '인간의 기술화'가 아니라 '기술의 인간화'를 모색하면서 현대의 기술 사회에서 인간의 소외를 극복하고자 했다.

또한 죽재는 근대의 과학사상과 기독교 신학의 관계를 화이트헤드의 과정사상과 샤르뎅의 창조적 진화론에 근거해 설명하면서, '과학의 시대'에 신에 대한 동의어는 '진화'이며, 신은 바로 진화과정의 창조력이라고 말한다. 죽재는 이렇게 과학종교, 기술과학, 생명과학 사상에 몰두하면서 자연히 인류가 곧 직면하게 될 생태계의 위기를 보게 되고, 그것을 경고하면서 '생태학적 신학'을 추구하게 된다. 현금의 생태학적 위기를 고려해 볼 때 죽재의 선견은 실로 놀라운 통찰이라 할 수 있을 것이다.

이렇듯 죽재의 신학은 진리를 찾아 끝없이 떠도는 순례자의 신학이요, 어느 것에도 막힘이 없이 흘러가는 자유의 신학이라는 것을 우리는 깨닫게 된다. 이러한 죽재의 신학적 흐름들은 다시 합류하여 정치신학, 즉 민중신학이라는 거대한 흐름을 한국신학계에 만들어 내게 된다.

3) 서남동의 민중사랑 이야기

죽재 신학의 마지막 시기는 정치신학으로서 민중신학으로 나타난다. 서남동의 민중신학은 70년대 한국민중의 구체적인 고난과 억압, 소외에 대한 신학적 응답이다. 이 시기는 죽재가 1974년부터 1984년까지 마지막 십 년 간 자신의 신학을 집대성한 시기요, '한국적 신학'의 길을 연 시기로, 한국 교회사에서 큰 의미를 지닌다.

죽재에게 있어서 민중신학의 출발점은(시간적으로) 비록 충실한 강단의 신학자 모습이었지만, 1972년 유신헌법이 통과되고 한국사회가 극도로 혼란해지면서 한국교회와 체제와의 갈등이 증폭되어 가는 상황을 한 시대인으로서 경험하며 자신이 주동하여 발표한 '1973년 한국 그리스도인의 신앙선언'으로 보는 것이 좋을 것이다. 왜냐하면 죽재는 이 선언 이후 기독교교수협의회에 가입하여 직접적으로 정치에 참여하고 있기 때문이다. 그 이듬해인 1974년부터 민주화운동에 적극적으로 참여하면서, 문화적으로 고난받는 그 당시의 한국 '민중'에 관심을 갖기 시작했고, 결정적으로 지금까지 자신이 해왔던 신학을 반성하면서, 그리고 그의 앞선 신학과 단절하면서 민중신학으로 그 신학적 방향을 돌린 것은 1975년 WCC 참석[20] 이후로 볼 수 있을 것이다.

이러한 죽재의 정치적 참여는 예정된 시련을 죽재에게 안겨줬고, 이러한 시련은 다시 죽재의 신학을 더욱 굳세게 연단시켰다. 민중 속에서 예수의 메시아성을 발견한 죽재에게 시련은 오히려 부활의 소망에로 한 걸음 재촉하는 초대요, 약속이었던 것이다. 그렇기에 죽재의 민중사랑을 끊을 것은 그 누구도, 그 무엇도 없었던 것이다. 이제 민중신학에 나타난 중요한 내용들을 살핌으로써 죽재의 신학을 정리하고자 한다.

---

20) 1975년 아프리카 나이로비에서 열린 WCC회의에서 거기에 모인 대표들로부터 죽재는 한국 문제에 대한 질문을 받고 답변하지 못했다. 이에 충격을 받은 죽재는 한국에 관한 자료들을 며칠에 걸쳐 읽으면서 신학적 회심을 하게 된다. 그래서 그의 신학의 장이 서구신학이라는 보편적 장에서 한국이라는 특수한 장으로 옮겨지게 된다.

먼저 죽재에게 있어 '민중'이 말하는 것은 무엇인가? 죽재의 민중신학은 신, 예수 그리스도를 말하기 이전에 먼저 '민중'을 그 신학적 주제로 삼는다. 민중신학의 주제는 예수라기보다는 민중이라는 것이다. 죽재는 민중의 개념 정의에 앞서 '인간' 혹은 '사람'이라는 말 대신에 '민중'이라는 말을 쓰자고 제안한다. 그러기에 그의 민중론은 곧 인간론을 뜻한다. 죽재에게 있어 '민중'은 '백성', '시민', '프롤레타리아', '대중', '지식인'과는 다르지만 함석헌의 '씨알' 개념과는 상보적인 것이 된다. 죽재는 김지하의 민중이해를 받아들이면서, 첫째로, 민중은 하느님과 땅과의 계약의 상대(Partner)로서 민중이 실제로 생산을 담당하는 주역이라고 하며, 둘째로, 민중이 창조와 역사에 있어서 하느님의 공의 회복의 담지자(Bearer) 내지 작인(Agent)이라고 한다. 죽재는 바로 민중의 고난에서 메시아를 본다. 민중이 겪고 있는 고난자체가 바로 민중의 메시아 역할을 하는 것이다. 그러기에 고난받는 민중이 메시아이고, 그런 의미에서 지금 고난받는 민중이 새 역사, 새 사회를 건설할 주역이 되는 것이다.

죽재의 '하느님' 이해를 살펴보면 실존주의 신학사상 탐구기 때는 틸리히의 존재론적 방법을 받아들여 '존재 자체로서의 신'을, 세속화 신학사상에 몰두할 때는 '신의 죽음'을 경험하면서 무신론적 그리스도를 받아들인다. 그리고 이러한 신학적 무신론을 극복하기 위해 '새로운 자연신학'을 추구하여 세계와 자연에 역사하는 신의 모습을 읽는다. 그는 여기에서 한발 더 나아가 떼이야르의 진화론, 화이트헤드와 하트숀의 과정신학의 영향 속에서 형성된 우주적이고 진화론적인 신이해를, 그리고 '생태학적 신학'에 몰두하면서 자연히 '생성하는 신'을 말하게 되었다.

이처럼 죽재의 신학에는 일관된 신 이해의 흐름이 있는데, 그것은 주어진 시대의 신학적 과제를 해결하기 위해 자연신학적, 목적론적 방법으로 신을 이해하고 있다는 것이다. 즉 신은 우주 발전 과정의 동력이며, 초월자, 절대자로서가 아니라 자연과 세계 속에서 역사 하시는 '생성하는 하느님'인 것이다. 죽재는 민중신학을 탐구하면서 무엇보다도 억눌리고 소외당하고 고난받는 이 땅의 민중들과 함께 하시는 하느님을 보게 되는데, 이 또한 '생성하시는 하느님', '일하시는 하느님'과의 한 흐름 속에서 만날 수 있는 신 이해인 것이다.

죽재의 '신'에 대한 관심은 민중신학을 탐구하는 가운데 축소되어감을 볼 수 있다. 그것은 민중신학의 주제가 '민중'이요, 민중은 역사적 예수와 동질성을 확인함으로써 민중신학이 형성되기 때문이다. 죽재는 이 시기에 민중신학의 전거로서 구약의 '하비루'21)와 '민중'을 병치시키면서 야웨 하느님은 사회에서 억압받고 천대받으며 짓밟힌 억울한 사람들의 소리를 들으시고 그들을 보호해 주시고 구원해 주시는 하느님이라 본다. 그리고 그 하느님이 바로 고난받는 민중을 해방시키시는 '민중의 하느님'이라는 것이다.

죽재의 민중신학에서 '예수'와 '민중', 이 양자는 상호 동일성을 확보하게 되고 민중신학을 해석하는 두 기둥이 된다. 전통적인 기독교 신앙에서는 십자가와 부활이 거의 비역사화, 비정치화 되어 종교적 상징으로 바뀌었지만, 죽재는 십자가와 부활을 역사적, 정치적으로 해석함으로써 민중사건으로서의 십자가형과 민중의 각성, 봉기로서의 부활의 현재화를 말한다.

죽재는 예수의 십자가 사건을 사회경제사적으로 해석하면서 예수의 십자가는 단순한 종교적 상징이기에 앞서서 로마제국 형법에 의해 처형된 십자가형이라는 것이라고 한다. 예수의 십자가 사건이 살해된 예수의 십자가형이라면 예수의 부활도 살해된 예수의 부활이다. 부활의 문제는 죽음에 대한 물음이며 죽음을 당한 자의 부활이다. 따라서 부활은 살해된 자들의 항변이며 한풀이이며 침해된 공의의 회복이다. 부활신앙은 피안적인 것이 아니라 역사 선상에서 도래하는 새시대, 새사회, 새정치를 말하는 메시아 정치를 향한 의지인 것이다. 죽재는 이렇게 부활을 사회학적, 정치신학적 개념으로 이해하면서, 결국 부활은 민중이 역사의 주체임을 자각하고 일어나는 민중의 봉기로 본 것이다. 그러나

---

21) 하비루(Habiru)는 혈연공동체도 아니고 언어공동체도 아니고 문명공동체도 아니다. 하비루는 고대 근동 전역에 퍼져 있으면서 어느 안정된 사회 질서에 뿌리박지 못하고 권리를 빼앗긴, 변두리계층, 하급계층을 통칭하는 것이다.

죽재는 이러한 '민중의 봉기'는 갈릴리가 새 예루살렘이 되고 예루살렘이 갈릴리가 되는 '악순환'을 의미하는 것은 아니라고 한다. 이것은 한이 또 다른 한을 만들어내는 보복의 악순환이 아니라, 한의 단(斷), 곧 친교와 평화의 메시아 정치가 실현되는 메시아 왕국의 도래를 뜻하는 것이라고 한다. 그리고 이러한 예수의 부활은 현재화, 현장화, 구체화 되어야 하는 것으로 '오늘의 부활 현장'이 없는 부활신학, 부활신앙은 열매 없는 잎만 무성한 무화과나무라는 것이다.

죽재의 성령론은 죽재신학 제2기인 '세속화 신학'을 탐구하면서부터 나타난다. 즉 종교의 후견에서 벗어나서 세속화되는 역사과정은 인간의 성숙과정이라는 본회퍼로부터 신학적 자극을 받는데, 이것은 죽재로 하여금 실존주의 신학에서 '역사의 신학'에로의 전환을 가져오게 하였고, 자연히 죽재는 '시대경륜'(oikonomia, dispensation)에 관심을 갖게 되었다. 이 시기에 형성되기 시작한 죽재의 '성령의 신학'은 그가 민중신학을 체계화하는데 중요한 방법론적 원리를 제공한다. 이를테면 죽재의 민중신학은 사회경제사적 방법에서 성령론적 방법으로 완성이 되는데, 민중의 메시아성, 민중과 예수의 동일화, 민중의 자력 구원론, 십자가와 부활사건의 현재화 등 민중신학의 주요 해석원리는 모두 성령론적 방법에 근거한다.

특히 죽재는 요아킴 플로리스(Joachim Floris, 1131~1202)가 전 역사 과정을 성부시대, 성자시대, 성령시대로 시대구분한 것을 받아들였다. 요아킴의 '성령의 제3시대론'은 구속사와 세속사가 하느님의 선교에서 만나지며, 비종말론화된 교회 절대주의를 거부하는 종말론적 천년왕국의 회복인 것이다. 그러기에 죽재는 어거스틴의 교회절대주의 사관을 반대하고 요아킴에 의해 다시금 부활된 그리스도의 천년왕국에 대한 종말신앙을 취하게 된 것이다. 죽재에게 있어서 천년왕국은 메시아 정치로 나타난다. 이 메시아 정치의 내용은 첫째로, 민중이 그 역사적 주체성을 획득하는 것이다. 둘째로, 메시아 정치는 그 정치방식으로서 통치하는 정치, 지배하는 정치가 아니라 민중을 섬기는 정치이다(마가

10:42~44 참고). 셋째로, 그 내용은 친교(사도행전 4:32~37)와 평화(샬롬, 이사야 11)다. 이 메시아 정치는 '몸의 부활'이라는 종교적 상징으로밖에 표현할 수 없는데, 이것은 갈릴리 곧 지금 소외된 민중이 종말론적(혁명적인) 승리의 실체가 되리라는 말이며, 민중이 메시아 왕국의 주인공으로 등장하게 된다는 약속이다. 이렇게 민중의 역사적 주체성을 회복하는 부활의 약속이 메시아 정치(천년왕국 운동)인 것이다.

이러한 죽재의 민중신학은 실존론적 신학을 넘어서면서, 역사적 단계의 신학과도 구별되는 종말론적 단계의 신학이다. 이 종말론적 단계의 신학은 역사 변혁, 사회 개조, 정권 교체적인 범주를 넘어 '신과 혁명의 통일', '밑바닥과 하늘의 일치', '지상 양식(밥)과 천상 양식(자유)의 일치'의 신학, 인내천의 신학, 하느님의 직접 통치하는 종말론적 신학인 것이다.

죽재는 몰트만의 탈출 공동체로서의 교회에서 요아킴의 성령의 제3시대론을 받아들여 카톨릭교회(아버지가 되는 교회)와 프로테스탄트교회(말씀이신 성자의 교회)를 지나 새롭게 일어나는 교회의 제3형태 곧 '성령의 교회', '민중의 교회'를 말한다. 이 '성령의 교회'는 오늘 세속화된 속 기독교시대에 '하느님의 선교'를 수행하는 것으로써, 성령의 인도에 따라 일어나는 자발적인 교회이다. 또한 '성령의 교회'는 어떠한 형태도 전제하지 않으며 민중이 목회의 대상이 되는 것이 아니라 민중이 자기 역사의 주체라고 각성한 민중의 교회이다. 즉 민중을 위한 목회적 교회로부터 민중 속에 있는 민중 친교의 교회인 것이다. 그러기에 '민중의 교회'는 민중현실에 대한 참여와 민중의 억울한 한을 풀어주는 현장인 곧 민중의 교회인 것이다. 결국 민중의 교회는 이러한 민중의 언어, 이야기를 살리면서 민중의 한을 풀어주는 사제가 되어야 한다는 것이다. 그러기에 한의 사제로서의 민중교회는 민중적 한을 풀어주는 위로자로서의 교회, 그리하여 한으로 인한 폭력의 순환고리를 끊어야 하는 교회, 순환을 (직선)운동으로 바꿔야 하는 교회, 그러기 위해서 한정된 폭력을 접수해야 하는 교회, 모든 진보사상과 어둠 속 투사와 래디컬의 제단이어야 할 교회이다.

요컨대 오늘날의 탈 기독교 시대에서 민중의 교회는 본래적인 성서의 복음이 탈정치화 되면서 양분된 개인 영혼의 순화(신)와 사회 구조의 인간화(혁명)를 '동시적으로 동일체계'로서 다루어야 하는 '신과 혁명의 통일'로서의 교회이어야 한다. 민중의 교회로서 성취할 신과 혁명의 통일은 초자연적 기적이나 우연히 발생하는 결과도 아니며 영웅이나 엘리트가 이데올로기를 걸고 주도하는 방식으로서도 아닌 민중 자신의 지혜와 신념을 가지고 이룩해 나가는 길이요, 그러함으로 그것은 탈출의 과정이요, 나그네의 길인 것이다.22)

4) 나가는 말

이상으로 죽재 서남동의 살아온 이야기, 신학방법론과 흐름들, 그리고 죽재 신학의 집대성이라 할 수 있는 민중신학 이야기를 살펴보았다. 죽재의 삶과 사상은 그야말로 하나의 과정이요, 운동이라 할 수 있다. 어느 한 곳에 머무르지 않고 끊임없는 순례하는 신학의 도상에 죽재는 서 있었던 것이다. "도대체 서남동의 신학의 정체가 무엇이냐"는 혹자의 질문에 대해 서남동은 신학자라면 누구나 진리에 대해 개방적인 태도를 취해야 하는 것이지, 자기 입장이라는 것이 그렇게 중요한 것은 아니라고 했다. 또한 시대의 변화를 자기변화로 수용할 수 있어야 한다고도 했다.23) 이렇듯 현대신학의 안테나로서의 죽재는 시대의 변화에 과감하게 자신을 던지고 오히려 그 흐름 속에서 자유함을 추구한 신학자라 할 수 있다.

이러한 개방성은 비단 신학에만 국한된 것이 아니라 과학, 문학, 역사, 정치, 사회, 경제 등의 인접학문에로의 탐구로 이어져 죽재의 사상을 그 폭과 깊이에 있어 더욱 확장시키는 동력이 되었고, 결국 민중신학이라는 한국적 신학, 한국의 정치, 경제적 현실에 응답하는 실천 신학의 태동을 가져오게 된 것이다.

---

22) 채희동, 앞의 책, 1996, 139~181쪽.
23) 서남동, 『민중신학의 탐구』, 한길사, 1983, 202~203쪽.

강단과 관념에만 머무르는 신학이 아닌, 삶의 현장, 한(恨)의 현장에서 구체적인 민중의 삶을 겪으면서 몸으로 써내려간 이야기가 바로 죽재의 신학이라 할 수 있다.

죽재의 사상은 여전히 진행 중이다. 그가 들려줬던 선구적 이야기들과 생각들은 오히려 오늘 우리시대에 더욱 적합하고 요청되는 통찰들이다. 2007년 죽재서남동기념사업회창립선언문[24]은 이 점을 분명히 밝히고 있다. 몇 구절을 인용하면서 글을 정리하고자 한다.

우리는 죽재 서남동 목사(1918~1984) 기념사업회를 창립하면서 오늘의 한국의 교회와 세계 현실이 복음의 빛과 능력에 의해 반드시 변혁되어야 하고, 쇄신될 수 있다고 믿으면서 뜻있는 신앙동지들과 하나님의 백성들의 연대와 동참을 호소하면서 다음과 같이 선언한다. 죽재 서남동 목사의 신학과 사상은 완결된 과거의 유산이 아니라 창조적으로 계승 발전해야 한다. 그의 신학적 비전과 예언자적 통찰력은, 맛 잃은 소금처럼 세상 사람들의 발에 짓밟히며 조롱거리가 되고 있는 한국 교회를 치유할 명약이 될 수 있다고 한다. (……) 죽재 서남동 목사의 신학사상은 교회울타리 안에 제한되지 않았다. 그의 사상은 동전의 양면처럼, 한편으론 교회현실에 대한 비판적 성찰과 대안제시이며, 다른 한편으론 정치·경제·문화로 압축되는 세계 현실의 비판적 개혁과 관계되어 교회개혁과 세계개혁은 서로 맞물려 있다. 교회 현실은 세계 현실에 대응하여 다양한 상호관계를 설정하면서, 그리스도인들은 복음의 자기정체성과 의미연관성의 딜레마를 긴장 속에서 견디며 순례자의 길을 걸어간다. (……) 성서가 가르치고 갈릴리 예수 그리스도가 전한 하나님 나라의 비전, 곧 나라들 사이에, 공동체들 사이에, 개인과 개인 사이에, 믿음·소망·사랑의 상호연대성은 파괴되고, 만인의 만인에 대한 적대관계만이 강요된다. 우리는 급격한 훼손과 이상 기온의 빈발 등이 모두 극복되어야 할 현대문명의 부정적 결과라고 보지 않을 수 없다. 우리는 평화통일의 한민족 미래가 오늘의 세계화 질서 속으로 종속되는 형태로서 이뤄져서는 아니 되고, 동아시아 공동체의 미래 비전과 한민족공동체의 인간다운 사회 형성을 위하여 새로운

---

24) 죽재서남동기념사업회 엮음, 『서남동과 오늘의 민중신학』, 동연, 2009, 313~316쪽.

꿈을 가져야 한다고 믿는다. (……)

죽재의 이야기는 아직 끝나지 않았다. 굽이를 돌아 다시 새로운 이야기와의 합류를 기다리며 먼 미래를 향해 흐르고 있다.

3. 맺음말 : 학문의 열정이 진리의 숨으로 흐르는 공동체

한국을 넘어 세계에서 학문의 우수성과 전문성 그리고 학문공동체의 개방성으로 주목받는 연세대학교. 그 시작은 조선인의 교육을 선교적 사명으로 삼은 언더우드 선교사의 열정이었다. 선교와 교육을 통해 참된 이치를 조선 땅에 전파하고자 하였던 언더우드 선교사의 기도가 한 알의 밀알이 되었고, 그 밀알이 오늘날까지 이르는 수많은 학문구성원들의 진실된 노력과 맞닿아 풍성한 결실을 맺은 것이었다.

이러한 점에서 그리스도교의 참된 이치를 연구하며, 이를 삶 속에서 실천하고자 하는 연세신학은 연세대학교의 심장이라 할 수 있다. 연세신학은 연세대학교의 창립정신에 기초하여 연세의 첫 발자국과 함께 나아갔으며 동시에 오늘날까지 연세 학문공동체에 끊임없는 진리의 숨을 제공하기 때문이다. 즉 연세신학은 연세의 학문공동체의 학풍을 조성해주고, 이를 계승하고 이어나가는 연세의 중추인 것이다. 특히 해방 이후 연세신학의 김하태와 서남동이 나아갔던 학문과 삶의 길은 이러한 연세신학의 중추적 역할을 드러내주는 좋은 역사의 발걸음이다.

세계신학에서 논의되던 첨단의 신학적 담론들을 습득하고, 이를 한국에 소개하였던 김하태와 서남동의 정신은 오늘날 세계적 흐름에 민감한 개방적인 학문풍토와 첨단의 전문성을 추구하는 연세대학의 학문풍토와 맞닿아 있다. 동시에 서양의 이론적인 담론에만 얽매이지 않고, 이를 한국의 문화바탕에 기초하여 이해하고자 하였던 이들의 정신은 개방적인 태도로 진리를 습득하고 이를 창조적으로 발전시켜 결국 우리의 것으로 만드는 연세의 학문풍토의 결과물이었던 것이다. 더 나아가, 구체적인 시대현실에 진실 된 자세로 진리에 입각한 자유를 추구하였던 이들의 정신은 단순히 상아탑에 갇힌 죽은 담론이 아닌 나의 것을 남과 나누는 역동적인 실천인 연세학풍의 역동성에 뿌리박은 것이었다.

언더우드의 선교적 유산을 학문적 개방성과 전문성 그리고 시대에 대한 진실성에 입각하여 창조적으로 계승한 김하태와 서남동으로 대표되는 해방이후 연세신학의 정신은 연세대학교의 학문공동체가 '진리와 자유' 앞에서 더욱 더 발전할 수 있는 기틀을 마련해주었다. 개방적이며, 포용력 있는 학문적 태도와 이를 끊임없이 탐구하는 태도, 그리고 이를 단순히 자신의 이기적 욕심에 결부시키기보단 나라와 민족의 아픔과 상처를 나누는데 이바지하고자 하였던 태도. 이것이 바로 오늘날 학문적 전문성과 우수성 그리고 진실성에 기초하여 세계적으로 인정받는 연세의 학문공동체가 연세신학의 스승들로부터 배운 고귀한 학문 풍토이기 때문이다. 그러기에 언더우드 선교사의 열정이 연세대학교의 기본 토양이었다면, 해방 후 연세신학이 전개한 학문의 여정은 연세대학교의 발전의 큰 자양분이다.

해방 이후 연세신학이 보여준 진리와 자유의 학문 태도는 오늘날 연세대학교의 고귀한 학문 전통이자 앞으로 연세의 학문공동체가 이어나가야 할 값진 보배이다. 오늘날 우리의 학문여정이 후대의 자리에서 우리의 선대의 학문여정과 같이 깊은 울림으로 다가갈 수 있도록 우리는 다시금 연세의 심장으로 뛰었던 김하태와 서남동의 열정을 되새겨야 할 것이다.

김 왕 배

한국 사회과학계의 발전과 연희학풍

1. 한국 사회과학의 태동

한국의 사회과학 수용은 봉건사회의 모순과 제국주의 침략이 맞물린 국가적 위기상황 속에서 근대화를 위한 지적기반으로서 서양의 근대 학문을 받아들이는 가운데 시작되었다. 국권을 유지하기 위해서는 국가체제를 시급히 서구적인 근대사회로 전환시켜야한다는 인식 속에 서양의 근대체제를 다룬 정치학, 법학, 경제학, 사회학 등이 소개되기 시작한 것이다. 이후 사회과학의 수용은 절박한 시대상황 속에서 급속하게 그 깊이와 폭을 넓혀갔다. 당시 한국의 지식인들과 지식인 사회는 중국과 일본을 거쳐야 하는 이중번역의 한계 속에서도, 그리고 자주적 근대국가 건설이라는 시대적 과제에 조속히 부응해야한다는 부담 속에서도 서양의 사회과학을 주체적으로 소화하려는 의지와 가능성을 보였다.[1)]

그러나 사회과학의 주체적인 수용과 정착은 병합과 더불어 공식화된 일제의 식민지배로 인해 커다란 난간에 봉착하게 되었다. 대부분의 사회과학 분야에서 국가의 존재가 기정사실로 전제되었지만, 이제는 사라진 국가와 새로 태어난 식민지라는 시대적 조건은 학문의 자유를 억압하는 것은 물론, '식민지에서의

---

* 이 글은 이현희(박물관 학예사), 노상균(사학과 대학원 박사과정) 두 사람의 적극적인 자료조사 및 원고정리에 힘입었다.
1) 이태훈, 「한말 서구 '사회과학' 수용의 연구 동향과 과제」, 『한국문화연구』 20, 2011.

사회과학'이 무엇인지를 되묻게 만들었기 때문이다. 여기에는 크게 두 가지 가능성이 존재하였다. 하나는 경성제국대학 설립 이후 나타난 여러 경향과 마찬가지로, '제국 일본'을 국가로 인정하고, 그 '국가'의 식민지배에 필요한 관제 실용학문이 되는 것이었다. 다른 한편, 이와 반대되는 입장에서 '식민지배'의 모습을 '조선인 본위'로 파악하고, 이에 따른 '국가'정책에 대한 비판과 개선을 요구하는 모습도 존재하였다. 한 예로 1931년에 출판된 이여성(李如星)·김세용(金世鎔)의 『수자조선연구(首字朝鮮硏究)』와 같은 책을 그 기초적인 모습으로 들 수 있을 것이다.

이를 고려해 보았을 때, 한국에서의 사회과학의 성립은 단순히 서구 근대학문의 수용, 이식만으로는 설명할 수 없다. 오히려 진정한 의미에서 한국 사회과학의 성립은 전통을 계승 발전하면서, 우리 학문의 근대화 내지 우리식의 학문 근대화를 이룰 때 비로소 가능한 것이라 여길 수 있을 것이다. 이러한 점에서 앞서 제기한 두 가지 사회과학의 길 가운데 후자는 더욱 주목해볼 필요가 있다. 후자, 다시 말해 일제하 한국 사회과학의 주체적 수용을 위한 노력은 연희전문과 보성전문 같은 사립 고등교육 영역에서 활발히 전개되었다. 특히 연희전문은 일본 유학파뿐 아니라 미국 유학파, 그리고 국내파들의 각기 다른 다양한 교육적 배경을 가진 유수한 교수진들이 모여서 민족 한글의 전통을 이어가면서 동양과 서양 고전과 현대의 학문적 조화와 융합을 도모하는 '동서화충(東西和衷)'의 방법론을 제시하였다.[2]

분과별로는 특히 경제학과 사회학의 수용과 발전이 두드러지게 나타났다. 경제학의 경우에는 이순탁, 백남운, 조병옥 등에 의해 마르크스주의 경제학 강의와 미국 자유주의 경제학의 강의가 함께 이루어지면서 반일(反日), 반관학(反官學)의 학풍을 구축하였다. 또한 사회학의 경우 1917년 한국에서 최초로 사회학 과목이 언더우드, 백남준 등에 의해 개설되었고, 특히 하버드에서 '사회법칙'으

---

2) 김도형, 「1920~30년대 民族文化運動과 延禧專門學校」, 『東方學志』 164, 2013.

로 사회학 최초로 박사학위를 받은 하경덕이 연희전문의 교수로 재직하면서 서구 근대의 사회학 강의가 본격적으로 실시되었다. 이러한 점에서 연희전문은 한국의 사회과학의 성립과 발전과정에서 중심에 있었다고 할 수 있다. 그리고 이러한 일제하에서의 사회과학 연구와 교육은 해방 이후 보다 주체적인 관점에서 한국의 사회과학이 성장할 수 있는 밑받침이 되었으며, 특히 연희전문에서의 교육은 이를 주도하는 위치에 있었다고 자리매김할 수 있을 것이다.

이러한 와중에 해방을 맞이하면서 일제 하에 정착된 행정관료체제 및 지식교육시스템과 내용은 일부 변형되고 일부 유지된 채 미군정에 의해 전격적인 변화를 경험하였다. 경성대학은 물론, 전문학교가 대학으로 승격 재편되면서 연희대학이 출범하게 되었다. 정치, 경제의 헤게모니가 미국으로 건너가면서 문화교육의 체제나 내용 역시 미국 중심의 체제로 바뀌었다. 일찍이 미국 선교사에 의해 성립된 연희대학은 미군정의 교육개편의 모델이 되었고, 일부 교수진들이 이에 적극 참여하기도 하였다. 연희대학은 당시 국내에서는 가장 선두적인 글로벌 대학으로 발돋움하고 있었다고 해도 과언이 아니었다.

해방 이후 미군정기를 거쳐 전쟁기에 이르기까지 연희대학은 한국대학을 선도하는 중추적인 역할을 담당했다, 그러나 한국전쟁기 동안 한국의 모든 대학들과 마찬가지로 연희대학 역시 많은 고충을 겪어야만 했다.

주지하는 바와 같이 남북분단과 한국전쟁은 극도의 이념대립을 낳았다. 1950년대는 전쟁의 상처가 아직도 아물지 않았을 뿐더러 전쟁의 폐해와 함께 이념의 폐해로 인해 대학의 성장 역시 크게 지체되었다. 많은 건물들이 파괴되었고, 학생모집에도 어려움을 겪게 되었다. 이와 함께 학문의 전제조건인 사상 및 표현의 자유는 극히 제한되었다. 반공주의가 국시로 제정되면서 체제를 넘어 사유할 수 있는 진보적 사상과 학문적 성향이 자리잡을 수 있는 토양이 급격히 줄어들 수밖에 없었다. 또한 많은 지식인들이 월북을 당함으로써 한국의 지식계는 많은 자원을 상실하고 말았다.

한편, 한국전쟁 이후 미국은 본격적으로 식량 및 기술 원조정책을 통해 한국의 재건을 도왔고, 정치, 행정, 경제면에서 깊숙이 개입했다. 그리고 대학교육은 물론 행정체제의 인력을 공급하기에 이르렀다. 무엇보다도 미국의 영향력 아래 놓여있는 신흥 해방국가는 미국식 행정체제의 도입과 함께 행정인력이 필요했으며 미국 유학을 통해 이를 충원하기도 했다. 물론 한국의 경우 기존 일제시대 일본 유학을 통해 충원되었던 행정인력이 해방이후에도 그대로 남아, 근대화 기능을 담당했다.

이와 함께 미국은 자국 내에 지역학을 설립하고 (지역학) 연구를 통해 세계 각 나라의 정치, 역사, 문화의 전공자를 길러, 외교정책에 적극 활용하기도 하였다. 미국의 지역학 연구는 국내 학자들은 물론 외국 학자들이 서로 사상적, 지적 교류를 가능하게 하는 통로였다. 또한 자연스럽게 미국 유학을 통한 인력자원들이 국내 행정 및 대학 교육에 투입됨으로써 한국의 대학들은 새로운 전기를 맞이하게 된다. 이제 50년대 이후부터 본격화되었던 미국 지역학 연구의 현황을 통해 국내에 지식인력이 어떻게 산출되고, 연희대학은 어떤 영향을 받고 있었는지를 사회과학의 영역을 통해 개괄해 본다.

2. 미네소타 프로젝트

1957년부터 본격적으로 '미네소타 프로젝트'가 진행됨에 따라 행정분야 기술원조가 이루어졌다. 행정분야 기술원조는 행정개혁론을 반영한 정책적 노력이자, 행정을 능률화시키고 민주주의를 도모하겠다는 명분으로 친미적, 냉전적 이데올로기를 확장하려는 미국의 의도 또한 반영된 것이었다.

1950년대 중후반 대한민국에서는 전후 복구 및 재건과 함께 근대적 국가형성이 시대적 과제로 부각되었다. 한국전쟁이 초래한 물적, 정신적 피해 속에서도 식민통치의 유산을 극복하면서 근대적 국민국가를 수립하려는 해방 이후의 노력을 지속하기 위함이었다. 하지만 냉전 하에서 형성된 대내외적 긴장으로 인해 국방예산의 부담이 가중되었던 데다 원조경제의 현실적 제약, 이승만 정권의 집권 연장, 자유당의 정치력 강화를 위한 시도 등은 국가의 민주적, 능률적 운영을 위한 경제적, 정책적 노력을 제약하였다. 이러한 구조적 요인은 행정적 차원에서 문제를 발생시켜 지방자치를 통한 민주주의 실현을 저지하고, 소위 '정실주의'와 '엽관주의'에 기초한 공무원 인사 운용의 관행을 정착시켰다.

이를 해결하고자 지식인과 행정관료들은 행정개혁을 위한 논의와 실천을 전개하였다. 행정국가론, 관료주의(관료제)론을 비롯해 공무원의 정치적 중립과 신분보장, 고시제도 개편에 이르는 논의들은 이승만 정권이 초래한 정치적 행정운영을 민주적, 효율적으로 탈바꿈시키기 위한 시도였다. 또한 원조기관과 한국정부 일각에서는 행정분야 기술원조를 통해 국가기관, 고등교육기관을 개혁하고자 했다.

미네소타 계획은 1954년부터 미국 원조기관인 대외활동국(FOA)과 이후 국제협조처(ICA)가 미네소타 대학교(University of Minnesota)와 공동으로 서울대학교의 농학, 공학, 의학 부문에 대한 원조를 수행하기 위해 체결되었고, 1957년부터는 계획 분야를 확대해 행정분야에 대한 기술원조가 추가되었다.

한국에 대규모 원조를 실시하였지만 그것이 효과적으로 활용되지 못한다고 생각했던 미국은, 이를 개선하기 위해 합동경제위원회나 경제조정관실과 같은 제도적 장치를 통해 당장의 행정운영에 개입하는 한편, 장기적인 대안으로 기술원조를 통한 인력양성에 나섰다.

2차 세계대전 종전 전후 미국 대외정책은 미국 중심의 자본주의 진영의 강화에 초점이 맞춰졌다. 소련의 급격한 성장과 사회주의의 확대는 미국의 잠재적인 위협으로 인지되었기 때문이었다. 이를 저지하기 위해 미국은 방위력 강화를 위한 군사원조와 함께 군사력의 안정적 유지를 위한 경제적 토대 마련에 경주하였다. 1949년 미국의 트루먼 대통령은 재선 취임연설에서 미국 대외정책의 네 가지 지향을 공표했다. 1)UN 지원, 2)유럽부흥계획(ERP), 3)군사원조, 4)"저개발 지역의 성장과 부흥을 목적으로 미국의 과학적 성과와 산업발전을 활용하는 완전히 새로운 프로그램", 소위 '포인트 포(Point Four)'라고 불리는 기술원조정책이 그것이었다. 기술원조정책의 내용은 저개발지역에 대한 미국의 원조를 통합적으로 관리하기 위한 전반적인 정책과 목적을 세울 것과 건강, 교육, (공공)행정, 농업, 광업 그리고 산업개발의 분야에서 기술자문 임무의 전세계적 확장을 뜻하는 것이었다. 기술원조정책은 명목적으로는 국가 안보와 인류애 그리고 '건전한 경제'를 위한 투자라는 경지에서 실행하고자 하였다.

다만 이러한 수사 속에는 미국경제의 안정적 성장을 위한 저개발국가 경제발전이 전제되었고, 냉전 이데올로기 속에서의 미국화된 문화 확대와 지식인군의 형성도 의도되었다.

한국은 미국의 입장에서 전략적인 위치로 간주되었다. 1949년 6월 트루먼은 원조의 목적이 단순히 '구호를 넘어 회복'을 지향할 것이라 밝혔고, 유럽에 이어 자신의 정책을 시험할 장으로 한국을 지목하였다. 그는 1949년 의회에서 마셜플랜 모델을 한국에 적용할 것이고, 무상원조는 단지 구호를 넘어 회복을 지향할 것이라고 밝혔다(Robert A. Packenham, *Liberal America and the Third World-Political Development Ideas in Foreign Aid and Social Science*, Princeton, NJ: Princeton University Press, 1973, 35~38쪽). 아이젠하워 정권은 출범 초기 '건전한 경제'를 통한 냉전 전략, 즉 아시아지역의 자유주의적 자본주의체제 형성을 대외경제정책의 근간으로 설정하고, 군사원조 중시, 경제원조 삭감, 기술원조 장려 등을 지향하였다. 나아가 한국전쟁 이후 미국은 동아시아 지역에 대한 기술원조의 비중이 점차 높아지고 있다고 평가하였다.

이러한 흐름 속에서 1954 회계연도에 제안된 「구호, 재건, 방위 지원에 관한 보고서」에서는 수송, 전력 등의 공공사업, 공공보건과 위생, 농업, 삼림, 어업, 광업, 제조업 등에 대한 구호, 재건 프로그램이 제시되었다. 고등교육 부문에서는 공학, 농학, 공공보건, 경영학과 같은 특정부문에 대한 집중적인 지원이 한미 대학간의 계약을 통해 이루어질 것이라 언급되었다.

이러한 미국의 입장은 당시 한국의 입장에서도 시의적절하게 여겨졌다. 휴전 이후 전후 재건이라는 목표 아래 정치, 경제, 사회 등 각 부문의 안정을 도모하던 한국은 시장경제 원리를 수용하는 가운데서도 경공업 부문의 자본가 지원과 육성, 기간산업의 정부주도식 국가주도 산업화를 구상하고 있었다. 이를 위해서는 안정된 재원의 확보와 효율적 국가운영을 위한 제도 및 기술, 전문 인력이 요구되었다.

미네소타 계획 체결의 보다 직접적인 경위를 살펴보면, 당시 최규남 서울대 총장이 경제조정관실을 설득해 원조를 공여받기로 약속을 받아내는 데 성공한 후, 선택과 집중을 통한 압축성장이 보다 효과적이라는 논리로 고등교육 균형발전 지향이라는 문교부 구상을 뒤집게 되었다. 당시 문교부장관은 백낙준에 의해 제안된 고등교육 균형발전의 구상을 염두에 두고 있었다. 그것은 한국 내 4개 사립대학에 미국의 원조를 받으려던 것으로, 이화여대에 가정학, 고려대에 경영학, 세브란스에 간호학, 연희대에 행정학을 지원받고자 하였다. 하지만 결과적으로 고등교육 지원은 서울대에 대한 집중 투자로 결정되었다. 애초 교육분야의 육성이 한국경제 재건을 지원하려는 목적에서 논의되었던 만큼, 1954년 계약 체결 당시에는 공학, 농학, 의학 부문이 우선 선정되었고 행정 부문은 포함되지 않았다. 우선 선정된 부문은 전후 구호 및 재건을 위한 시설원조와 기술원조에 직접 해당하는 부문으로, 이승만 정권의 농공병진을 통한 자주경제 확립과 기간산업 진작에 활용될 수 있었다.

행정부문 기술원조에 대한 논의는 미네소타 대학교 정치학과장 쇼트(Lloyd M. Short)가 1955년 3월경 경제조정관실의 요청으로 한국의 행정교육문제를 자문하면서부터 이루어졌다(이에 관해서는 1955년 3월 22일자 서신. From Arthur E. Schneider to Tracy F. Tyler, Korea Advisory Committee-Oct 1957-June 30, 1956 참고). 1955년 7월 25일자 서신을 보면 백낙준이 행정분야 지원과 관련해 이화여대와 연희대가 행정학 훈련프로그램에 참가할 의사가 있다고 밝혔으나, 슈나이더는 행정프로그램을 위한 우선권이 서울대학교에 있다고 언급하는 내용이 나온다(From Lloyd M. Short to MacDonald Salter, Public Administration Advisor for Europe and Far East. KKP-16, Dr. Arthur E. Schneider-Correspondence, April 1, 1955~Feb. 28, 1957).

행정분야 기술원조는 한국의 입장에서 환영할 만한 것이었다. 미군정과 정부수립을 거치면서 일부 대학에서는 행정학이 소개되고 있었지만, 그것은 주로 일본에서 수학한 소수의 교수에 의해서만 이루어졌다. 반면 인사행정제도를 비롯한 한국의 행정제도는 식민통치와 미군정을 경험하면서 일본의 영향과 미국식 행정학의 영향이 군데군데 남아 있었다.

1957년 초 행정분야에 대한 기술원조가 공식 결정되자 미네소타 대학교 측은 한국에 와프(George A. Warp)를 파견해 행정분야 기술원조에 관한 구체적인 계획안 수립에 착수하였다. 그해 6월 각 기관에 제출된 최종 보고서 격인 <한국 행정 프로그램 보고서(Korean Public Administration Program-Report)>를 보면, 1) 대학(원)생, 공무원 훈련 프로그램 수행, 2) 연구조사 활성화, 3) 행정부문 문제 해결을 위한 지식 제공, 4) 행정부문 문제 해결을 위한 자분제공이 목표로 제시되었다. 대학원 설립을 위해 필리핀 대학교의 행정학 기관을 모델로 삼은 서울대 행정대학원은 장차 행정학 석사과정을 갖추고, 종래 법과대학 수업과목으로 개설되었던 행정법 과정을 수정, 발전시켜 장차 행정학 학사 배출을 위한 학부수업도 개설할 수 있도록 했다. 도미 참가자들이 귀국해 임용되는 대로 자문들과 함께 조사연구 프로그램을 제작하여 한국의 행정을 분석하도록 해 향후 한국 정부부처의 여러 조사연구 프로젝트에 착수할 수 있도록 했고, 새 교과과정을 준비하는 것은 물론 행정 연구도서관을 설립해 해외연구들을 수집하고 번역, 출판하는 업무를 수행할 수 있도록 했다.

이들 강의를 직접 담당하게 될 교수요원의 세부전공 배정은 보고서가 제출된 시점에 정인흥 교수에 의해 이루어졌고, 자문활동에 대한 대략적인 계획도 제시되었다. 효과적인 자문활동을 위해 각각의 한국인 전임교원은 한 명의 전담 자문을 배정받았고, 자문들은 담당교원과 긴밀한 관계를 유지하면서 강의 전반에 대해 전문성을 발휘하도록 요청받았다.

행정학 분야의 도미 교수요원들은 모두 최소한 1~2년의 수학과정을 밟은 후 귀국해 교원이 되기로 예정되어 있었다. 행정분야 기술원조는 당초 계획대로 1962년 6월말까지 시행되고 종료되었다. 행정분야 기술원조는 한국에 행정학을 본격적으로 확장시키는 데 일정한 효과를 가져다주었다.

3. 피바디 프로젝트

미국의 한국에 대한 원조는 1945년 점령지역행정구호계획(Government and Relief in Occupied Area : GARIOA)에서부터 시작되었다. 이후 1950년 한국전쟁 발발 전까지 미국경제협조처(Economic Cooperation Administration : ECA)에 의한 경제원조로 개편되었다. 1948년부터는 유엔 결의안에 따라 한국원조지원을 위한 특별기관으로 UNKRA(UN Korean Reconstruction Agency)가 본격적으로 활동하게 되었다. 이에 따라 ECA와 기능상 중복이 발생하고 1951년 1월 7일, ECA는 한국에서 철수를 결정했다. 대한경제원조담당기구는 1951년 상호안전보장처(Mutual Security Agency : MSA)로 변경되어 방위, 군사원조, 개발차관기금, 기술지원 등의 경제원조로 변환되었다. 이는 1953년 8월부터 기술원조 지원을 일원적으로 운영하기 위해 대외활동본부(Foreign Operation Administration : FOA)로 개편되었고, 1955년 7월에는 FOA가 국제협조처(ICA : International Cooperation Administration)로 개칭되었다. ICA의 활동계획은 장기적 교육재건을 목표로 논의되었다.

피바디 프로젝트는 1956년부터 1962년까지 진행되었다. 이 프로젝트는 ICA와 계약을 맺어 관리, 감독, 지원을 받았으며, OEC를 통해 내한한 미국교육자문관들의 한국 활동과 각종 교육시설복수 사업을 지원 받았다. ICA에 의한 교육원조 규모는 총 2천만 달러에 이른다. 이는 UNKRA 교육원조보다 약

2배 큰 규모이다. 세부적으로 원조의 할당분야를 보면 고등교육이 55%, 교원교육 19%, 중등교육 13%, 교실건축 12%, 기타 2%의 순으로 고등교육에 절반이상의 지원이 이루어졌다. 비슷한 시기인 1954년부터 1962년까지 진행된 서울대-미네소타 프로젝트는 한미 양자 간에 이루어진 무상형태의 프로젝트형 기술원조 사업이었으며, 대학 간 집중지원 방식의 특징을 갖는 사업으로 피바디 프로젝트와는 다른 형태로 진행되었다.

피바디 프로젝트의 목적은 한국의 교원양성 및 교사 재교육을 위한 기술원조 활동을 중심으로 구체적으로는 초등교원양성을 목표로 사범교육에 대해 기술원조와 시설원조를 병행하는 것이었다. 프로젝트의 주요 활동처는 문교부 내 설치된 서울피바디사무소를 중심으로, 서울대학교 사범대학, 지역별 사범학교, 연세대학교, 이화여자대학교 등의 사립대학 등 20개 장소였다. 1958년 10명의 사절단원이 파견되었고 이후 매년 꾸준히 사절단원이 파견되었다. 초기 사절단 중에서는 연세대학교 사서교육 분야에 1957년 1명이 파견되었다. 1959년, 1961년에도 연세대학교 사서교육에 각각 1명이 파견되었다.

연세대학교에 대해서는 사서교육과 도서관 시설지원 중심으로 이루어졌으며, 유학생 파견 프로젝트 역시 사서 중심으로 구성되었다. 유학생 명단은 다음과 같다. 56년 이명근(강사), 57년 김란수(교수), 58년 박은자(사서), 59년 이한용(사서), 60년 명재휘(사서).

4. 한국 사회과학계의 학문별 수용과 발전

1) 행정학

1950년대 후반부터 1960년대 전반까지의 한국 행정학은 '행정학의 도입기'로 볼 수 있을 것이다. 행정분야 기술원조를 통해 미네소타 대학교에서 1~2년의 장기연수를 마치고 귀국한 지식인들은 행정대학원에 임용되면서 행정학 논의와 활동을 본격적으로 전개해 나갔다. 이들은 후대에 이르러 '한국행정학의 1세대'라는 별칭을 얻을 만큼 행정학 연구에 상당한 진척을 가져왔다.

한국학계가 행정학에 관한 연구 활동을 본격화한 것은 우리나라 정치학계가 미국의 행태주의 접근법을 도입한 것과 거의 때를 같이 하였다. 미네소타 프로젝트 이전에도 미국식 행정학은 산발적으로 유입되고 있었다. 오늘날 통용되는 '행정학'에 해당하지는 않지만 연계되는 헌법, 각국정부제도, 행정법, 정치학, 법학통론, 경제학, 재정학 등은 주요 대학에서 소개되고 있었다. 행정학은 법학, 정치학의 한 부분으로 소개되었다. 행태주의 접근법의 이론과 결부된 미국의 행정학이 도입됨으로써 한국의 행정학은 능률과 효과를 보다 중요시하는 미시적인 기술행정학에 큰 관심을 쏟는 경향이 있었다.

〈표 1〉 행정학과 개설 이전 및 개설 첫 해 개설강의 목록

년도	학년	과목종별	교과목명	교수명
행정학과 개설 이전				
1952			행정학통론	이한빈
1955	학부		지방자치론	홍영표
1956	학부		행정학원론	조효원
	대학원		인사재정행정	
1957	학부		행정학I	조효원
	대학원		행정학 특수문제	
	대학원		인사행정 특수문제	
1958	학부		행정학II	조효원
행정학과 개설 이후				
1959	1	교양	국어	장덕순
			영어강독	이군철
			현대영어	Mrs.언더우드
			종교	지동식
			사람과 사상	한태동
			사람과 우주	이한주
			사람과 사회	조효원
			체육	김용갑

	전공법	법학개론	정영석
	정공정	한국정부론	김영훈
	선택상	부기학	이문영
2	전공법	헌법(1)	김기범
		헌법(2)	김기범
	전공정	고대중세경제사	정종진
		미국정부론	김영훈
		영국정부론	김영훈
		의회제도론	한태수
	전공행	행정학(1)	김영훈
		행정학(2)	김영훈

출처 : 이봉규, 「이승만정권기 행정분야 기술원조 도입과 행정개혁론의 성격」, 연세대학교 사학과 석사학
위논문, 2013 ; www.krpia.co.kr ; 연세행정 50년사

연세대학교에서 처음으로 행정학 강의가 개설된 것은 1952년으로, 이한빈이
상경대에 '행정학통론'을 개설한 것이 그 효시이다. 이한빈은 미국 하버드
대학 석사를 마치고 당시 정부의 예산과장으로 재직 중이었다. 행정학과는
1958년 신설인가를 받아 정법대학에 학부과정을 개설했다. 당시 전임교수는
조효원과 김영훈이었다.

조효원 교수가 연희전문에 행정학을 처음 소개한 것은 1953년으로, 1954년
1학기부터는 정법대학 정치외교학과에서 행정학이라는 교과목명으로 본격적
인 행정학 강의를 진행한 바 있다. 조효원은 황해 해주 출신으로 연희전문
상과를 졸업하고 미국 덴버 대학교 정치학 석사, 미국 오하이오 주립대학교에서
정치학 박사를 마쳤다. 그는 1954년 연희대학교 교수로 임명되었고 1955년부터
1960년까지 교무처장을 역임했다. 1960년에 퇴임한 이후에는 행정 및 외교실무
에 봉직하였다. 또한 그는 한국행정학회의 전신(前身) 격인 한국행정연구회의
출판부장 겸 편찬위원장을 맡았으며, 화이트(L. D. White)의 저서 *Introduction
to the Study of Public Administration*을 번역하고 출판하는 데 앞장섰다. 또한
1959년 행정학용어사전 출판에 기여하였다.

연세대학교 행정학과의 특징은 일본의 영향을 받아 공법학(公法學)의 일부로서 행정학을 가르쳤던 다른 학교와 달리 미국 행정학을 중심으로 커리큘럼이 짜여져 법학이 아닌 사회과학으로서 행정학을 가르쳤다는 점이다.

정인흥은 1955년 최초의 대학교재용 행정학 저서 『행정학』을 출간했다. 1956년에는 한국행정학회가 발족하였다. 한국행정학회의 전신이라고 할 수 있는 한국행정연구회의 창설에는 초대 회장이었던 총장 백낙준의 역할이 컸다. 백낙준은 서울대학교 행정대학원 신설의 주도적 지원을 담당하기도 하였다.

김영훈은 문교부의 지원 아래 미국 행정학 교과서인 사이몬(H. A. Simon), 스미드버그(D. W. Smithburg)와 톰슨(V. A. Tompson)의 공저 *Public Administration*을 번역 출간하였다.

우리나라 행정학계에서는 처음에는 선진국과 후진국 등 각국의 행정체계를 비교연구하는 비교행정학이 우세했으나 이후 후진성을 탈피하고 선진국으로의 발전을 위한 발돋움에 힘을 쓰는 현실과 맞물려 발전행정학의 방향으로 연구의 중점이 바뀌었다. 한국의 행정학은 발전적 관점에서 그 나라의 정치체계 가운데서 행정체계가 다른 하위체계와 더불어 다하여야 할 기능이 무엇이며, 그것을 어떻게 올바르게 수행해 나가도록 할 것인가를 연구하는 데 중점을 두는 거시적 접근법의 행정학에 관심을 돌리게 되었다.

2) 정치학

6·25전쟁 중 학계는 사실상 자취가 없어진 것이나 다름없었다. 다만 피난 수도 부산과 대구 등에 서울의 유수한 대학들이 가교사를 마련하고 부분적이나마 강좌를 개설함으로써 학계가 근근이 그 명맥을 유지하고 있는 형편이었다.

그러나 피난민 생활의 어려운 여건 속에서도 해를 거듭함에 따라서, 일부 학자들의 불굴의 연구의욕은 몇 가지 형태로 결실되어, 그 성과가 신도성

『민주정치의 기초이론』(1952), 김경수『근대정치사』(1953) 등 간행물로 이미 1952년부터 나왔다.

피난 수도 부산에서는 처음으로 한국정치학회가 창설되었다. 즉 1953년 10월 18일 부산시 대청동에 위치한 국립 서울대학교 강당에서 강상운·김경수·민병태·서석순·서중석·신기석·윤주영·이선근·이용희·이한기·홍봉진 등 발기인을 중심으로 20여 명이 회동하여 규약을 의결하고, 대표간사 이선근 외에 수명의 임원을 선출한 후 당면 사업계획에 관하여 협의하였다. 이렇게 발족한 한국정치학회는 서울 환도의 다사스럽고, 어수선한 환경 속에서 그 사업계획을 제대로 추진할 수 없었을 뿐만 아니라, 정례적인 회합도 갖지 못하였으며, 학회활동을 본궤도에 올려놓고자 하는 본격적인 사업추진은 3년 후인 1956년에야 가능했다. 그러나 부산에서의 한국정치학회 창립은 우리나라 정치학도가 그때, 그와 같은 환경조건 하에서 정치학 연구활동의 촉진을 위해서 상호 협조하고 연구 성과를 교류할 수 있는 공동의 광장을 마련하였다는 점에서 그 의의는 자못 컸다고 할 수 있다.

또한 이 불모·공백의 전란기에 있어서도 우리나라 정치학 연구의 초석이 되었던 학문상의 성과가 있었음을 우리는 결코 간과할 수 없을 것이다. 그것은 정치학자들이 사학자들과 더불어 국방부 정훈국에서 6·25동란의 전사를 편찬하는 가운데서 얻은 업적으로서『한국전란지』의 제5년지에 이르는 전5권 가운데서, 제1년지와 제2년지의 2권이 이 시기에 출판되었다. 이『한국전란지』는 한국전쟁의 전투상황에 관한 소중한 자료를 수록하였을 뿐 아니라, 그 당시 국내외 정세에 관하여 통찰력 있는 관찰과 권위있는 해석을 가함으로써 한국의 정치학도들에게 실로 소중한 연구토대를 마련하였다. 특히 한국전쟁의 발발을 전후한 시기, 북한 공산집단이나 중공 및 소련의 동향에 관한 관찰·설명은 비록 그것이 한국전쟁의 배경조건으로 시도된 것이기는 하였으나, 그 당시 한반도를 중심으로 하는 국제 정치상황을 연구하는 데 중요한 자료라고 할 것이다. 또한 한국전쟁에 골몰하고 있었던 한국 내부의 정치·경제·사회·문화 등 제 상황에 관한 설명과 그와 관련시켜서 수록한 각종의 통계자료는 비단 우리나라 정치학뿐만 아니라 한국학 전반에 걸쳐 연구활동을 위해서 지금까지 크게 쓰이고 있다.

서울 환도 이후 출판된 정치학 서적으로는 윤세창 저『정치학개요』(1954), 백상건 저『정치학입문』(1954), 정인흥 저『정치학』(1954), 강상운 저『신고정치학개론』(1954), 이종항 저『정치학』(1956), 민병태 저『정치학』(1958), 그리고 정치사에 관해서 이우현 저『근대정치사개설』(1955), 김성희 저『근대서양정치사』 등이 있고, 외교사 분야에 있어서는 신기석 저『증정근대외교사』(1958), 강상운 저 『근대외교사』(1954), 기타 분야의 교과서로는 최효환 저『의회제도론』, 신현경 저『선거제도론』, 박일경 저『비교정부론』, 정인흥 저『행정학』 및 『정치사상사』, 김성희 저『정당론』 등이 있다. 이들은 대체로 정치학입문서·개설서의 성격을 띤다.

이 시기에는 국제정치 분야에 대한 관심이 고조되면서 국제정치론을 하나의 독립된 연구분야로 정립시키려는 노력이 이루어졌다. 연세대학교의 조효원은 국제정치분야의 강의를 담당하고 연구에 종사하는 사람들이 연구의 촉진과 상호협력을 도모하기 위해서 1956년 5월 30일 창설된 한국국제정치학회의 초대 부회장을 지냈다.

연희전문 정치외교학과는 1945년 10월 6일 개설되었다. 해방과 더불어 연희전문 관계자들은 미군정청과 교섭하여 일제강점기에 몰수당한 학교를 접수하는 작업과 함께 교육편제 마련에 착수하였다. 1945년 9월 23일 연희전문학교 접수위원회가 정식으로 조직되었고, 문과, 이과, 상과로 이루어져 있던 교육편제를 문학부, 이학부, 신학부, 정경상학부의 4학부제로 재정비하였다. 10월 6일에는 정경상학부(학부장 이순탁)에 정치학과, 외교학과, 상학과, 경제학과를 함께 설치하기로 결정했다. 정치학과의 개강은 1945년 11월 20일에 이루어졌으며, 정치학과 초대 학과장은 민병태(閔丙台) 교수가, 외교학과 초대 학과장은 육지수(陸芝修) 교수가 맡았다. 1946년 연희전문이 연희대학교로 바뀌는 과정에서 정치학과와 외교학과는 정치외교학과로 통합되었다. 당시 국내 교육계가 미군정하에서 미국제도를 모방하여 6-3-3-4 학제를 도입하면서 대학 학기도 3학기제에서 2학기제로 개편되었고, 새학년은 9월에 시작되었다.

연정의 초대 교수진은 민병태(정치이론), 육지수(경제지리), 황종률, 신도성, 백찬수, 유동준, 신기석(국제정치, 한국외교사, 동양외교사), 신동욱(국제법, 법철학) 등 정치학 및 법학 전문가들로 이루어져 있었다.

이후 6·25전쟁이 끝나고 1954년 정치외교학과와 법학과를 분리하여 정법대학이 신설되면서 신동욱 교수가 정법대학 학장으로 취임하였고, 미국에서 학위를 마친 서석순, 조효원 등이 부임하면서 구미 정치학이 한국정치학계에 뿌리내리는 데 기여를 하였다.

〈표 2〉 해방 이후~1960년 정치외교학과 재직 교수진

이름	재직년도	전공(담당과목)	학력
민병태	1945~1950	정치이론	일본 게이오대학 법학부 졸업 게이오대학 대학원 정치학과 수료 서울대학교 대학원 문학박사
육지수	1945~1947	경제지리	일본 도쿄제국대학 경제학과 졸업
신기석	1947~1948 1957	국제정치 (한국외교사, 동양외교사)	경성제국대학 법학과 법학사 중앙대학교 대학원 정치학석사
신도성	1945~1946	정치학	일본 도쿄제국대학 정치학과 학사 도쿄제국대학 대학원 정치학석사 경희대학교 대학원 법학박사
신동욱	1949~1953	국제법(국제법, 법철학)	연희전문학교 문과 졸업 일본 규슈제국대학 법학과 법학사 건국대학교 대학원 법학박사
서정갑	1947~1951	국제법(상법, 국제사법)	일본 교토제국대학 법학부 법률학과 동국대학교 대학원 정치학박사
서석순	1953~1965	국제정치, 비교정치(국제정치학, 영국 및 미국정치론, 외교론, 의원내각제정부론)	일본 게이오대학 정치학과 중퇴 서울대학교 정치학과 학사 미국 Nebraska University 정치학석사 동대학원 정치학박사
조효원	1954~1960	정치이론사상, 국제정치 (정	연희전문학교 상과 졸업

		치학설사, 정치사상, 아세아 정치론, 국제정치학, 외교론, 행정학)	미국 Wittenberg College 학사 미국 University of Denver 석사 미국 Ohio State University 정치학박사
김명회	1954~1957 (전임강사) 1957~1974	국제정치(국제정치이론, 외교정책론, 미국외교정책론, 최근국제사정, 국제기구론, 아세아정치론, 후진국정치론, 의회제도론)	연희대학교 정치외교학과 학사 연세대학교 정치학 석사 미국 New York University 정치학박사

초창기 과목은

1) 일제강점기부터 지속되어 온 법적, 제도적 접근과 역사적 접근이 교과과정의 주류를 이루고 있었다. 국가학적 연구경향과 함께 전통적인 역사적 접근법에 치중한 과목들도 다수 개설되었다.

2) 미국정치학의 주요 흐름들을 도입하여 비교정치와 국제정치 교육을 시도했다. 특히 비교정치와 영사론, 외교사 관련 과목들은 새로운 국가건설에 필요한 이론적 자원을 탐색해야 한다는 당시의 열망과 요구를 반영한 것이었다. 신생국가의 제반 정치적 과제 해결을 위해 각국의 정치제도를 비교 검토하는 것이 필요했다.

3) 당시 연희학풍을 주도했던 백낙준, 김윤경, 최현배, 정석해, 장기원 등 민족주의 계열 교육자들의 영향을 받아 '식민사', '식민정책' 등 식민 잔재 극복을 최우선의 과제로 삼는 교과목이 개설되었다.

1950년대 교과목들은 민주적 정치질서 확립이라는 대내적 과제와 한국전쟁이라는 역사적 대사건을 이해하고 정리하기 위한 노력의 일환으로, 국제법 및 한반도를 중심으로 하는 국제정세에 대한 지대한 관심을 반영한다. 우선 민주적 정치질서를 확립하기 위해 구미 각국의 역사적 경험을 비교검토할 필요가 있다는 인식하에 각국 정부론이 개설되었다. 이와 함께 '의회제도론'은 의회민주주의가 민주적 정치질서 확립의 관건이 된다는 당시의 지배적 관심을 반영한 것이었다. 국제정치 분야에서는 외교사 등을 중심으로 하는 역사적 접근법과 국제법을 중심으로 한 법적 접근법이 주를 이루었다. 특히 이 시기의 국제법은 '전시국제법'과 '평시국제법'으로 나뉘었다. 이는 한국전쟁을 경험한 사회적 필요에 의한 것으로 볼 수 있다. '정치지리'는 당시 국제 정치연구에서 지정학이 상당히 중요한 비중을 차지하고 있었음을 고려할 때 당시 정치학 연구의 큰 조류와 맥을 같이 하는 것으로 볼 수 있다. 이 시기에는 주로 강의 위주로 수업이 진행되었으며 대체로 영문원서를 교과서로 삼았다.

〈표 3〉 1946~1960 정치외교학과 개설강의

연도	분류	과목명
1946	법학	법학통론, 행정법, 비교헌법, 민법, 국제공법, 국제사법, 형법, 소송법
	정치사	조선정치사, 외교사, 조선외교사, 식민사, 식민정책
	비교정치	비교정치학, 비교제도론, 영사론, 지방자치론
	정치사상 및 이론	정치학, 정치철학, 정치사, 정치학사, 최근정치사정, 사회정책
1953	공통	정치학개론
	비교정치	정당론, 국가학
	국제정치	외교사, 현대국제법강독, 평시국제법
1954	정치사상 및 이론	정치학설특강, 정치사상특강, 근세정치학설사
	비교정치	비교정치특강, 비교정부론, 아세아비교정부론, 여론
	국제정치	국제사정, 국제조직, 정치사, 국제법, 국제사법, 전시국제법
	한국정치	한국정부론
1955	공통	정치학개론
	정치사상 및 이론	정치사상, 정치학설, 정치학설사, 영국정치사상
	비교정치	비교정부론, 영국정부론, 극동정부론, 불국정부론, 독국정부론, 의회제도론, 국가론, 지방자치론, 미국정치론, 아세아정치론, 여론
	국제정치	국제조직, 미국외교정책, 정치사, 국제법(1) (2), 평시국제법, 국제사법, 전시국제법, 미국외교정책, 정치지리
	한국정치	한국정부론
1956	공통	정치학개론
	정치사상 및 이론	고대중세정치학설사, 근대정치학설사, 동양정치사상사, 현대정치사상

	비교정치	영국정부론, 미국정부론, 불국정부론, 의회론, 여론, 국가론, 정당론
	국제정치	국제정치학, 미국외교정책, 근세서양외교사, 정치지리, 최근서양외교사, 외교론, 국제기구론, 국제법 (1) (2), 국제사법
	한국정치	한국정치사, 한국정부론
1957	공통	정치학개론
	정치사상 및 이론	고대중세정치학설사
	비교정치	영국정부론, 불국정부론, 미국정부론, 의회론, 정단론, 여론, 아세아정치론
	국제정치	한국외교사, 서양외교사, 정치지리, 미국외교정책, 국제정치, 국제지리, 근세서양외교사, 국제법 (1), 외교론, 영사실무론, 전시국제법
	한국정치	한국정부론
1958	공통	정치학개론
	정치사상 및 이론	희랍정치사상, 고대중세정치학설사, 근대정치학설사, 현대정치사상
	비교정치	국가론, 미국정부론, 아세아정치론, 의회제도론, 정당론, 여론
	국제정치	국제정치, 국제정치연구, 미국외교정책, 최근국제사정, 외교사, 최근서양외교사, 서양외교사, 한국외교사, 국제법 (1) (2), 국제사법
1959	공통	정치학개론
	정치사상 및 이론	고대중세정치학설사, 근대정치학설사, 현대정치사상
	비교정치	의회제도론, 영국정부론, 정당론, 여론
	국제정치	근대서양외교사, 최근서양외교사, 정치지리, 국제정치, 국제법 (1) (2)
	한국정치	한국정부론
1960	공통	정치학개론, 원서강독
	정치사상 및 이론	고대중세정치학설사, 근세정치학설사, 현대정치사상사
	비교정치	영국정부론, 비교정부론, 미국정부론, 국가론, 의회제도론, 여론
	국제정치	국제정치, 근대서양외교사, 정치지리, 최근국제사정, 평시국제법, 국제법, 국제사법, 서양외교사, 국제기구론, 외교론, 미국외교정책, 한국외교정책
	기타	정치심리

출처 : krpia.or.kr 및 연정60년사

3) 경제학

해방 직후의 사상적 혼란은 교육계에도 민감하게 반영되며 한국 경제학계도 심한 격동을 겪게 된다. 해방과 더불어 일본인 교수가 물러나간 후 각급 학교에서는 해방 전부터 봉직하고 있던 한국인 교수들이 학생들과 더불어 학교를 지키고 질서를 유지하는 데 우선 전력을 기울였다. 각급 학교가 문을 열고 교육을 시작하는 것은 그 해 10월경부터였으나, 정상적인 수업은 되지 못하고 있었다. 당시 교육행정체계도 정비되지 못했고, 각급 학교의 교수진 편성도 완료되지 못하였으며, 하물며 새 교육이념의 정립이란 생각할 수도 없는 시기였다.

이러한 혼란기에 각급 학교의 경상계학과 개편이 시작되었는 바, 경성대학에서는 백남운, 연희전문에서는 이순탁, 보전에서는 윤행중, 고상에는 김세련 등이 주동이 되어 교과목의 설정과 교수진의 편성을 담당하였다. 그리하여 동년 연말에서 익년 초에 걸쳐 경제학과 개편작업은 일단락되었다. 이 초기 경제학 교육을 담당한 교수들의 진용은 다음과 같다.

경성대학에서는 백남운·강정택·최호진·황도연 등, 보전에는 윤행중·박극채·이상훈·김광진·정영술·최문환·이상구·유진순·한춘섭 등, 연희전문에는 이순탁·신태환·육지수·고승제·조기준·박효참·최인갑 등, 고상에서는 김세련·박문규·전석담·이기수·김한주·최영철 등, 법전에서는 손응록 등이 경제학과 상학을 담당 강의하였다.

이러한 해방 초의 경제학 및 상학교육의 과목편성은 해방 전과 별로 다를 바 없었으나, 한국경제사 및 한국경제론과 정책과목이 개설되어 학생들에게 해방된 조국의 인식을 높이는 데 용심하였다는 특색이 있었다.

이와 같은 초창기의 교수진 구성은 학벌·교우 등 인적 계보에 따른 것이나, 1946년경에 이르러서는 점차 사상적 계보에 따른 교수진의 이합이 잦아졌다. 해방 후 이념을 달리하는 각종 사회단체가 결성됨과 때를 같이하여 경제학자들도 서로 뜻을 같이하는 연구단체를 조성하였다. 그 중 중요한 것으로는 사회과학연구소와 과학자동맹, 조금 뒤에 설립된 민족문화연구소가 있다. 사회과학연구소는 강정택을 중심으로 조직되었으며, 창립 당초에는 학문에 뜻을 둔 학구파·학자들의 모임이었고, 사상적으로는 자유주의 사상가들이 그 주요 구성원이었다. 그러나 뒤에 좌경학자들이 대거 끼어들어 연구소의 성격도 변질되고 말았다. 과학자동맹은 그 명칭이 나타내주는 것과 같이 당초부터 공산주의를 신봉하는 학자들로 구성되었고, 이들이 각급 학교에 침투하여 사상투쟁을 선동 전개한 것이다. 고상은 바로 이 과학자동맹에 관계하는 경제학자들이 사실상 초창기부터 주도권을 장악하고 있어 마르크스레닌주의의 학원근거지가 된 것이다. 민족문화연구소는 백남운이 주동이 되어 경성대학의 학자들을 규합하여 조성한 학술단체였다.

이 초창기의 경제학 교육에 큰 변동이 일어나는 것은 6·25동란 이후였다. 다른 모든 학문분야에서도 한가지였으나, 특히 사회과학에서 주요한 위치를 차지하고 있는 경제학 분야에서는 더욱 큰 변혁을 체험하게 되었다. 다수의 좌익계 학자들은 월북하였고, 또 일부 학자들은 납치되었다. 또, 2년여에 걸친 부산 피난시기에는 군·관 및 실업계로 전직한 교수도 적지 않았다. 사회과학 분야에서도 경제학·상학부문이 가장 큰 출혈을 강요당한 분야라고 하겠다. 이와 같은 격동의 상처는 휴전 후 각 대학이 서울에 복귀되면서부터 회복되어, 1950년대 후반기에는 한국의 경제학계는 새로운 전기를 맞이하게 될 것이다.

해방 후 혼란기의 한국경제학 분야에서는 짧은 기간임에도 불구하고, 비교적 많은 저작물이 간행되었다. 이것은 해방 후 각 대학이 재개되면서 한국어로 된 교재가 절실히 필요하였던 데 연유된 것이라고 하겠다.

해방 직후 수년간 간행된 경제학 분야의 간행물 중 가장 많은 수를 차지하는 것은 한국경제사에 관계된 저작이었고, 그 밖에 이론경제에 관한 저술은 극소수였다. 해방 후 수년간의 한국 경제학계는 문자 그대로 마르크스주의 일색으로 특징지어져 있다. 그것은 동시에 당시의 정치활동과도 밀접한 관련을 갖고 있었다. 이들 초기에 활약하던 학자들이 대한민국정부가 수립되는 전후의 시기에 학계를 떠나서 정계로 전출한 사실에서도 그들이 정치와 얼마나 밀착하고 있었던가를 알 수 있다.

이와 같이 마르크스주의 일색으로 특징지어져 있던 학풍에 대하여 학계의 일각에서 반성이 일게 된 것은 지극히 당연한 일이라 하겠다. 당시 보전과 연전을 중심으로 일부 경제학자들은 경성대와 고상을 중심하고 있는 마르크스 학풍에 도전하듯이 현대경제학의 새로운 사조 도입에 힘써왔다. 이론경제학 분야에서는 신태환·최호진·고승제·이상구·유진순·한춘섭 등이고, 경제학사 및 경제사 분야에서는 최문환·조기준 등이며, 경제정책 분야에서는 홍우·육지수 등, 상학 분야에서는 김순식·김효록·권오익·정영술 등, 농업경제 분야에서는 김준보·최인갑 등이 그러하며, 이들은 혹은 강의를 통하여 혹은 번역서를 통하여 새로운 학풍의 개척에 힘써왔다. 이상구·한춘섭·유진순 등 3인이 공역한 슘페터의 『자본주의·민주주의·사회주의』와 조기선 역 막스 베버의 『사회경제사』 등은 그러한 움직임의 결과였다. 이러한 번역은 대체로 정부수립 전후에 완료되었으나, 출간처를 얻지 못하고 1952~53년경 부산 피난시에 발간되었다.

6·25동란의 과정에서 한국 경제학계는 중요한 전환기를 맞이하게 된다. 6·25동란을 계기로 하여 다수의 학자들이 월북 또는 납치되었고, 따라서 각 대학은 잔존학자들을 중심으로 재정비가 이루어지지 않을 수 없었다. 그리하여 서울대학교에서 신태환·배복석(법대), 육지수·최문환·김두희(문리대), 고승제·권오익·이상구·유진순·이해동(상대), 김준보(농대) 등, 고려대학교에서는 김순식·김효록(상과), 조기준·한춘섭·성창환(경제학과), 연세대학교에서는 오일홍·홍우·이정한(경제학과), 김상겸·김성련(상과), 동국대학교에서는 최호진(경제학과), 성균관대학교에서는 박준서(경제학과), 중앙대학교에서는 백창석·조동필(경제학과), 경희대학교(당시 신흥대학)에서는 조진하(경제학과), 숙명여자대학교에서는 김삼수(경제학과), 건국대학교에서는 이영협(경제학과), 대구대학(당시 청구대학)에서는 권혁소(경제학과) 등이 중심이 되어 한국

의 경제학 및 상학교육을 재건하고, 또 새 학풍수립에 노력을 기울였다.

이러한 과정을 통하여 6·25 이전에 지배적이었던 마르크스주의 경제학에 대하여 경제과학의 순수중립성을 강조하는 새 학풍이 조성되었다.

이 시기의 주요한 연구활동은 근대경제학의 소개를 위한 번역과 새로운 교과서의 편찬을 중심으로 전개되고 있었다. 최호진은 6·25동란 후, 공백에 가까운 경제학계에『경제원론』·『재정학』·『경제사』·『화폐금융론』등 거의 모든 분야의 교재를 저술 간행했고, 신태환은『일반 균충이론과 케인즈 경제』를 주축으로 하는 근대경제학의 강의를 통하여, 그리고 고승제는 1950년대 초부터 클레멘스·소올 등『신경제학』의 교재 번역과『산업사연구』및『한국경제론』 등을 저술한 바 있다. 최문환은『민족주의의 전개과정』(단행본) 및「막스 베버의 사회과학방법론」(논문)을 발표했고, 조기선은『사회경제사』및 베튼하임의 『사학개론』을 번역하였으며, 또 교재로서『신경제사』를 서술간행함으로써 경제사연구에서 새로운 영역을 개척했다. 김준보는 동란 전에『농업경제』·『토지개혁론요강』을 펴낸 이래 통계학과 경제이론의 연구, 특히『농업경제학서설』 을 발간함으로써 농업학 분야에 기여했고, 이상구는 불모지이던 국제경제학 분야에서, 유진순은 경제정책 분야에서 새로운 경지를 개척했다. 이리하여 그들은 동란 후의 경제학의 공백을 메우고, 우리나라 경제학을 새로운 기초 위에 재건하도록 한 것이다.

이와 같이 한국 경제학계는 50년대 후반기부터는 점차 안정기를 맞아 교육과 연구활동에서 활기를 찾기 시작했다. 특히 이 시기에 접어들면서부터는 경제학 을 연구하는 인구가 성장하며, 경제학자들의 구미 각국 학계의 관찰 및 연구여행 이 이루어짐으로써 학문 교류의 기회가 증대되었다. 이러한 기회를 통하여 한국의 경제학계도 새 학풍을 맞이하게 되었다.

4) 사회학

광복 후부터 1950년대 중기에 이르는 기간은 한국사회 전체가 극히 혼란에 빠졌던 시기이다. 그러므로 대학도 제구실을 하지 못하였고 사회학도 물론 발전을 시도하기가 어려웠다. 이 기간에 특기할 만한 일은 1949년『학풍』에 사회학 특집호가 나왔다는 것과 이재훈·한치진·김현준 등의 개론적인 사회학 서가 출간되고, 역시 개론서이긴 하지만 새로운 학설을 적지 않게 포함한 『사회학』,『사회학신간』,『사회학개론 강의』등의 서적이 변시민(서울대)에 의해서 저술되었다는 것이다.

(1) 한국 사회학의 기원과 발전

1905년 처음 조선에 소개되었던 사회학은 국내에서는 최초로 연희전문에서 언더우드에 의해 강의되었다. 이후 경제학부의 백남운 등에 의해 강의가 개설되었고, 하버드에서 학위를 받고 돌아온 하경덕이 해방 때까지 사회학을 강의하였다. 명실공히 연희전문은 사회학의 선구지였고, 매우 풍부한 자원을 확보하고 있었다. 그러나 해방 이후 연희전문은 "이상하게도" 사회학의 전통을 이어가지 못했다. 오히려 앞서 말한 것처럼 서울대학이 해방 이후 바로 사회학과를 맨 처음 신설하면서 오늘날 학과차원에서 가장 긴 역사를 갖게 되었다. 그 이유 중의 하나는 당시 사회학의 선두주자였던 하경덕이 해방 이후 바로 서울신문사 사장으로 취임하면서 후학양성을 하지 못했기 때문으로 생각된다 (하경덕의 이후 행적에 대한 자료가 거의 없다. 그러나 하경덕은 서울신문을 통해 다양한 민족지향의 학문적 동향을 소개한 것으로 알려져 있다. 추후 연구가 필요하다. 참고로 연세대학은 1972년에 사회학과가 설립된다). 여기에서는 참고로 한국사회학의 1950~60년대 흐름을 개관한다.

1956년부터 서울대학교의 이만갑·이해영 두 교수는 미국에서 제2차 세계대전 후에 발전된 사회학에 접하고 파슨스, 머튼을 비롯한 새로운 사회학자들의 이론과 사회조사방법을 국내에 소개하였다. 1956년은 한국사회학회를 조직할 구체적인 준비가 이루어진 해이기도 하다. 미국에서 새로운 이론과 방법이 도입되기 시작하고 1957년에 한국사회학회가 조직됨에 따라 한국의 사회학계는 점차 활발해지기 시작하였다.

외국의 사회학을 도입하여 그의 소화에 힘을 기울이고 사회조사를 활발히 전개했던 시기를 거친 뒤 1964년부터 한국 사회학은 자기 각성기에 접어들게 되었다. 그것은 한국 사회학이 서구의 사회학을 받아들이는 종전의 자세에 반성을 가하고 한국사회에 적합하며 발전에 이바지할 수 있는 이론과 방법을 마련하도록 노력하자는 태도에서 비롯된 것이다. 이러한 움직임은 1963년 추계대회에서 한국사회학회가 '한국사회학의 연구와 문제점'이라는 주제 아래 토의한 심포지엄에 처음으로 나타났다. 이때부터 한국사회학회는 빈번히 자기의 입장을 다짐하는 주제를 걸고 공동토의를 전개하게 되었다. 1964년 이후에 한국사회학은 급속히 발전하게 되었다. 그 해에 한국사회학회는 배용광 회장의 노력에 의해서 『한국사회학』이라는 기관지를 처음으로 발간하게 되었다. 또한 이때부터 연구의 양이 많아지고 질이 향상되었다.

(2) 사회학적 방법론의 소개와 연구자 육성

1940~50년대에는 해방 전의 주요 사회학 개설서가 해방 후에도 여러 번 간행되었고, 해방 전에 발표한 논문(순수사회학적인 것은 아니지만)이 1940~50년대에 집대성, 저서화되어 이후의 발전을 위한 지식이 축적되었다. 1946년에 한국 최초로 서울대학교에 독립학과로서 사회학과가 설립되고, 이어 1950년대에는 10여 명의 사회학 석사를 배출하였다. 1957년 최초로 한국사회학회가 창립되었으며, 이 시기에 조사방법에 의한 연구가 대두되어 1960년대 이후의 활발한 사회학적 연구의 이론적 뒷받침을 만들었다.

예를 들어 1930년에 발간된 김현준의 『근대사회학』이 해방 후 『사회학개론』으로 5판(1948, 1950, 1951, 1952, 1955년)이 나왔으며, 1933년에 출판된 한치진의

『사회학개론』은 해방 후 같은 책명으로 7판(1947, 1948, 1949, 1950, 1952, 1955, 1961년)이 발간되었다. 한편 이상백은 해방 전에 발표한 조선초기의 사회제도 변천과정에 관한 3개의 논문을 1947년에 『조선문화사연구논고』로 묶어 출판하였으며, 김두헌은 1930년대부터 1940년대 초에 발표한 한국가족제도사에 관한 12개의 논문을 1949년에 『조선가족제도연구』라는 책으로 집대성하였다. 한편 손진태는 해방 전에 발표한 논문 가운데서 신앙·혼인·주거양식에 관한 15개의 논문을 모아 1948년에 『조선민족문화의 연구』라는 책으로 발간하였다. 이렇게 볼 때 이 시기에 해방 전에 이루어 놓은 연구 성과가 해방 후 계승되었다고 볼 수 있다.[3]

1940년대에는 이재훈의 『사회학개론』(1948, 1950, 1952, 1954, 1955, 1961년 6판)이 출간되었는데, 이것은 주로 MacIver의 *Community*와 *The Elements of Social Science*를 소개한 것이다.

1950년대에는 변시민의 『사회학』(1952)·『사회학신강』(1954)·『사회학개론강의』(1954)와 배용광의 『사회학강의안』(1957), 박광서의 『사회학』(1958)이 출간되었고, Roucek & Warren의 *An Introduction to Sociology*가 『사회학개론』이라고 번역되었으며, 1959년에는 MacIver의 *The Element of Social Science*가 『사회학입문』이라고 번역 소개되었다.

사회학의 실증주의를 소개한 사람은 이상백인데 그는 1948년 『학풍』 창간호에 「과학적 정신과 적극적 태도」라는 논문에서 콩트(Comte)의 사상을 중심으로 실증주의(경험주의)와 실증적 정신(과학적 정신과 적극적 태도)을 소개 강조하였다. 그는 또 1950년 「진보와 질서」라는 논문(『학풍』 13, 1950)에서도 콩트의 실증정신론에서의 질서와 진보의 의미, 사회학의 역사적 의의, 사회학의 성격

---

3) 일제하 한국사회학계의 흐름에 대해서는 다음 문헌을 참고할 것. 최재석, 「한국의 초기사회학-구한말~해방」, 『한국사회학』 9, 1974 ; 신용하, 「한국사회학의 발전과 방향」, 『사회과학논문집』, 1976 ; 최재석, 「해방30년의 한국사회학」, 『한국사회학』 10, 1976 ; 최재석, 「1930년대의 사회학진흥운동」, 『민족문화연구』 12, 1977.

및 사회학의 사회사적 의의를 논하고, 우리가 살고 있는 역사적 현실의 실질을 과학적으로 구명하여 진실을 파악할 것을 강조하였다.

콩트(Comte)부터 Buchaim→ 뒤르켐(Durkheim)까지 40명의 사회학자의 학설이 간단하나마 소개된 1950년에는 또 파슨즈(Parsons)와 바버(Barber)의 공저인 『전쟁 말기와 전후의 미국사회학』(1941~1946)이 소개되었다.

1954년에 최문환은 「M. Weber의 현대적 의의」라는 논문에서 베버(Weber)의 근대국가제도(관료제)의 특징, 지배의 유형 등을 소개했으며, 양회수는 1957년 MacIver의 사회적 발전의 개념을 소개했다. 한편 배용광은 1957년에 만하임 (Manheim)의 이론, 특히 *Man and Society in an Age of Reconstruction*과 *Diagnosis of Our Time*을 소개했다. 그리고 원용명은 1956년 유물변증법과 「아들라의 사회학적 해석」이라는 글을 발표했다.

1940, 50년대에 사회학의 방법론을 소개한 사람은 주로 변시민·이상백·배용광·이만갑 등이다. 변시민은 1952년에 그의 저서 『사회학』에서 사회조사의 의의와 분류, 사회조사의 절차와 방법에 대하여 소개를 하였으며, 또 1957년에 『사회학 방법론』이라는 논문에서 사회학의 방법으로써 이념형적 방법과 사회조사의 방법을 소개하였다. 같은 해 배용광 역시 그의 저서 『사회학강의안』에서 사회학의 연구방법으로써의 사회조사법에 대하여 설명하고 있다. 이보다 앞서 1954년 9월 학기에는 이상백이 대학원에서, 1956년 9월 학기에는 이만갑이 대학에서 사회조사 강의를 하였다. 또한 김해동이 구드(Good)와 하트(Hatt)의 *Method in Social Research*를 『사회조사법』이라고 번역 소개하였다.

1940, 50년대에는 대체로 사회학의 각 분야에 걸쳐 한두 편의 논문이 소개되었는데, 이것은 보다 사회학 연구의 폭이 넓어진 것을 의미한다.

한편 이 시기(1945~1959)에 제출된 대학원 석사논문은 총 9편의 논문 중 5편이 외국의 이론을 소개한 것이고, 나머지 4편이 토지제도·종교집단·인구·사회계층에 관한 것이다.

(3) 사회학회의 조직

한국사회학회가 조직된 것은 1956년 10월 24일인데 이상백이 중심이 되어 서울대학교 박물관장실(당시 이상백은 동교 박물관장이었다)에서 14명의 사회학자가 모여 한국사회학회 발기회를 개최하고, 이어 동년 10월 28일에는 규약을 기초하였다. 다음해 1957년 5월 5일 서울대 문리과대학에서 한국사회학회 창립총회를 열고 한국사회학회 규약을 채택 통과시키고, 초대회장에 이상백을 선출하였다. 동 학회는 1957년 9월 23일 제1차 평의회를 소집하고, 10월 20일 서울대학교 문리과대학에서 제1회 연구발표회를 가졌다. 이후 1959년까지 3회의 연구발표회에서 발표된 27편의 발표논문 가운데 외국의 이론을 소개하는 것이 17편이고, 나머지 10편이 한국사회에 관한 것이다. 이것을 다시 세분해 보면 농촌관계 3편, 가족관계 3편, 인구 3편, Personality 1편의 순서이다.

(4) 실증적 조사방법에 의한 연구의 대두

1950년대 중기부터 한국사회에 대한 실증적 조사연구가 시작되었으며, 비록 이 시기의 학술지에 그 결과가 발표된 것은 두 편에 불과하다 하더라도 조사연구 중에 있었던 논문은 적지 않다.

1950년대에 실증적 조사연구에 종사한 사람은 이상백·이해영·최재석·배용광·최홍기·고황경·이효재 등이다. 이만갑은 1956년에 도시의 고등학교 학생을 대상으로 하여 그들의 직업에 대한 태도를 조사하였고, 이어서 1957년에는 고황경·이효재가 중심이 되어 서울의 가족을 조사했으며, 1958년에는 그들과 서울대의 2명의 교수가 힘을 합하여 전국적인 규모로 농촌가족의 조사에 착수하였다. 그리고 역시 1958년에 이만갑은 경기도의 6개 촌락을 대상으로 하여 촌락사회의 구조를 규명하는 조사를 실시하였으며, 1960년에는 독립신문의 논설을 대상으로 하여 거기에 반영된 가치관을 내용분석의 기술을 적용해서 연구하였다. 또한 미국에서 광복 후 처음으로 사회학 박사학위를 취득한 고려대학교의 홍승직이 공무원의 직무의식에 관한 연구를 하였다. 이어서 홍승직은 한국대학생의 가치관을 비롯하여 사회의 여러 계층의 가치관을 조사하였다. 그 밖에 김경동은 교과서를 분석하여 한국사회의 유교가치관을, 고영복은 한국인의 의식구조의 분석과 도시인의 사회적 태도의 연구를 시도하였다. 태도·가치관에 관한 연구 이외에 김일철은 지역사회를 연구하여 「농촌개조에 있어서의 제문제」, 「한국 농촌집단의 기능적 분석서론」, 「농민집단의 소시오그램」 등 3편의 논문을 1964년 발표했다. 농촌뿐만 아니라 도시의 연구에도 착수하여 이화여자대학교의 노창섭은 「신촌지역의 사회학적 고찰」, 「한국 도시지역사회의 연구」, 「서울주택지역의 연구」의 조사보고서를 1963년과 1964년에 계속해서 발표했으며 또 경북대학교의 사회연구실에서는 「영세민 실태조사 보고서-대구 신암동 5구」를 합동연구의 결과로서 발표하였다. 그 이외에 가족에 관한 연구는 이효재가 계속 전개했으며, 중앙대학교를 거쳐 고려대학교로 간 최재석도 집중적으로 가족에 관한 연구를 하여 많은 논문을 발표하였다. 독일에서 연구한 황성모는 「한국농업노동의 사회학적 고찰」, 이상백·김채윤은 사회계층과 이동, 이해영은 서울대학교 문리과대학내에 인구조사연구소(후에 인구 및 발전문제연구소로 개칭)를 설립하여 이천읍을 대상으로 한 가족계획에 관한 연구를 비롯하여 인구문제에 관한 많은 연구를 실시하였다. 이처럼 많은 사회조사가 실시되는 반면에 이론에 대한 추구는 약한 편이었으며, 경북대학교의 정철수의 논문 「파슨스의 행위론 고찰」과 역시 경북대학교에 있었던 이순구의 논문 「막스 베버에 있어서의 방법적 제개념의 의미」가 있을 정도이다. 이순구는 그 후 계속해서 막스 베버에 관한 논문을 발표하고 있다. 어떤 분야에는 참여 관찰법도 병용되었다. 기술적 조사와 설명적 조사, 표본적 조사와 현지조사, 포괄적 조사와 집중적 조사도 이미 이 시기에 행해졌던 것이다. 여기에 하나 주목할 것은 사회조사에 의한 연구가 행해지기 시작한 1950년대부터 외부의 연구비(외국재단 및 국내연구비)에 의하지 않고, 자비에 의하여 시종일관 연구에 종사한 사람이 존재한다는 사실이다.

5. 맺음말

이처럼 한국의 사회과학은 해방 이후 미국으로부터의 이식을 거쳐, 스스로 뿌리내림으로써 한국적 사회과학을 만들어 가는데 일조하였다. 미네소타 프로젝트와 피바디 프로젝트를 통해 고등교육에 대한 체계적인 지원 및 육성이 가능하였고, 특히 교원육성을 통해 학문 재생산의 토대가 만들어진 것이었다. 그리고 이러한 지원사업을 바탕으로, 연희전문을 비롯한 한국의 여러 대학에서 형성된 과와 학회는 한국의 사회과학을 본격적으로 육성시키는 계기가 되었다. 행정학계에서는 신생 독립국가의 행정체계 구축을 위해 매진하였고, 외교학계에서는 한국전쟁을 스스로 평가함으로써 냉전이라는 국제관계 속에서 나타난 한국의 정치 외교를 되돌아 볼 수 있도록 하였다. 또한 정치학계에서는 민주국가로서의 지향을 검토하였으며, 경제학계에서는 분단을 배경으로 마르크스주의 경제학과 고전경제학이 경합하며 발전되었다. 끝으로 사회학계에서는 외국이론의 수용과 함께, 한국사회에 대한 본격적인 연구가 이루어지면서 한국의 사회과학을 보다 풍성하게 만들었던 것이다. 이러한 학문적 발자국 하나하나에 연희의 여러 연구자들이 기여함으로써 연희학풍이 만들어졌고, 이는 현재까지 계승·발전되어 가고 있다.

1950년대 연세대학교 상경대학 학풍

1. 상경대학 개관과 교수진을 통해 본 학풍

1) 경제학과 개관[1]

1946년 당시 경제학과는 상학원에 상학과와 함께 소속되어 있었다. 1950년 5월 학칙 변경과 더불어 상학원이 상경대학으로 개칭되었다. 상경대학의 학과 편제는 1958년 경영학과 신설로 상학과, 경제학과, 경영학과 등 3개 학과 병설을 거쳐 1967년 응용통계학과의 신설로 4개 학과로 늘어났었지만, 이듬해 상학과가 경영학과로 통폐합됨으로써 경제학과, 경영학과, 응용통계학과로 편제되어 오랜 기간 유지되었다. 이후 2003년에 경영학과는 경영대학으로 분리되었고, 경제학과는 경제학부로 승격되어 응용통계학과와 함께 상경대학 을 구성하고 있다.

경제학과의 역사를 되돌아볼 때, 한 학과의 존립과 특징은 교수와 학생 및 교과목편제에 집약된다. 경제학과 교수진은 전문학교 상과시절 이래 많은 변동을 보였다. 그 시절에 이름을 떨쳤던 경제학 교수진인 이순탁, 백남운, 노동규 등은 일제 강압 하에서 옥고를 치른 끝에, 1942년을 전후하여 교단을 떠났다. 좌우익의 혼란기이고 정상적인 강의가 불가능했던 시절이라 불가피한 면도 있었는데, 이러한 격동은 6·25전쟁 이후로 점차 안정을 되찾기 시작했다.

---

1) 연세대학교백년사 편찬위원회, 『연세대학교 백년사』 3, 1985, 71~78쪽.

그 후에도 교수진의 이동이 없지는 않았지만, 경제학 주력 교수진은 적절한 세대 안배로 꾸준히 형성되었다. 1950년대 초창기부터 경제학과를 떠맡아오던 세 명의 교수들—최호진, 오일홍, 김상겸 교수—이 각각 1980년, 1981년, 1982년까지 재직하고 정년을 맞아 퇴임하게 되는데, 이를 통해 연세 경제학의 깊은 연륜을 확인할 수 있다.

교수진의 변동과 더불어 변화를 보인 것은 교과목편제이다. 학칙상의 과목편제에는 경제학과 나름대로의 과목이 제시되어 있었지만, 당시의 사상적 혼란과 교수난으로 인해 모든 과목이 충분히 개설되지는 못하였다. 그러나 부산피난시기를 거쳐 수복한 후에는 상당한 수준의 경제학과의 과목편제를 실시할 수 있게 되었다. 그렇지만 그 내용은 경제사 과목과 경제사정 내지 정책 과목의 비중이 높았고, 당시는 이론경제학 과목이 다소 밀려난 부분이 있었다. 당시 일본 주요 대학 경제학과의 과목편제가 대개 그러하였기 때문에 그 당시 일본에서 교육받은 교수들의 영향을 받는 것은 불가피한 것이기도 했다.

이렇듯 과목편제는 교수진과 불가분의 관계에 있기 때문에, 경제학과의 과목편제가 현대적으로 편제되기까지는 교수진의 강화가 먼저 이루어져야 했다. 경제 현실의 발전정도와 교재의 이용 가능성 등을 무시할 수 없기 때문에, 선진국 학문의 도입과 화충(和衷)이 이루어졌다. 실질적인 과목개편은 미국 등지의 명문대학 박사과정을 마친 교수들이 1950년대 종반부터 귀국하면서 본격화되었다.

경제학 과목개편의 방향은 이론과목의 강화에 있었다. 경제학의 3분과인 역사, 이론, 정책에 있어서 경제사는 역사 연구의 한 분과로 보고, 정책은 이론의 실천적 응용분야라고 볼 때, 이론과목의 강화는 당연한 귀결이라 할 수 있다. 아담스미스 이후 2백년이 넘는 경제학 발전의 주류는 고전경제학 이론과 근대경제학 이론으로 크게 나누어 볼 수 있는데, 고전경제학 이론은 생산, 분배의 분석에 집중되어 가격구성론의 발전을 가져왔다. 고전경제학

이론의 관점에 따르면, 이론의 분과는 가치론, 생산론, 분배론 등이 주류를 이룬다. 이러한 고전적 과목편제는 1950년대에 걸쳐 채택된 바 있었다. 근대경제학 이론은 가격결정이론에서 비롯되었지만, 케인즈의 등장과 더불어 크게 미시이론과 거시이론으로 나누어지고, 이를 보완하여 화폐금융이론과 국제경제이론의 발전이 이루어졌다. 이와 더불어 경제 분석의 계량화와 관련하여, 통계학의 이론과목 강화를 주축으로 하는 교과목 개편도 함께 추구되었고, 이것 역시 근대 경제학이론 방법론 발전의 주류에 부응하려는 노력을 반영했다고 할 수 있다.

2) 경영학과 개관[2]

6·25전쟁은 경영학 연구 활동에도 많은 변화를 가져오는 계기가 되었다. 특히 휴전 이후 산업재건을 통하여 경제부흥을 달성하려는 노력이 정부와 민간부문 양 측에서 이루어지고 있었고, 기업을 합리적으로 운영하여 발전시키려는 시도와 함께 학계에서도 교육상 필요에 따라 경영학 연구가 활발하게 전개되는 환경이 조성되었다. 또한 1950년대 후반부터 미국 경영학이 본격적으로 도입되면서 한국 내 경영학 발전의 계기가 마련된다.

미국식 경영학은 당시 우리나라에서 경영학의 주류를 이루어 왔던 상학 또는 경영경제학을 중심으로 하는 독일의 경영학과 비교하여 볼 때, 실천적 문제해결에 대한 유용성을 강조하는 실용주의적인 특성을 주류로 하는 것이었다. 이러한 미국 경영학의 도입에 직접적인 계기가 되었던 것은 1957년 ICA(International Corporation Administration) 기술원조에 따라 미국 워싱턴 대학교와 연세대학교 및 고려대학교 사이에 계약이 체결되어 경영학 교육의 발전을 위한 교수교환계획이 마련된 것이다. 이는 연세대학교 총장이었던 백낙준 박사의 자문과 함께 미국 국무성이 추진한 원조계획의 일환이기도 했다.

---

2) 연세대학교백년사 편찬위원회, 앞의 책, 1985, 78~84쪽.

이 프로그램을 통해 미국의 경영학 교수가 내한하는 한편, 우리나라의 경영학 교수가 미국에 유학하게 되어 최신 미국경영학을 직접 이식하는 계기가 되었다. 미국경영학을 우리나라에 도입하여 새로운 모습으로 경영학을 발전시키는 데에 연세대학교가 역할을 하였고, 경영학에 대한 일반 대중의 관심을 자극하는 데에도 기여하였다. 비슷한 시기에 고려대학교를 비롯하여 곧이어 서울대학교, 중앙대학교, 성균관대학교 등 여러 대학교에서 경영학과가 신설되었다.

3) 1950년대 상경대학 재학생 및 졸업생 통계

1946년 8월 종합대학인 연희대학교로 승격 개편되면서 상학과와 경제학과가 상학원에 포함하게 된다. 1950년 개칭된 상경대학의 연도별 재학생 통계를 살펴보면 1953년 9월 30일 기준 상경대학 재학생은 346명, 1954년 9월 30일 기준 상경대학 재학생은 432명, 이 중 여학생은 7명이고, 1955년 4월 12일 기준 상경대학 재학생은 487명, 이 중 여학생은 12명이며, 1956년 5월 말 기준 상경대학 재학생은 735명, 이 중 여학생은 12명이다. 연도별 졸업생 통계를 살펴보면, 1954년 상경대학 졸업생은 24명, 1955년 76명, 1956년 87명, 1957년 109명으로 증가 추세를 보이게 된다. 한편, 1956년 11월에 문교부의 결정에 따라 경제학에 대해서도 박사학위를 수여할 수 있게 되었다.

4) 교수진 및 개설 과목

1953년 1학기와 2학기에 상경대학에는 각각 44개, 46개 과목이 개설되었고, 1954년도에는 각각 57개, 53개, 1955년도에는 각각 56개, 61개, 1956년도에는 각각 33개, 45개 과목이 개설되었다. 당시에는 고등교육을 받은 교수진이 턱없이 부족하여 한 학교의 전임교수가 여러 학교에 출강하는 경우가 빈번한 시기였다. 서울대학교와 고려대학교 등 타 대학 교수들이 연세대학교에 출강하기도 하고, 문과대학 교수가 상경대 학장을 맡기도 했다. 이후 해외에서 수학한 교수들이 국내로 돌아와 초기 학문의 뼈대를 형성하는데 기여했고, W.U. Project[3]에 의해 교환교수 프로그램을 통해 미국의 선진 교육을 받을 기회를 얻기도 했다.

(1) 해방 전후와 부산 피난지(영도 가교사시대), 그리고 50년대 초반

해방 전후시기 그리고 50년대 초반까지의 교수진[4]은 전임으로 장희창(도쿄대), 임병혁, 박효삼(메이지대 상학), 전인섭(와세다 영문과), 정래길(게이오대학 법학부), 신태환(도쿄상대), 김효록(고베상대), 고병국(도쿄대학 법학부), 송종극 등이 있었고, 강사로는 육지수(도쿄제대), 김성현(메이지대 상학), 이상훈(도쿄상대), 정인목(메이지대 상학부), 윤만중(도쿄상대) 등이 있었다. 강사 중에는 전임대우가 흔했다. 이 가운데 백상규, 김효록은 보성전문학교(현 고려대학)로 옮기고 신태환, 이상훈 등은 해방 전후에 경성제대(현 서울대학)로 옮겼다. 당시 상경대학의 주요 전임 및 전임대우교수를 중심으로 경제학 및 상학 연구 및 교육 분야를 자세히 살펴보면 다음과 같다.

최호진(崔虎鎭) 교수는 경제원론, 한국경제사 등을 강의하였다. 1952년부터 1961년까지 전임대우교수로 활동했으며 1962년부터 연세대학 전임교수로 임명되었다. 이후 상경대학장, 대학원장을 역임하였으며, 1979년 8월 연세대학교에서 정년을 맞이하였다. 한국경제사 통사를 완성하고 20여권의 저서를 남겼으며, 해방 후 정선된 신문 잡지에 개제한 논설문 186편을 3권으로 출판하는 등 근대 한국경제학의 산증인이었다.

김준보(金俊輔) 교수는 통계학, 농업경제, 농업정책을 전공하였다. 수원농대 교수이자, 1952년부터 1961년까지 전임대우교수였던 그는 1962년 전남대 총장으로 취임하였다. 『토지개혁론 요강』, 『농업경제학서설』, 『한국자본주의사

---

3) W.U. Project에 대해서는 별도로 서술한다.
4) 김기영, 「연세대학교 경영학의 90년 : 실사구시(實事求是)의 학맥」, 『연세경영연구』 42-2, 2005, 267~269쪽.

연구』I ~III, 그리고『현대통계학』등 20권의 저서를 남겼다. 당시 한국농촌의 대다수를 구성하였던 소농을 부유하게 하려는 농업경제학에 중심을 두었다. 농업경제학은 자본주의 경제학의 관점에서, 혹은 농업생산기술을 기반으로 하는 농업경영학적 관점에서 볼 수 있는데, 김준보는 이들을 바탕으로 한국 농촌의 비합리성을 타파하고자 하였다. 또한 김준보는 한국에 현대적인 통계학, 또는 계량경제학을 도입하는 데도 크게 기여하였다.

윤만중(尹萬重) 교수는 교통론, 해외경제론 전공으로 1946년부터 1951년까지 는 전임교수로, 1952년부터 1957년까지는 강사로 재직하였다. 그는 모스크바 대학에 재학 중이던 1917년에 혁명이 발발하자 일본으로 건너가 도쿄상과대학 을 졸업하였는데, 러시아 학문을 소개하고 러시아어 강의를 하였다.

신태환(申泰煥) 교수는 국민소득론, 금융재정정책 전공으로 1939년 연희전문 시절부터 학생들을 가르쳤다. 1943년 퇴임하였다가 1945년 일본인들로부터 학교를 회복하는 접수위원으로 복귀하여 상학원장으로 1948년까지 재직하였 다. 1948년 동국대학으로 옮기고, 1951년 서울대학교 법과대학으로 다시 옮겨 재직하면서, 1960년 법과대학 학장, 1961년 서울대총장을 역임하였다. 1949년 부터 연대 강사로 출강하여 1961년까지 출강하였다.

한편 연세대학교 내 타 단과대학 교수가 상경대학 강의를 담당하기도 했다. 오화섭(吳華燮) 교수는 셰익스피어 희곡을 전공한 영어영문과 교수로, 상경대학 영어 과목을 2년간 전담하였다. 조의설(趙義卨) 교수는 사학과 소속으로, 구주경 제사를 강의하였으며, 1951년부터 1952년까지 상경대학장을 맡기도 했다. 박상래(朴商來) 교수는 신과대학 소속으로 부기, 종교를 담당하였고, 김용현(金 用賢) 교수는 문과대학 소속으로 상경대학에서 제2외국어로 중국어를 강의하였 다. 김윤경(金允經) 교수는 문과대학 국문과 소속으로, 상경대학 대상으로 나라 말본 과목을 담당하였다.

(2) 1953년 9월에서 1960년까지 상경대학 교수진

6·25전쟁을 거치는 동안 교수 중의 일부는 행방불명되거나 학교를 떠나기도 했고 일부는 부산 분교에서 채용되어 강의를 하다가 서울 수복과 함께 신촌캠퍼스에서 강의하게 되었는데, 교수진 강화를 위해 1954년 4월에 최호진, 송종극, 송태영, 이병영 등 경제학계의 중진 교수들을 상경대학의 전임대우교수로 신규 임용하였다. 당시 상경대학 교수진으로는 경제학을 강의했던 오일홍(경제사, 1952), 정종진(경제학, 1955), 이종하(경제학, 1956), 이제민(경제학, 1954), 김문식(농업경제학, 1958, 전임대우) 등이 있고, 상학 관련 과목을 담당한 나기호(상업지리, 1958), 김상겸(경제학·상업통론, 1953), 김규삼(회계학, 1952), 이기을(금융기관, 1955), 송태영(회계학, 1953 전임대우), 황일청(상학, 1957), 이상훈(상학, 1957년 전임대우), 조익순(회계학, 1954), 임익순(1955, 미국 유학 중), 황창욱(상학, 1958, 전임대우) 등이 있다. 강연규(회계학, 1959, 전임대우), 이길현(상학, 1954)은 1958년 경영학과가 신설된 해에 부임하였다. 당시 상경대학 교수진을 중심으로 연구 및 교육 분야를 자세히 살펴보면 다음과 같다.

홍승국(洪承國) 교수는 영어담당으로 서울 수복 후 상경대학 학장을 지냈다. 회갑 때 축의금을 장학기금으로 운동선수에 지급하는 등 연세대학교의 체육활동을 위해서도 많은 공헌을 하였다. 마라토너 최윤칠씨의 회고에 의하면 입학부터 졸업 때까지 장학금으로 학비를 조달했다고 한다. 오하이오 대학 영문과를 졸업했다.

오일홍(吳日弘) 교수는 상업통론, 경제사, 상업사를 담당하였고, 1952년부터 전임교수로 재직하였다. 사후에 재단을 설립하였고 이에 따라 현재 상경대학 경제학부에서는 오일홍장학금이 지급되고 있다.

김척도(金偶燾) 교수는 상업영어, 경제학사, 사회정책 담당으로, 1952년부터 전임교수로 재직하다가 1958년 사망하였다. 가족이 없이 독신으로 사망하였고, 집 한 채와 현금 그리고 많은 서적을 남겨놓아 그 유산으로 산업경영연구소가 설립되고 김척도장학기금이 설립되었다. 산업경영연구소는 1993년에 경제연구소와 경영연구소로 분리되어 각각 운영되고 있다.

김상겸(金相謙) 교수는 경제정책, 경영경제, 경제원론 강의를 담당하였고, 1953년부터 1981년까지 재직하였다. 김규삼(金奎三) 교수는 회계원리, 고급회계, 감사론을 담당하였고, 1953년부터 1978년까지 재직하였으며, 1956년부터 1958년까지 상경대학 학장 서리를 담당하였다. 송태영(宋吠永) 교수는 회계학, 회계감사, 고급회계 과목을 담당하였고, 1954년부터 1982년까지 재직하였다.

이정환(李廷煥) 교수는 경제학, 경기변동론, 경제원론을 담당하였고, 1953년에서 1961년까지 재직하였다. 주로 케인즈 경제학을 다루었다. 1962년에 대학을 떠났고, 그 후 재무부장관, 한국은행 총재, 산업은행 총재 등을 역임하였다. 경제학박사를 취득하기 위해 해외에서 공부하는 학생을 위한 장학금 기금을 상경대학에 운용하여 이를 유학생에게 지급했다. 이정환 교수가 1960년대 초에 저술한 『경제원론』(법문사)은 대표적인 경제원론 교과서로 시장을 거의 독점하였는데, 그 후 조순이 저술한 『경제학원론』이 출판될 때까지 가장 많이 읽힌 경제학 교과서라고 할 수 있다.

차균희(車均禧) 교수는 농업경제와 경제원론를 강의하였고, 1956년부터 57년까지 전임 부교수로 재직하였다. 1961년에 대학을 떠나 부흥부 국장, 농림부 장관 등을 역임하였다.

이제민(李濟民) 교수는 경영경제, 경영학을 전공하였고, 1957년 미국으로 유학하였다. 시카고 대학에서 연구원 생활 후 귀국하여 전임교수로 재직하였다.

당시에는 연세대학교 대학원 석사과정을 마치고, 1950년대 전임교수가 되었다가 1958년에 경영학과가 신설되면서 경제학과의 젊은 신임 교수가 경영학 계통 교수로 전환된 경우가 있었다. 원서강독, 재정정책을 담당하던 오윤복(吳潤福) 교수는 석사이후 1955년 전임으로 재직하다가 1959년 유학, 미국 대학교수로 영주하였다. 이기을(李氣乙) 교수는 경영학, 재무관리, 기업경영을 강의하였고, 석사학위 취득 이후 1955년 전임을 시작하여 정년까지 근속하였다. 정종진(鄭鍾鎭) 교수는 경제사를 강의하였고, 석사학위 취득 이후 1956년 경제과 전임, 이후 경영학으로 전환하여 정년까지 근속하였다. 임익순(任翊淳) 교수는 경영학

전공으로 재무관리를 강의하였고, 1956년 전임으로 임용된 이후 유학으로 학위를 취득하고 정년까지 근속하였다. 이종하(李宗夏) 교수는 1957년 석사학위 취득 후 전임으로 재정학을 담당하다가, 미국유학에서 경영학학위를 받고 경영학, 배급관리를 강의하였다.

조익순(趙益淳)은 1957년부터 회계학을 담당하던 전임강사로 재직하다가 2년 후 고려대학으로 옮겼다. 황일청(黃一淸)은 1957~1960년 경영학 전임교수로 재직하다가 1960년 서강대학으로 옮겼다. 나기호 교수는 초대 교통부 차관을 지냈고 30년대에 이미 미국에서 박사학위를 받았다. 1959년 취임하여 1962년 정년퇴임 후 경제지리 강사로 출강하였다.

1958년 경영학과가 출범하면서 W. U. Project에 따라 경영학 교수 훈련 프로그램에 따라 경제학을 강의하던 이종하, 임익순 두 사람은 워싱턴 대학교 DBA(박사)과정에, 김규삼(회계학, MBA), 이제민(경영정책, MBA)은 석사과정에 유학하고, 대학원 학생이던 송자(회계학), 이규원(생산관리)은 1960년 MBA 과정에 유학하여 학위과정을 이수하고 경영학과 교수로 부임한다. 그 당시 상경대학 교수들은 전공과목에 관계없이 수개월에서 1년 정도 워싱턴 대학에서 연수를 받기도 했다.

5) Washington University Project(W. U. Project)[5]

1958년 미국의 한국에 대한 기술교육원조 프로젝트에 따라 경영학과가 연세대학교 상경대학에 설립되었다. 당시 기술원조는 public administration, business administration, teacher's training, nurse's training 분야였다. Business administration은 프로젝트를 제안한 백낙준 박사의 의견을 받아들여, 연세대학교와 고려대학교가 원조를 받도록 승인되었다.

1964년 원조계약이 만료될 때까지 W. U. Project를 통해 많은 한국 교수들이

---

5) 김규삼, 『연세대학교 경영학교육 40년』, 연세대학교 출판부, 1994, 21~51쪽.

도움을 받고 학위를 취득하였다. 고려대학교에서 파견된 교수까지 포함하면 30여명의 교수들이 짧게는 6개월부터 길게는 2년 이상까지 W.U. Project를 통해 수학 연구하여 초기 경영학 도입에 공헌하였다. 연세대학교에서 W.U.로 파견되어 학위를 취득하기도 했다. 워싱턴 프로젝트에 따라 편성된 경영학 교과과정은 인사, 생산, 마케팅, 재무, 회계의 다섯 가지 기본 기능 분야로 구성되었다. 다만 당시는 이 다섯 기능 분야에 대한 개념을 정의하거나 용어를 해설하는 수준의 것이었고 문제해결과 의사결정에 직접적인 영향을 줄 수 있는 과학적인 분석기법까지 체계화되지는 않았다.

2. 1950년대 상경대학 교수진 교과서 집필을 통해 본 학풍

1950년대 연세대학교 상경대학 강의의 구체적 내용 자체를 직접 파악하기는 어렵지만, 당시 상경대학에서 이루어진 경제학 및 경영학 교육을 유추하는 과정에서 당시 교수진 및 강사들이 집필한 교과서는 중요한 참고자료가 될 수 있다. 특히 연세대학교 상경대학 교수진의 집필 내용은 당시 한국 대학 전반의 경제학 및 경영학 교육을 파악하는 데도 도움이 된다. 특히, 당시 상경대학 교수 및 강사진이 집필한 일부 교재의 경우는 그 당시 서구 경제학 및 경영학 교육이 한국에 도입되고 발전한 구체적인 모습을 살펴보는 데에 크게 도움을 준다고 판단하여 별도로 자세히 다룬다.

1950년대 초반에는 6·25전쟁으로 인해 학교가 부산으로 피난을 가는 등 교육에 있어서 어려움이 많았다. 서울로 돌아온 이후에도 어려움은 계속되었다.[6] 가장 큰 어려움 중 하나는 교수진의 절대적인 부족이었다. 그 결과 앞서 언급한 바와 같이 한정된 수의 교수들이 여러 대학교에 동시에 출강하여 강의를 이끌었다. 이에 따라 교수가 없어서 강의를 개설하지 못하는 경우도

---

6) 이하 김규삼, 앞의 책, 1994, 13~15쪽 참고.

발생하였다. 그럼에도 불구하고 전쟁 후에 학생들이 학교로 돌아오고 설비를 재건하는 등 학문에 대한 희망과 열정이 있었고, 이러한 희망과 열정이 표출된 것 가운데 하나가 특히 경제학 교재의 집필이다.

한편, 해방 이후부터 여러 학자들이 경제학 교재 집필에 힘을 기울였다. 최호진 교수는 회고록에서 각 분야별로 경제학 교재를 작성하는 것이 연구보다도 더욱 시급한 일이었다고 기술하고 있다.[7] 이 시기에 최호진 교수를 비롯하여 많은 학자들이 교과서를 집필하였고, 이들 교과서는 서구의 경제학이 한국으로 유입되는 데에 크게 기여하였다.

1) 경제학 교과서 및 교과과정의 발전

(1) 경제 이론의 변천과 그 내용[8]

해방 이전 유행한 한국의 경제학은 마르크스 이론이 상당한 영향력을 가지고 있었다. 이 이론은 일본을 경유하여 들어왔고, 2차 대전 당시 우리나라는 철저한 전시통제 하에 있었기 때문에, 시장경제가 존재하기 힘든 상황이었다. 해방 당시 일제로부터 물려받은 공업 및 인적 물적 인프라가 미약하지만 어느 정도 있었고, 후일의 성장을 이루는 기반이 되었다고 할 수 있다.

일제강점기 초기 1920년대 중반 연전 상과에는 이순탁, 백남운 등의 마르크스 계열 경제학자들과 조병옥 등의 자본주의 계열 경제학자들이 반일 혹은 민족주의의 기조를 바탕으로 공존하였다. 그러나 1929년 발생한 동맹휴학 사건을 계기로 조병옥이 퇴직하면서 연전 상과의 학풍은 민족주의적 성향의 마르크스주의 경제학으로 기울어지게 되었으며, 이러한 성향은 1930년대 이후까지 지속되었다. 일제의 탄압이 거세지던 1938년의 경제연구회 사건 이후 학문의 자율성이 크게 탄압을 받고 위축되었으며 1944년에는 상과 자체가 없어지게

---

7) 최호진, 『나의 학문 나의 인생』, 매일경제신문사, 1991, 212쪽.
8) 대한민국 학술원, 『한국의 학술연구 : 인문 사회과학편』 6(경제학), 2005, 4~7쪽.

되었지만, 그럼에도 불구하고 1930년대 이후 연전 상과의 학풍은 마르크스 경제학이 주류를 이루었다.9)

따라서 해방 직후 경제이론이라 하면 마르크스 경제학을 의미했고, 고전학파 신고전학파 경제학은 아주 미약한 상태였으며, 케인즈 경제학은 거의 알려지지 않았다. 그렇지만 최호진 교수 등 선구적 학자들이 경제원론 내지 개론 교과서를 저술하여, 근대경제학의 새로운 지평을 열었다고 할 수 있다. 전쟁 이후 한국경제를 지탱한 버팀목은 미국으로부터의 원조였는데, 미국원조당국 원조물자로 초기 공업화 기반을 지원하고자 함과 더불어 경제이론으로 자유시장경제체제를 지향하였다. 한국정부당국은 헌법의 제정된 경제조항에 따라 정부주도 의지를 고수했고, 이러한 의지를 관철하는 데에 경제학자들의 이론적 공헌도 있었다.

전쟁 이후 마르크스 경제이론은 쇠퇴하여 거의 자취를 감추게 되었고, 이념적 학풍이 우파로 급속하게 넘어가게 되었다. 그 결과로 근대경제학의 각 분야인 경제사, 통계학, 경제정책, 경제학사 등 광범위한 분야가 활발하게 도입됨과 더불어 개발되기 시작했다.

최호진 교수의 『경제원론』은 고전학파 경제학 이론을 바탕으로 집필되었다. 최호진 교수는 1957년 경제원론 증정판에 덧붙인 글(「改版序에 對하여」)에서 집필 목적을 "근대자본주의이론을 개괄적으로 논술하여 경제학 전반에 대한 양식을 주려는데 있다"고 밝히고 있다. 또한 "기초이론에 중점을 두었으며", "너무 전문적인 이론전개는 이것을 피하였다"고 하여 이 책이 입문서임을 분명히 하고 있다. 특히 이 책이 "정통학파"를 위주로 서술되었으며, 케인즈 학파의 이론은 별도의 책에 실었다고 소개하고 있는데, 당시에는 케인즈 학파의 이론이 최신의 이론으로서 경제학 입문 과정에서는 다루어지지 않았던 것으로 보인다.

---

9) 자세한 내용은 洪性讚, 「일제하 연전상과(延專商科)의 경제학풍(經濟學風)과 '경제연구 회사건(經濟研究會事件)'」, 『한국경제학보(구 연세경제연구)』 1, 1994, 263~307쪽 참고.

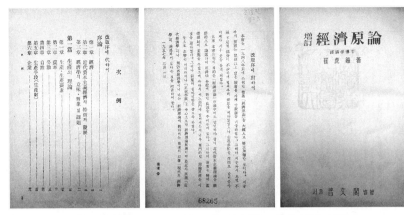

『경제원론』(최호진, 증보판(1957), 연세대학교 중앙도서관 소장)

『경제원론』은 5편(篇)으로 구성되어 있다. 1편은 '생산의 이론'으로서 자본,
노동, 생산수단, 기업 등을 다루고 있다. 2편은 '교환의 이론'이며 가격론,
가치론, 화폐론, 금융론, 상업 등을 다루고 있다. 3편은 '분배의 이론'이라고
명명되었고, 분배, 소득, 임금, 이윤, 지대 등을 다루고 있다. 4편에서는 경기변동
을 다루고 있으며, 마지막으로 5편에서는 경제학의 발달을 다루고 있다. 전반적
으로 볼 때 최근의 경제학 입문서와는 다르게 아직은 미시경제학과 거시경제학
이 뚜렷하게 구분되지 않고 있으며, 이는 이 책이 고전학파의 이론을 바탕으로
서술되었기 때문이다.

(2) 1950년대 거시이론[10]

1950년대 한국 거시경제학계는 번역의 시기이고, 1954년 최호진 교수가
번역한 피구(A. C. Pigou) 교수의 저서『소득』이 거시경제학 첫 번째 교과서라고
할 수 있다. 이 교과서는 소득의 개념에서 시작하여 소득에 영향을 주는 요인들을
다양한 문헌의 예를 들어가며 설명하고 있는데, 이것이 오늘날 거시경제학에서
의 국민소득 결정원리에 해당한다고 볼 수 있다. 고전학파 경제학자답게 정부의

---

10) 대한민국 학술원, 앞의 책, 2005, 24~25쪽.

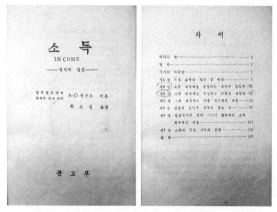

『소득』(최호진, 1958, 연세대학교 중앙도서관 소장)

역할을 시장실패에 따른 정부의 개입, 외부효과에 대한 정부의 역할로 논의하고 있다는 점이 흥미로운 점이다.

최호진 교수는 역자의 말에서 "1929년 이후에 전세계의 자본주의 제국가를 뒤흔든 공황(恐慌) 이래 대두하기 시작한 경제학, 오늘날 와서는(제이차 대전 후) 「새로운 경제학」(New Economics)이니 또 「근대 경제학설」(Modern Economic Theory)이니 하여 세인의 주목을 끌고 있는 경제학을, 소득(所得)이라는 경제학의 기본적 개념을 중심으로 하여 가장 쉽게 논술한 것이 곧 본서"라고 소개하고 있다. 또한 "소득 분석은 케인즈 이후의 경제학의 특징"이지만 피구가 1920년에 이미 저서 『후생 경제학』을 통해 소득의 분석을 강조하였음을 언급하며 이 책을 "오늘날의 제 선진 자본주의 사회의 경제학의 입문 서적"이라고 칭하고 있다. 이를 통해 우리는 최호진 교수가 이 책을 (거시)경제학 기본서로서 번역에 임하였으며, 또한 그가 아직은 고전경제학을 중점적으로 다루었을 것이라고 유추해볼 수 있다.

(3) 미시이론

미시이론은 1950년대에는 다른 분야에 비해 관심이 적었는데, 이는 당시 우리나라가 어떻게 빈곤에서 벗어나고 경제발전을 이룩하는지가 최대의 관심사였기 때문에 거시적인 경제정책인 경제발전론, 화폐금융이론, 재정학 등 다른 분야에 대한 연구가 활발했기 때문이라고 볼 수 있다.

(4) 재정학11)

초기 재정학 연구는
1949년 이해동의『재정
학요론』과 더불어 재정
학 전문서로서, 1949년
최호진의 『재정학 : 근
대국가재정이론』이 가
장 먼저 출판된 재정학
전문서이고, 뒤를 이어
1953년 최호진의『재정
학개론』, 1954년 이해동

『재정학』(최호진, 1950)
(연세대학교 중앙도서관 소장)

『재정학개론』(최호진, 1953)
(연세대학교 중앙도서관 소장)

의『재정학』과 한춘섭의『재정학』이 출판되었다. 최호진의『재정학 : 근대국가
재정이론』은 재정학 관련전문서로서 경비론, 수입론, 예산론, 그리고 지방재정
론으로 구성되는 오늘날의 재정학 교과서에서 다루게 되는 분야를 이미 포함하
고 있다.

이렇듯 1950년대의 상경대학의 경제학 교과서, 교수학습 및 연구과제 도입은
국가발전 초기단계에서 필요로 하는 거시 및 국가재정 분야에 초점이 맞추어져
있었음을 확인할 수 있고, 이 시기에 수행되는 연구들은 주로 교과서적 차원에서
이뤄졌다고 볼 수 있다.

(5) 통계학 및 계량경제학12)

1950년대 한국의 통계학 교과서는 주로 기술적인 통계학에 치우쳐 있었다.
즉 현대의 통계학에서 주로 다루는 확률분포, 추정, 검정보다는 도수분포,
분산도, 지수 등에 집중되어 있는 모습을 보였다. 이 시기에는 한국에서 통계학

---

11) 대한민국 학술원, 앞의 책, 2005, 291~293쪽.
12) 대한민국 학술원, 앞의 책, 2005, 688~690쪽, 710~712쪽.

자체가 연구보다 교육에 중점을 두고 있었고, 또한 교육에 있어서도 외국에 대한 의존도가 컸다.

이 책의 서문에서 이정환 교수는 자연현상이 필연적 인과관계를 따르는 반면, 사회현상은 우연적이고 확률적인 속성을 가진다고 하여 이 둘을 대비시키고 있으며, 이러한 사회현상을 실증적으로 분석하기 위해 통계학이 필요하다는 점을 명시하고 있다. 또한 "Keynes의 「一般理論」 以後에 있어서 經濟學의 中心概念이 되어 있으며 또한 Harod Robinson 등의 「成長率」 問題에 있어서도 重要한 자리를 차지하고 있는 國民取得에 關한 統計理論을 包含시키지 못하였다"고 서술하고 있으며 이를 추후의

『통계학』(이정환, 1955)
(연세대학교 중앙도서관 소장)

과제로 밝히고 있는 점에서 이 책이 경제학과에서의 통계학 강의를 염두에 두고 집필되었다는 것을 유추해볼 수 있다.

내용면에 있어서는 통계학의 개념과 통계조사론 등을 소개한 후에 대부분의 지면을 도수분포, 평균치, 분산도, 지수, 시계열 등 기술적 통계분야에 할애하였으며, 책의 후반부에 확률론과 표본이론을 짧게나마 소개하였다. 부록에 해당하는 수치표(數値表) 부분에서도 0부터 999까지 숫자의 제곱, 1부터 100까지 숫자의 세제곱, 네제곱 및 역수, 1.00부터 9.99까지 숫자의 제곱근 및 열배의 제곱근 등이 표로 제공되는 등 현재의 통계학 교재와는 차이를 보이고 있다. 물론 정규분포의 면적과 t-분포표 역시 제공되고 있다.

계량경제학은 전세계적으로도 1930년대에 비로소 경제학의 한 분야로 형성되었고, 1950년대에 이르러서야 교육의 체계가 비로소 정립되기 시작하였다. 따라서 해방 이후 경제학자가 부족했던 한국에서는 제대로 된 계량경제학 교육이 이루어질 수가 없었다. 그러한 중에 1958년 연세대학교에서 김준보 교수가 계량경제학 강의를 개설한 것은 한국 내 계량경제학 교육에 있어서,

그리고 경제학 교육에 있어서 큰 의의를 지닌다고
할 수 있다.

이 책은 '통계(統計)와 추계(推計)의 종합이론(綜
合理論)'이라는 부제가 말해주듯이 기존의 기술통
계학뿐만 아니라 추정이론과 같은 근대적인 통계
학 이론 역시 상당한 비중으로 다루고 있다. 김준보
교수는 서문에서 "本書는 統計的方法이 가진 固有한
辯證法的認識의 立場을 傳統的인 "記述"이나 革新적
인 "推測"의 全課程에 首尾一貫시킴으로써 흔히 보는

『현대통계학』(김준보, 1954)
(연세대학교 중앙도서관 소장)

바와 같이 統計的槪念을 斷片的으로 解明함에 그치거
나 또는 그를 單純한 數理形式의 處理對象으로서 滿足하지는 아니하였다"고
밝히고 있다.

책의 내용을 살펴보면 책의 앞부분에서는 통계학의 역사 및 의의에 대해서
설명한 후에 확률론과 대수의 법칙을 기술하고 있다. 이후에는 통계조사와
도수분포, 지수, 시계열, 상관관계 등 기존의 기술통계학의 내용을 소개하였다.
12장부터는 각종 확률분포 및 표본분포, 검정이론, 추정이론 등 근대적인
통계학을 다루고 있다. 부록에도 대수(로그)뿐만 아니라 정규분포표, χ^2-분포
표, t-분포표, F-분포표, 난수표 등이 포함되어 근대적인 통계학에 보다 가까운
모습을 보이고 있다. 이 교과서는 앞서 소개한 이정환 교수의 『통계학』에도
소개되었고, 이후에도 한국의 통계학에서 중요한 저작이라는 평가를 받았다.

2) 경영학 교과서 및 교육과정의 발전[13]

경영학과가 창설되기 이전 연세대학교 상학과 기간(1946~1957년)에는 경영
경제, 회계학, 회계감사, 원가계산, 관리회계 등이 새롭게 추가되었다. 이 기간에

---

13) 대한민국 학술원, 『한국의 학술연구 : 인문 사회과학편』 10(경영학), 2009, 13~16쪽.

는 상학이 회계학 중심으로 진전되고 있음을 알 수 있고, 독일식 '경영경제학'이 비로소 하나의 개론 형식의 과목으로 추가되었다가 1954년 수정된 교과과정에서 처음으로 미국식 '경영학'이 단일과목으로 소개된다. 그럼에도 불구하고 기본적인 틀은 상업실무형 교과과정 특성을 가지고 있었다. 한국 경영학은 선진 경영학을 수입한다는 측면에서 일본 경영학과 유사한 점이 있다고 볼 수 있다. 1945년 해방 후 극도의 경제혼란기를 겪었고, 이 시기는 학술 경영학의 침체기라고 할 수 있다.

그러나 경영실무 분야에서는 미국 경영학의 도입이 점진적으로 이뤄졌다. 그러다가 1957년 미국 워싱턴 대학교와 경영학 교육원조계획을 수립함으로써 경영학 발전에 전기를 마련하게 되었다. 워싱턴 프로젝트에 의해 편성된 우리나라 최초의 경영학 교과과정(1958년)은 다음과 같이 개설되었다.[14]

(두 학기 개설과목)	(한 학기 개설과목)	(한 학기 개설과목)
경영학 원론	재무관리	경영분석
기업금융	배급관리	경기예측
인사관리	판매관리	경제원론
인간관계	마케팅	관리경제
생산관리	광고론	무역론
회계원리	시장조사	상업통신
경제지리	관리회계	경영학원강
통계학	경영정책	무역실천
경영학원서	산업심리	타자연습
실업영어	계산기	경영학연습

---

14) 김기영, 앞의 글, 2005, 263쪽.

해방 이후 연희대학교 과학기술 학풍의 성장

1. 머리말

1915년 설립된 연희전문학교에서 시작된 서양 선교사들의 과학 교육과 새로운 과학 지식인 배출의 역사는 서양 근대과학이 혁명적으로 발전하던 20세기 초 당시의 시대적 배경에서 우리나라 근대과학의 형성에 지대한 역할을 했다고 할 수 있다. 또한 일제강점기에 따르는 우리나라 과학역사의 암흑기에 학문의 동서화충이라는 기본정신을 바탕으로 한 연희전문학교 수물과는 근대 학문이 전달되어 토착화되고 발전된 우리나라 현대과학의 근원지로 그 역할을 충실히 다하였다. 과학을 전공한 베커, 밀러, 루퍼스 등 서양 선교사들은 연희전 문학교 수물과 및 응용화학과를 통하여 순수과학 전 분야 및 응용 공학에 대한 세계적 수준의 대학 교육과 연구 체계를 세우고자 헌신하였다. 체계적이고 충실한 근대과학 교육을 이수한 연희전문학교 수물과 졸업생들은 우리나라 과학 분야 교원 및 관료 등, 사회 지도자로 진출하여 국가 발전에 크게 이바지 하였다. 특히 이원철, 최규남 등은 연희전문학교 수물과 졸업 후 미국에서 우리나라 최초로 천문학 및 물리학 분야에서 박사학위를 받고 귀국하여 연희전 문학교 수물과 과장으로서 활약하였고, 이춘호를 비롯한 연희전문학교 수물과 에서 활약한 많은 교수들은 우리나라 사람으로서 서양 근대과학을 도입하는 선구자의 역할을 충실히 수행하였다.

그러나 중일전쟁 이후 태평양전쟁으로 이어진 1930년대 말~1940년대 초반,

일본의 조선에 대한 식민지 교육은 더욱 심화되어갔다. 이에 따라 연희전문학교는 1942년 후반부터 총독부가 임명하는 교장이 관리하는 체제로 변화하였고, 급기야 1944년 5월 10일 이른바 전시교육비상조치요강에 의하여 연희전문학교는 폐교되고 5월 11일자로 경성공업전문학교가 설립되었다. 1945년 8월 15일 일제강점기 36년 만에 우리나라의 해방과 더불어 연희전문학교 또한 미군정청의 관리 하에 학교의 접수와 정상적인 운영을 모색하였고, 드디어 1946년 8월 15일 연희대학교가 설립되었다. 연희대학교에서 자연과학의 교육과 연구는 수학과, 물리기상학과, 화학과로 이루어진 이학원 체제로 시작하였으며, 이후 1949년 의예과와 생물학과, 그리고 1950년 공업화학과와 전기공학과의 신설과 더불어 이공대학 체제로 변환하였다. 이 체제는 6·25전쟁기를 거친 이후, 1957년 연희와 세브란스의 통합에 의한 연세대학교의 출범 시까지 유지되며, 우리나라 현대과학의 새로운 출발과 발전을 주도하였다.

이 글에서는 『연세대학교 80년사』(1965), 『연세대학교 백년사』(1985), 『연세의료원 120년사(한국의 현대의학 도입과 세브란스 1895~1945)』(2005), 『연세과학기술 백년사 보고서』(2012 ; 2013), 『이과대학의 의예과·치의예과 설치와 교육』(2013), 『서양과학의 도입과 연희전문학교』(2004, 나일성 편저)의 내용을 주요 참고로 하여,[1] 해방 이후 연희대학교에서의 과학기술 분야 교육 및 연구 시스템의 정비 및 확충 과정을 살펴본다. 또한 해방 직후 교수 현황과 교수의 교육 및 연구 활동 현황, 그리고 6·25전쟁 중 과학교육 현황 등을 살펴보고자 한다. 더불어 이공대학의 설립 과정을 살펴보고 교과목 및 학제의 변동 과정, 교육 시설의 확충과정, 연구 활동의 변천, 학생 활동 등을 종합적으로

---

1) 연세 창립80주년기념사업연구회 편, 『연세대학교사』, 연세대학교 출판부, 1969 ; 연세대학교백년사 편찬위원회 편찬, 『연세대학교 백년사』 1~4, 1985 ; 연세의료원 120년사 편찬위원회 편찬, 『인술, 봉사, 그리고 개척과 도전의 120년 : 한국의 현대의학 도입과 세브란스(1995~1945)』, 2005 ; 『연세과학기술 백년사 보고서』, 2012~2013 ; 『이과대학의 의예과·치의예과 설치와 교육』, 2013 ; 나일성 편저, 『서양과학의 도입과 연희전문학교』, 연세대학교 출판부, 2004.

살펴봄으로써, 해방 이후 연세 과학기술 학풍의 성장 과정을 고찰한다.

2. 연희전문학교의 부활과 연희대학교 이학원, 이공대학

1945년 8월 15일 해방과 더불어 9월 25일에 연희전문학교의 접수가 시작되었다. 학교의 운영과 관련하여 10월 6일에 열린 간부회의에 이학 분야의 최규남(물리), 이원철(천문) 등이 함께 참여하였고, 이때 문학부, 상학부, 이학부, 신학부 등 4개의 학부 중에서 이학부에는 수학, 물리, 화학, 기상학과를 설치하기로 하여, 이학부장으로 장기원을 임명하였다. 11월 6일 개학식과 더불어 11월 14일에 주요보직이 재임명되었는데, 이때 이학부장은 이원철, 물리수학과장은 장기원, 화학과장은 조재한, 기상과장은 이원철이 담당하였다. 한편 연희전문학교 수물과 교수였던 이춘호(수학)는 재무처장에 임명되었다. 이와 같이 연희전문학교는 대학 설립을 위한 초기적인 조치로 학부와 전공학과를 두었지만, 1946년 6월에 정식으로 대학준비위원회를 조직하고 7월 31일 미군정청 문교부장관에게 대학설립인가 신청을 제출하였다. 이때 교명은 연희대학교로 하며, 각 학부는 학원으로 명칭하게 되어 이학원에는 수학과, 물리학과, 화학과를 두었다. 그 해 8월 6일 대학 교안 재검토를 통하여 1946년 8월 15일 부로 미군정청의 인가를 얻어 연희대학교가 정식 설립되었으며, 이학원은 200명 정원에 수학과, 물리기상학과, 화학과를 두었다. 이때 대학원을 설치하고 1950년부터 개설하기로 하였다. 한편 1948년 10월 21일에는 문교부로부터 '임시 수학과·물리학과·화학과 중등교원양성소'의 설치를 통한 중등교원 양성의뢰를 받았는데, 연희대학교는 이를 수락하기로 하고 이학원장 장기원에게 주관하게 하였다. 중등교원양성소는 6년제 중학교나 3년제 고등학교 졸업생을 받아서 2년 만에 졸업시키는 제도였다. 그리고 졸업생 중에서 학부에 편입하기를 지망하는 자에게는 대학 3학년에 편입할 자격을 주기도 하였다. 이 양성소는

1948년 10월 26일에 첫 학생모집을 해서 1950년 6월 3일에는 제1회 졸업생을 내게 되었으나, 6·25전쟁으로 인하여 중단되었다가 1953년에 다시 부활되어 1958년도까지 운영되었다.

이 무렵, 일제강점기부터 논의되어 오던 연희와 세브란스 두 대학의 합동론이 다시 일어났다. 1948년 12월 13일 양교 교수 대표가 연명으로 합동 결의서를 두 기관의 이사회에 건의하였다. 양교 이사회는 이를 각각 채택하고 1949년 5월 12일 연희대학교 이사회에서는 두 대학 합동의 첫 단계로 5월 8일 세브란스의과대학 이사장 이용설의 공한에 따라 의예과(2년제)를 연희대학교에 설치할 것을 승인하는 한편, 그 교수진과 시설을 이용해서 생물학과를 증과하기로 결의했다. 그리하여 1949년 9월 1일 신학기부터 실시하기로 하였다. 그러나 문교부장관의 인가를 11월 15일부로 받았기 때문에 연희대학교에서의 신입생 모집은 1950년 6월부터였다. 의예과는 수학과, 물리기상과, 화학과, 생물학과와 함께 이학원에 속해 있었다.

수학과는 이학원장을 맡고 있던 장기원 교수가 과장을 겸하고 있었다. 장기원 교수는 기하학과 해석학, 박정기 교수는 대수학과 해석학을 강의하였다. 물리기상학과는 과장을 맡은 한인석 교수가 양자역학과 전자장론, 문제근 교수가 통계역학·열역학·기체론, 페인(Payne) 교수가 전기공학을 담당하였고, 국립관상대장이었던 이원철 박사가 천문학을 강의하였다. 화학과는 과장을 맡은 조재한 교수가 유기화학과 이론화학, 박원희 교수가 무기화학, 이길상 교수가 분석화학, 이송현 교수가 제조화학, 프로보스트(Provost) 교수가 일반화학을 담당하였다. 한경관을 독점한 의예과와 생물과는 김인완 교수가 과장직을 수행하였다. 김인환 교수는 일반생물학, 윤익병 교수는 비교해부학, 윤일병 교수는 역학, 이영우 교수는 생화학을 분담하였다(<표 1> 참조).

<표 1> 연희대학교 이학원 학과별 개설과목 현황

학과	교수	담당과목	비고
수학과	장기원	기하학, 해석학	이학원장 겸 과장
	박정기	대수학, 해석학	
물리기상학과	한인석	양자역학, 전자장론	과장
	문제근	통계역학, 열역학, 기체론	
	Payne	전기공학	
	이원철	천문학	국립관상대장
화학과	조재한	유기화학, 이론화학	과장
	박원희	무기화학	
	이길상	분석화학	
	이송현	제조화학	
	Provost	일반화학	
생물학과 / 의예과	김인완	일반생물학	과장
	윤익병	비교해부학	
	윤일병	역학	
	이영우	생화학	

신교육법 제정에 따라 학칙 개정도 이루어졌다. 연희대학교에서는 1950년 4월 13일자로 변경된 학칙의 인가를 신청하여 5월 25일에 문교부로부터 승인받았다. 학칙의 개정에 따라 이학원을 이공대학으로 개칭하고, 기존의 수학과, 물리기상학과, 화학과, 생물학과(각 정원 120명), 의예과(정원 100명) 외에 공업화학과(정원 200명)와 전기공학과(정원 160명)를 증설하였다. 또한 1946년 연희대학교 설립 당시 예정하였던 대학원을 1950년 6월에 개설하였는데, 이때 모집한 전체 대학원생은 모두 32명이었다.

1950년 6월 1일부터 신교육법에 따라 모집된 신입생들로 새롭게 시작된 연희대학교는, 학기가 시작한지 불과 20여일 만에 6·25전쟁이 발발하여 휴업하였다. 그해 9월 15일 서울 수복 이후 11월 3일에 다시 개강하였으나 12월 6일 다시 수업은 중지되었고, 1·4후퇴로 다시 피난길에 올랐다. 전쟁의 와중에 이춘호가 납북되었다. 1951년 10월부터 피난지인 부산에서 학교를 개교하였는데, 이때 이공대학 학장은 장기원이었고 이정호, 이영우 등 전임교수와 이철주, 김호직, 이원철 등이 수업을 담당하였다. 한편, 물리기상학과는 1951년 물리학과로 명칭이 변경되었다. 1952년 5월 20일에는 대학원을 다시 개강하였고, 1953년에는 대학원에 의학과 석사과정이 설치되었다. 1953년 3월에는 그동안 중단되었던 중등교원양성소를 다시 시작하였다. 1953년 7월 27일 휴전협정 이후, 연희대학교는 8월 20일부터 부산에서 서울 본교로 이사를 시작하여 9월 14일 개강식을 거행하였다. 연희대학교가 서울로 환도한 이후에도 이공대학은 꾸준히 발전하여 갔다. 1953년 당시 이공대학의 현황은 다음과 같다. 이공대학장은 장기원 교수가 역임하였고, 학과별 강의는 장기원, 김진배, 송기선, 엄기철, 우성구(이상 수학), 김창영, 이종완, 이철주, 안세희, 윤세원, 이원철(이상 물리학 및 천문학), 이길상, 심문택, 이종주, 이풍주, 김홍준, 장세현, 홍윤명, 김학수(이상 화학), 윤홍기, 우형주, 이종일, 김진항, 이승원, 이정한, 지철근, 김두현(이상 공업화학 및 전기공학), 윤세병, 홍순우, 이영우(이상 생물학 및 의예) 등이 담당하였다. 그리고 연희대학교 전체 총 1,675명의 학생 중 이공대학 학생은 633명(남 597, 여 36)에 달했다. 이듬해 1954년 11월부터는 교육공무원자격검정령 시행세칙에 의해 수학과, 물리학과, 화학과, 생물학과에 교직과목이 개설되었다. 1954년 3월 20일에는 12명에 대한 제1회 석사학위수여식이 거행되었는데, 연희대학교에 대학원이 설치된 지 4년만의 일이었다. 이때 최초의 이학석사는 안세희로 「소립자의 스핀」이라는 제목의 석사학위논문을 제출하였다. 1954년도에는 수학과의 엄기철이 「통계학 표본론」으로, 우성구는 「대수학 환론」으로 석사학위논문을 취득하였다. 화학과의 경우 석사과정 입학생은 화학과 1회 졸업생인 최재시 1명이었다. 최재시가 석사학위를 받은 해는 1957년 2월로, 6·25전쟁과 군 입대로 늦어 김인자, 윤한보, 황재영과 함께 받았다. 최재시의 지도교수는 이영우 교수였다. 대학원 생물학과의 경우 1955년에 서울대학교 사대 생물학과를 졸업한 박노면이 처음으로 입학하였다.

박노면은 1958년 3월 3일에 「Yeast Invertase의 sucrose hydrolysis에 미치는 pH와 온도의 영향」이라는 논문으로 연세대학교 대학원 생물학과 제1호 석사학위 취득자가 되었다. 1954년 3월에 이한주가 공업화학과 대학원 석사 1회로 입학하였고, 1957년 이한주, 최수용이 첫 석사학위를 받았다. 전기공학과의 경우 1956년 2월에 양인응이 첫 석사학위를 수여받았다. 한편, 공업화학과는 1956년 3월 화학공업과로 개칭되었다.

3. 연희대학교 이공대학의 교육시설과 전임교원

1949년 의예과와 생물학과, 그리고 1950년 공업화학과와 전기공학과 등 학과가 증설되고, 또한 기존의 수학과, 물리기상학과, 화학과 등의 교수진이 강화되면서 이공대학의 강좌 수도 늘어나게 되어 강의실의 부족현상이 나타나게 되었다. 특히 이공학 분야의 학문은 실험과 실습 교육이 함께 이루어져야 하므로 실험실을 갖춘 과학관의 시급한 건립이 절실히 요구되었다. 더욱이 세브란스의과대학 의예과의 연희대학교 이공대학 편입 과정에 과학관 건물의 신축이 논의되었다. 이러한 배경에 따라, 1950년 6월 1일 콘크리트 석조 4층의 '과학관'을 15만 달러의 예산으로 건설하기로 하고 터를 닦기 시작하였으나, 6·25전쟁으로 중단될 수밖에 없었다. 1953년 8월 서울 본교사로의 복귀와 더불어 이공대학은 아펜젤러관에 학장실, 교수실, 강의실, 실험실 등을 설치하여 이공관으로 운영하였고, 한경관은 이공대학 의예과의 강의실과 실험실로 전용하였다. 이후 1954년 2월 1일 연희대학교 이사회에서는 과학관, 도서관, 체육관 및 임시교사 신축과 그에 따르는 예산 확보 방안을 결정하였다. 그 중 도서관과 과학관의 신축 공사비로 45만 달러가 소요될 것으로 예상되었는데, 우선 과학관 건축을 위하여 이미 책정되어 있던 15만 달러의 사용과 잔액 30만 달러의 원조를 재미협동이사회에 청원하였다. <그림 1>은 과학관 신축

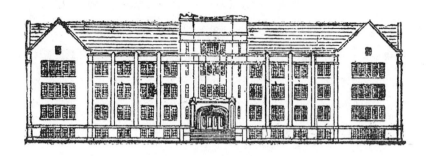

〈그림 1〉 신축 과학관 전면도

이전의 초기 설계 전면도로 석조 4층 건평 422평, 연평 1,366평, 교실 20, 연구실 16, 학장실 1, 화학실험실 8, 물리실험실 9, 천문학실 1, 준비실 4, 영화강의실 1, 공작실 1, 물치실 4, 변소 4, 기관실 1, 사무실 2개로 구성될 것을 예상하고 있었다.

　드디어 1954년 7월 과학관 공사를 착공하였고, 연희창립 40주년이 되는 1955년 4월 22일에 언더우드 동상 제막식이 진행된 후 뒤이어 과학관 정초식이 거행되었다. 1955년 12월 15일에는 상량식을 거행하였고, 1956년 6월 30일에는 과학관의 의의를 표시하는 석조 심볼의 상헌이 있었다. 폭 6피트, 길이 7피트가 되는 이 심볼은 김문기에 의하여 조각된 것으로 과학의 원천인 불을 상징하며 우주를 정복한다는 의미를 담고 있었다. 1956년 10월 16일에는 그간 완공을 서둘러 오던 과학관이 착공한 지 만 2년 1개월 만에 준공을 보았다(그림 1).

　과학관의 건립이 시작된 것은 1950년까지 거슬러 올라가는 것으로 실로 7년 만에 숙원을 성취한 셈이었다. 최종적으로 건평 447평, 연건평 2,014평, 지하 1층, 지상 5층의 석조 건물로 관장실 1, 교실 22(보통교실 16, 계단교실 6), 실험실 8(물리, 화학, 냉각, 동물, 식물, 생물 실험실 포함), 유기화학실 1, 분석화학실 1, 물리화학실 1, 물리학실 1, 전기공학실 1, 공작실 20(전기공작실 및 화학공작실), 준비실 20(교수 연구실을 겸함), 연구실 6, 표본실 2, 냉동실

1, 천평실 1, 기상관측실 1, 방송실 1, 영사실 1, 사무실 1, 숙직실 1, 화장실 4, 변전실 1, 보일러실 1, 창고 3 등 총 81개실로 나뉘어져 있었으며, 1957년 연희와 세브란스가 합동할 때 이름을 남기기 위하여 이 과학관을 '연희관'이라 명명하였다. 연희관은 그 이후 1984년에 이르기까지 과학 교육 및 연구의 중심 공간으로 활용되면서 우리나라 현대과학 전당으로서의 역할을 했다.

한편 6·25전쟁 기간 동안에는 실험 설비와 장치의 부족으로 대학교육의 실험 실습을 하는데 많은 어려움을 겪을 수밖에 없었다. 부산 분교 시절에 활용하던 실험기구로는 화학 천칭 2대, 현미경 6대, 육분의 1대, 본교에서 가져온 유리 기구, 그리고 무기-유기 분석용 시약이 있을 뿐이었다. 실험시설로 는 대형 실험대 3대, 약장 1대, 수조 2대가 있었다. 이렇게 빈약한 시설이었지만 당시의 피난 학교로서는 제법 충실한 것이었다. 서울 본교로의 복귀 이후 전쟁 기간 동안 거의 파괴 분실된 실험기구 확보를 위해 최대한의 노력을 기울였다. 실험기구와 시설의 확충에는 UNKRA(국제연합 한국재건단 : 운크 라)를 비롯한 해외 각 기관의 교육원조가 큰 역할을 하였다. 그 결과 물리실험실, 화학실험실, 생물학실험실에 상당한 시설을 구비할 수 있었다. 운크라 교육원조 에 의한 실험기구의 도입은 1951년부터 1959년까지 이루어졌다. 또한 당시 문교부 장관이었던 백낙준은 미국을 방문하여 한국에 대한 교육원조를 호소하 기도 하였다. 1953년도 운크라 계획으로 34,200권의 영어·불어·독어로 된 농학· 생물학·수학·공학·교육학·화학·물리학·의학·치의학·약학 등에 관한 서적을 구입하여 전국의 대학에 배부하였다. 또한 현미경·화학품 등의 실험실용 기구 비품 등을 구입하여 7개 대학(서울대, 경북대, 연희대, 이대, 부산대, 전남대, 전북대)에 배부하였고, 타자기·문방구·교재·녹음기·영사기 등과 같은 교구 및 비품을 구입하여 이대와 연희대에 각각 배부하였다. 1954년 10월에는 미국에 있는 China College Board의 원조와 본교 기금을 합한 15,000달러의 자금으로 물리 및 화학 실험도구를 다량으로 입하하였다. 1955년 12월, 다시 운크라의 원조로 광전색도계를 비롯한 25점의 기자재가 입하되어 화학실험 수업에

〈그림 2〉 연희관 완공 직후의 전경 사진(왼쪽 백낙준 총장, 오른쪽 장기원 이공대학장).

큰 도움이 되었다. 1956년 6월에는 프랑스 정부가 우리나라의 대학들에 도서를 기증하여 각 부문의 서적이 여러 대학에 분배되었다. 연희대학교에는 수학에 관한 도서가 인계되었는데, 19세기 수학자 Daugustin Cauchy의 저서 *De Lacademie Des Sciences* 전집 22권과 그 외 서적 29권을 배당받았다. 1957년 2월에는 국내 최고 원자연구 실험기구로서 X-Ray Diffraction을 장치할 수 있게 되었다. X-Ray Diffraction은 금속구조 분석, 화학 분석, 생물학 연구 등 결정체의 원자구조 분석을 위한 기구로 우리나라에 처음으로 도입된 것이었다. 이 설비는 길이 32인치, 폭 43인치, 높이 46인치 크기로 12,000달러에 상당하였다. 이 설비를 이용하여 이공대학에서 광학을 강의할 로버트 사워(Robert Sawer)가 X-Ray 실험도 겸하여 강의지도하기로 하였다. 1957년 4월에는 MIT에서 전기공학에 필요한 실험기구를 인계받았다. 모타 제네레타를 비롯하여 유도전동기, 저항기 등 총 30여종으로, 1956년 5월 백낙준 총장의 방미 시에 있었던 지원 약속이 이행된 것이었다. 이처럼 연희대학교의 이공대학은 전쟁과 전후복구의 시련 속에서도 국제적인 도움과 자체적인 노력을 통해 실험기구를 확보해가며 연구역량의 충실을 기해가고 있었다.

새로운 도약기의 학문 발전을 위해서는 훌륭한 양질의 연구자 교수진을 확보하는 것이 중요하다. 1950년 6월 새롭게 시작한 연희대학교 이공대학의 발전에 있어서도 뛰어나고 헌신적인 연구자 교수진의 확보가 중요한 부분을 차지하고 있었다. 6·25전쟁 중 서울 수복 후 1950년 11월 3일 재개강되었던 당시 연희대학교 이공대학의 전공 및 기초 교양과목을 강의했던 교수는 김붕삼, 장기원, 심인곤, 김진배, 송기선, 박종회, 페인(Payne), 안세희, 장근혁, 정철식, 이풍주, 이원철, 윤용원, 김창영, 이종완, 심문택, 이영우, 박병호, 유기묵 등이었다. 전쟁 중에도 학생 수의 증가와 함께 교수진도 강화되었고 강좌도 지속적으로 늘어났다. 휴전 이후 학교 시설의 복구와 더불어 교수진의 보강이 적극 추진되어 이공대학의 교수진은 나날이 그 양적·질적 성장을 이루었다. 1953년 2학기 이공대학 관련 전임교원은 학장 장기원을 비롯하여 12명의 교수진과 4명의 전임 조교로 구성되었다(표 2).

〈표 2〉 1953년 2학기 이공대학 전임교원

직위	성명	담당과목
교수 겸 이공대학장	장기원	수학
부교수	이종일	
	이길상	
조교수	이영우	화학
	홍윤명	유기화학
	우형두	전자기학 측정방법, 전기실험
전임강사	김진배	수학
	심문택	이론화학, 양자화학
	김진항	기계공학, 도학, 제도
	홍순우	생물학, 식물학
	송기선	수학
	김학수	유기화학
전임조교	이풍주	무기화학, 정량분석화학
	김창영	물리학, 전자기학
	이종완	역학, 광학
	윤세병	해부학, 동물학

1954년 최재시가 조교에 선임되었고, 2학기부터는 손선관이 공업화학과 강사로, 유학수가 화학과 강사로 출강하였다. 손선관은 연희전문을 졸업하고 교토대를 거쳐 경성대학을 졸업하였으며, 유학수는 연희대학교 이공대학 화학과 제1회 졸업생으로 그간 충남대학 강사로 재직하였다. 1학기 때부터 출강하였던 김호직은 2학기부터 전임교수로 재직하게 되었다. 김호직은 미국 코넬대학 대학원에서 영양학을 연구하고 박사학위를 획득하였으며 귀국 후 이화, 숙명여자대학에서 교편을 잡았다. 그는 수원농사시험장, 부산수산대학장을 거쳐 학술원회원으로, UNESCO 집행위원으로 활약한 인재로 생화학과 생물학을 담당하였으며, 1955년 3월 10일에는 문교부차관에 취임하였다. 1955년 새해에 들어서면서 총장 백낙준은 국내는 물론이고 미국 등 외국대학의 유능한 학자의 초빙계획을 세워 그 실현을 위해 적극 힘썼다. 1955년 이공대학의 신임 교수진으로는 일반수학을 담당한 임정대, 초급수학을 담당한 강익주, 전기공학을 담당한 이형식과 한만춘, 전기실험을 담당한 페인(Payne), 생물학을 담당한 홍원식이 채용되었다. 같은 해 부산분교의 이공대학 관련 교수진으로는 전임강사 엄기철(수학), 조교 박규창(화학)과 송인호(물리) 등이 있었다. 1956년에는 남궁규오와 전유봉이 전임조교로 채용되었으며, 2학기에는 전기공학을 담당한 양인응, 건축학의 박관두가 교수진에 신임되었다. 박관두는 하와이대학에서 이학사 학위와 M.I.T.에서 이학석사학위를 받았으며, 이공대학에서 강의를 담당하면서 건축학의 권위자로서 건축과와 토목과 설치에 많은 기초를 닦아 놓았다. 한편, 1956년 12월에는 학생처장을 역임하고 있던 윤홍기 교수가 사망하는 안타까운 일이 발생했다. 윤홍기는 1939년 연희전문학교 이과를 졸업하고 1943년 8월부터 연희전문학교 수물과 전임강사로 활동하였으며, 미국 유학 이후 귀국하여 1954년 3월부터 연희대학교에서 화학공학과 화학기계학을 강의하였던 연구자로, 1955년 9월에 학생처장에 취임하였으나 마흔 하나의 창창한 나이에 유명을 달리하게 되었다. 1956년도 이공대학 교수진은 <표 3>과 같다.

〈표 3〉 1956년도 이공대학 전임교원

직위	성명	담당과목
교수 겸 이공대학장	장기원	수학
교수	김호직	생물학
	이길상	도미 유학중
학생처장 겸 부교수	윤홍기	공업화학
부교수	김학수	고분자화학
	이영우	생화학
조교수	김진배	도미 유학중
전임강사	이종완	물리학
	오상세	전기학
	우성구	수학
	이철주	물리학
	김병열	전기학
	김창영	물리학
	김홍준	분석화학
	홍원식	생물
	이형식	기계공학
	한만춘	전기학
	공태훈	생물학
	심문택	도미 유학중
	윤세병	도미 유학중
	홍순우	도미 유학중
	안세희	도미 유학중
	김석연	도미 유학중
전임조교	임정대	수학
	강익주	물리학
	유학수	화학
	최임순	생물
	최재시	화학
	조봉연	물리학
	남궁규오	수학
	정경태	수학
	백한원	물리학

　　이 시기에는 교수들이 연구차 또는 교환교수로 줄을 이어 외국으로 떠났다. 당시 이들의 해외연수 견문은 연희대학교의 학풍진작과 교육향상에 크게 기여하였으며, 교수진의 강화와 더불어 연구 활동도 매우 활발해졌다. 1954년 6월에는 이길상이 알라바마 공과대학에서 분석화학을 연구차 도미하였으며,

8월에는 생물학과 전임강사 윤세병이 도미 유학을 떠났다. 9월에는 한미 교수교환계획에 의해 화학과 부교수 이영우가 시카고 대학에 교환교수로 도미하여 유기화학분야의 연구를 하다가 1955년 6월 25일 귀국하였다. 한편 문교부에서는 1954년도 정부파견 국비유학생을 선발 결정하였는데, 이들은 주로 당시 각 대학의 현직 이공계 교원이었다. 연희대학교에서는 이공대학의 물리학과 담당 이철주가 국비유학생으로 결정되어, 1955년 3월 21일 미국 미시간 대학으로 유학을 갔다. 이철주는 이공대학 물리기상학과 제1회 졸업생이다. 1955년 1월, 미국에서 요청해 온 '원자력 평화적 사용 연구소'에 파견할 한국의 물리학자를 선발하기 위해서 문교부에서 실시한 고시에 응시자 26명 중 연희대학교 이공대학 안세희, 이종완, 김창영을 포함한 16명이 합격하였다. 7월 28일, 수학과의 김진배가 시카고 대학 교환교수로 도미하였다. 김진배는 1950년도 이공대학을 졸업한 동문이며, 1956년 8월 시카고 대학에서 이학석사학위를 받았다. 교환교수로 도미하여 학위를 취득한 것은 김진배가 처음이었으며, 1956년 귀국하면서 이공대학 수학과장으로 부임하였다. 8월 13일, 생물학과 전임강사 홍순우는 한미재건장학금으로 아이오와 대학에서 유전생물학을 전공하러 도미하였으며, 안세희도 8월에 유학차 도미하였다.

한편 이 시기에는 이공대학에 각 학과별로 학생 중심의 학회(수물학회, 화학회, 생물학회, 화학공학회, 전기학회)가 조직되었다. 신입생이 각 학과마다 조직되어 있는 학회에 자동적으로 가입하도록 되어 있기 때문에 학회의 활동은 내용적으로 각 학과의 학생활동과 일치하며, 형식상 학과의 전학년 대표기구와 같은 성격을 지니고 있었다. 이와 같이 학회는 학생 중심의 조직이었음에도 불구하고, 학과의 교수들과 긴밀한 협조를 통하여 각 학과들은 학회를 통하여 초청학술강연회, 공장견학, 정기학술대회, 회지발간 등의 자율적인 학술활동을 활발히 벌여나갔다. 이 시기에 각 학회가 주최한 주요 학술 행사로는 수물학회의 "미국 원자력 연구상황 보고회", 화학회의 "이길상 교수의 전자식 주기율표의 새 발표", 생물학회의 "동식물 표본정리사업", 화학공학회의 "공장 견학",

전기학회의 "서구의 원자력 발전에 관한 강연회" 등을 들 수 있다.

4. 연세에 생을 바친 장기원

해방 이후 연희대학교 이공대학을 이끈 대표적인 인물은 이공대학 학장을 역임한 장기원이었다. 장기원은 제1대(1945~1959)와 제4대(1962~1963) 이공대학 학장을 지내면서, 연희대학교 이공대학의 기반을 닦고 새로운 출발을 통한 발전을 주도하였다. 1903년 6월 16일 평안북도 용천군에서 출생한 장기원은 1915년 용천의성학교를 졸업하고, 선천의 신성중학교를 1919년에 졸업하였다. 그는 1921년 연희전문학교 수물과에 입학하여 이원철의 가르침을 받았고 우수한

장기원(1961)

성적을 유지하여 1925년 졸업하고 수물과 조수로 근무하였다. 이후 한국인으로서는 최초로 일본 도호쿠제국대학 수학과에 입학하여 1929년 졸업하였다. 귀국과 동시에 이화여자전문학교 교수로 10년간(1929~1939) 재직하면서, 연희전문학교 수물과 수학강사로 해석기하를 강의한 장기원은 1940년, 연희전문학교 수물과 전임교수로 취임하여 평생을 연희의 정통파 교수로 재직하였다. 연희전문학교로 옮긴 뒤에 장기원은 수학만 가르친 것이 아니었다. 학생들은 "그의 전공은 수학이지만, 부전공은 물리, 화학, 천문학"이라고 말할 정도였다고 한다. 1961년 5·16 군사 쿠데타 직후에는 연세대학교 총장직무대리와 부총장을 역임하였다. 또한 1962년 제2대 대한수학회 회장, 1966년 학술원회원에 피선되었고, 1962년 경북대학교에서 명예이학박사학위를 받았다.

학자로서 장기원은 평생 두 개의 과제를 가지고 살았다. 그 첫째는 '조선 고유수학사의 연구'였다. 장기원은 한국수학사의 태두요 또한 유일한 존재였다. 당시 서구에는 모두 완성시킨 수학사를 우리만 가지고 있지 않다는 사실을 통감하고 일찍이 도호쿠제국대학 시절부터 한국수학사의 사료를 수집하였다. 또한 19세기 말의 과학자 남병철, 남병기 등이 쓴 수학책을 수집하여 탐독하는 등 전국에 숨어있던 귀중한 옛 수학 고문서를 많이 수집하여 연구하였다. 이 주옥같은 사료들은 모두 연세대학교 삼성학술정보관에 있는 장기원기념관 기념문고실에 보관되어 있으며, 지금도 한국수학사를 연구하는 후학들에게 귀중한 자료로 활용되고 있다. 특히 일본 도호쿠제국대학의 후지하라 마츠사부로 교수가 당나라 산경에 있는 내용 중 구사(九司), 삼개(三開)와 육장(六章)이 일본 고유의 것이라고 주장한 데 대하여 삼개와 육장이 우리나라 『삼국사기』에 있는 것이라고 지적하기도 하였다. 두 번째 과제는 1852년 드 모르간(A. de Morgan)이 제기한 이래 수학계의 미해결 문제로 남아있던 사색문제(Four Color Problem)를 푸는 연구였다. 사색문제란, 평면 또는 구면 위의 지도에 채색할 때, 인접한 두 나라가 같은 색이 되지 않도록 하려면 네 가지의 색으로 충분하다는 가설을 증명하는 문제로서, 장기원은 일본유학시절부터 이 문제에 도전하였다. 1960년대 초 사색문제를 수학적 귀납법에 의하여 완전하게 증명하였다고 믿었는데, 그 당시 미국에서 귀국한 정경태 교수의 검토 결과, 5중점의 경우에는 그의 방법이 적용될 수 없음을 발견했다. 그러나 그가 도입한 "even pair"와 "even chain"의 개념, 그리고 "method of reduction"이라는 새로운 방법은 다른 수학자가 미처 생각하지 못한 매우 독창적인 것이었다. 장기원은 사색문제에만 그치지 않고 일반 N색 문제까지 연구를 진행하여 그 결과를 『연세논총』(1965, 275~286쪽)에 "On the Chromatic Numbers"의 제목으로 발표하였고, 그 후 미국에 사는 딸 장혜원 박사가 보관하던 사색문제에 대한 장기원 교수의 유고는 1998년 대한수학회 뉴스레터에 게재되었다. 한편 사색문제는 1976년 8월 미국 일리노이 대학교의 아펠과 하켄 교수가 해결했다고 한다. 장기원은 평생을 바쳐 연구했던 사색문제를 끝내 해결하지 못하고 1966년 11월 5일 새로 이사한 집을 손보다가 불의의 사고로 별세하였다.

장기원의 극진한 학교사랑 그리고 제자사랑은 남다른 것이었다. 1950년에 첫 졸업생인 김진배와 송기선을, 1954년에 임정대와 남궁규오를, 1956년에는 정경태와 전유봉을 전임강사로 기용하였다. 그 당시 사회적인 통념으로서는 졸업과 동시에 대학의 교수직(전임강사)으로 등용한다는 것은 매우 파격적인 처사였으며, 그 결과 극심한 인재난을 해소할 수 있을 뿐 아니라 인재도 양성하는 일석이조의 실리를 거두었다. 또한 경제적으로 어려운 제자들을 사재를 털어 도와준 일, 학기 초에 등록하지 못한 제자들의 등록금을 월급을 가불하여 대납한 일 등 많은 일화들이 전해 내려오고 있다. 불의의 사고에 의한 그의 죽음으로 애통해 하던 많은 제자들은 스승의 은덕을 영원히 기리기 위하여 정성을 모아 교내에 장기원기념관을 건립하였는데, 이것은 우리나라 대학 사상 처음 있는 일이었다.

5. 맺음말

1915년 연희전문학교 수물과로부터 시작된 연세 과학기술 학풍의 흐름은 이제 백년 전통의 자랑스러운 역사를 가지게 되었다. 일제강점기 하에서 연희전문 수물과는 서양의 과학 선교사로부터 근대 학문을 전달받고 이를 토착화시킴으로써 우리나라 현대과학의 근원지로서의 역할을 다하였다. 일제강점기 말 연희전문학교의 폐교와 경성공업전문학교의 설립 등의 과정을 거치는 동안 연희전문학교 수물과의 전통이 잠시 끊어지는 듯하였으나, 1945년 해방에 따른 학교의 정상적인 운영과 더불어 과학기술의 맥이 다시 진행되었다. 1946년 8월 15일 연희대학교가 설립되면서 과학기술의 교육과 연구는 수학과, 물리기상학과, 화학과로 이루어진 이학원 체계로 시작하였다. 1950년에는 의예과,

생물학과, 공업화학과, 전기공학과 등이 포함된 이공대학 체제로 변환되어 본격적인 과학기술 교육과 연구가 체계적으로 진행될 수 있게 되었으며, 이때 대학원 과정도 개설되어 이후 1957년 연세대학교의 출범 시까지 우리나라 현대 과학기술의 발전을 주도하였다. 1956년 완공된 연희관은 이후 약 30여 년 동안 우리나라 과학기술 교육의 전당으로서 그 역할을 다하였다. 연희대학교 이공대학의 교수진과 학생들은 적극적인 과학기술 교육 및 연구 활동을 전개하였다. 교수진들은 활발한 해외 연수와 연구 및 강의 활동을 통하여 연희대학교는 물론 우리나라 전체의 과학기술 학풍 진작과 교육 향상에 크게 기여하였다. 학생들은 학회 조직을 통하여 자발적인 학술 활동과 학생 활동을 적극 진행하였다. 한편, 장기원은 연희전문 출신이면서 연희대학교 이공대학을 이끈 대표적인 인물로서 평생을 연세에 바친 연세 역사의 대표적인 과학자였다.

1945년 해방 이후 1957년에 이르는 연희대학교 이학원과 이공대학의 역사는 연희전문학교 수물과의 전통을 이어받아 우리나라 현대과학의 성장을 주도하는 역할을 충실히 수행하였음을 보여준다. 해방 이후의 혼란기와 6·25전쟁이라는 비극적 상황에도 불구하고 연희대학교의 고학기술의 역사는 결코 끊어지지 않았고 적극적인 성장과 발전을 지속하였다. 이와 같은 연희대학교 과학기술의 전통은 이후 전개되는 연세 과학기술 역사의 든든한 기반이 되어 오늘날 세계를 주도하는 연세학풍을 이루게 되었다.

해방과 한국전쟁, 그리고 세브란스

1. 머리말

해방과 그에 뒤이어 일어난 한국전쟁, 그리고 전후 복구 시기는 한국사회의
격동기였다. 학문의 전당인 대학도 이러한 역사의 격랑 속에서 평온할 수만은
없었다. 특히 인간의 생명을 다루는 의학은 정치적 혼돈과 무엇보다도 전쟁이라
는 극한 상황에 처한 사람들의 건강을 돌보아야하는 막중한 책임을 지고
있는 학문이다. 따라서 이 시기의 의학은 학문의 내적인 추동력에 의해 발전되어
나가는 것이 아니라 격동하는 사회의 요구에 부응하기 위한 노력의 과정에서
발전해나갔다고 할 수 있다. 이 시기 세브란스의 의학은 바로 이러한 한국사회의
요구에 충실히 부응하여 학문의 사회적 역할을 수행하는 데 전념하였다. 그리고
이러한 모습은 의료를 통해 기독교적 보편가치를 실현하고자 설립된 세브란스
의 설립 이념에 충실한 것이기도 했다. 따라서 이 글에서는 먼저 해방과 그에
이은 한국사회의 재건기에 세브란스가 한국의학과 한국의 보건의료체제를
확립하는 데 어떠한 역할을 했는가를 서술할 것이다. 그리고 한국전쟁의 참화
속에서 생명의 위협을 느끼며 몸과 마음이 상한 동포들을 치료하기 위해
세브란스가 기울인 노력과, 또한 전쟁이 계기가 되어 형성된 의학 발전의
특징에 대해서도 기술할 것이다. 이를 통해 이 시기 세브란스 의학의 역할과
특징이 잘 드러나리라 생각한다.

2. 해방 후 세브란스의 의료계 재건과 구호활동

1) 세브란스 출신 의료계 인사들의 활동

1945년 8월 15일 갑작스레 찾아온 해방은 한국 의료계에 도전이자 기회였다. 원래 남한에 진주한 미군은 일본의 패망 이후 일본의 통치하에 있던 조선이 혼란에 빠질 것을 우려하여 각 분야에서 일본인들이 당분간 남한에 머무르며 일정한 역할을 해주기를 기대했다. 당시 남한의 사정에 무지했던 미군으로서는 그러한 기대를 갖는 것은 당연했다. 그러나 이러한 미군의 기대는 바로 한국인들의 강한 반발에 직면했다. 식민지 시대에 일제통치를 받는 것도 부족해서 일본이 패망한 이후에도 여전히 그들이 이 땅에 머무르며 이전과 같이 관리자의 역할을 한다는 것을 한국인들은 도저히 받아들일 수 없었다. 이처럼 강한 한국인들의 반발에 직면한 미군은 어쩔 수 없이 모든 일본인들을 본국으로 송환할 수밖에 없었다. 이후 남은 문제는 일본인들이 빠져나간 자리를 누가 어떻게 대신할 것인가 하는 것이었다.

의료계도 일본인들이 빠져나간 자리를 대신하는 것이 커다란 문제로 대두되었다. 일본인들은 각 지방에 있던 공립병원 의사들의 다수를 차지하고 있었다. 뿐만 아니라, 사립학교였던 세브란스 의학전문학교와 경성여자의학전문학교를 제외하고 일본인들이 운영하던 의학교육기관들의 교수진은 대부분 일본인이었다. 따라서 이들 기관의 인력공백은 심각한 상태였다. 일제강점기 동안 조선을 대표하는 우수한 조선인 의학자들은 일부 예외를 제외하고는 모두 세브란스의전의 교수로 있었다. 따라서 이들이 해방 이후 일본인들이 빠져나간 타교의 교수로 진출하여 한국 현대의학의 재건에 공헌한 것은 당연한 일이었다. 이때 타교로 진출한 세브란스 교수들의 면면을 보면 다음과 같다.

먼저 일제강점기 조선을 대표하는 기초의학자였던 윤일선은 해방과 함께 경성대학 의학부의 병리학 교수로 부임하였고, 국립 서울대학교가 설립된 이후에는 의과대학장과 대학원장을 거쳐 서울대학교 총장을 역임했다. 또 경성의학전문학교를 졸업하고 세브란스 내과에서 근무했던 심호섭도 해방 이후 경성대학 의학부로 자리를 옮겼다가 서울대학교 의과대학 초대 학장을 역임했다. 그밖에도 경성제대를 졸업하고 세브란스의전 약리학교실에 있던 이세규, 또 내과에 봉직하던 장경, 그리고 해부학교실에 봉직하던 정일천 등도 서울대학교로 자리를 옮겨갔다. 이렇게 세브란스에서 서울대학으로 진출한 이들은 대부분 일제강점기에 경성의전이나 경성제대 의학부를 나왔으나, 조선인에 대한 차별로 이들 학교에 남지 못하고 세브란스에서 교수로 활동했던 이들이었다.[1] 이들 이외에 이학송(1932년 세브란스 졸업, 비뇨기과학)은 세브란스 출신으로 서울대학교 비뇨기과학교실의 주임교수를 역임하며 우리나라 비뇨기과학의 발전에 많은 공헌을 하였다. 또 외과의 고병간은 대구의학전문학교 교장으로 갔다. 그는 한국전쟁 중에는 잠시 문교부 차관을 역임하며 국립종합대학 설립계획을 추진하다가 그 계획이 실현되어 1952년 11월에 경북대학교가 국립종합대학으로 인가되자 경북대학교 초대총장으로 취임하였다. 한편 안과의 최재유는 1948년 6월 김활란 총장의 초빙으로 행림원 초대 원장을 맡아 이화의대와 그 부속병원의 설립에 중요한 역할을 하였다.

이처럼 학계만이 아니라 국가의 실질적인 보건의료정책을 담당하는 분야에도 세브란스 출신들은 주도적으로 참여하였다. 2차대전 종전과 함께 남한에 진주한 미군은 한국에 대한 별다른 정보가 없는 상태에서 군정을 실시하게 되었으므로 군정의 협력자가 절실히 필요했다. 미군의 입장에서 가장 유용한 협력자는 조금 전까지 조선을 통치해오던 일본인 관료들이었지만, 한국민들의 심한 반발로 인해 이들을 군정의 협력자로 활용하기는 어렵게 되었다. 따라서 한국인들 가운데 군정의 협력자들을 선택하여야 했다. 이러한 선택의 기준과

---

1) 윤일선의 경우는 예외로 그는 교토제대 의학부를 졸업하고 의학박사학위를 취득한 후 잠시 경성제대에 근무하다가 세브란스로 옮겨 해방까지 근무했다. 윤일선의 학문적 전성기는 세브란스 교수 시절이었으며, 서울대학교로 옮긴 이후에는 주로 학장, 총장 등의 보직을 맡아 더 이상 학문적인 성과를 내지는 못했다.

조건 가운데 가장 중요하게 고려된 점은 그들의 언어, 즉 영어로 소통할 수 있는 사람들이었다.

그러나 당시 남한에서 미군들과 일을 함께 할 수 있을 정도로 영어에 능통한 사람은 찾기가 쉽지 않았다. 그것은 일제강점기 동안 영어가 우선적으로 학습되는 외국어가 아니었던 탓이 크다. 일본어는 한국인들에게 제1의 외국어, 혹은 또 다른 모국어로 강요되었고, 다른 서양 언어 중에는 독일어가 선호되었다. 특히 의학 분야에서 일본은 메이지 시대에 의학계 유학생들을 대거 독일에 보내 서양의 선진의학을 받아들였고, 또한 이들이 일본 의학계의 중추를 이루면서 독일어는 일본 의학계의 공용어와 같은 존재가 되었다. 따라서 일본의 의학자가 독일어로 논문을 쓰는 일은 흔한 당시의 관행이었다. 그러한 영향으로 경성의학전문학교와 경성제대 의학부와 같이 일본인들이 조선에 세운 의학교육기관에서는 독일어가 필수적인 외국어였다. 더구나 2차대전 중에 일본이 독일과 동맹을 맺고, 미국·영국과는 적대적 관계가 되면서 영어를 학습할 이유나 기회는 더욱 적어졌다.

이에 예외적인 경우가 선교사들이 운영하는 기독교 교육 및 의료기관이었다. 그것은 개신교 선교사로 이 땅에 온 이들이 대부분 미국, 캐나다, 영국, 호주 등 영어권 출신들이었기 때문이다. 물론 1910년 한일합방 이후에는 일본어 의학교재로 수업을 해야 했고, 1930년대에 들어서는 일본어로 강의를 해야 했지만 영어권의 선교사들과 직접 접촉을 할 수 있었고, 또 이들의 주선으로 미국 등에 유학을 간 경우도 적지 않아[2] 세브란스 출신들 중에서 영어에 능통한 이들이 상대적으로 많았던 것은 분명한 사실이었다. 그런 이유로 해방 직후 세브란스 출신들은 군정청의 파트너로 의료 분야의 재건에 적극 참여하였다.

---

2) 1934년 세브란스의전이 문부성 지정을 받은 것을 전후하여 학교에 남아 교수가 되기 위해서는 일본의 박사학위가 필요하게 되었다. 따라서 많은 세브란스 졸업생들이 도쿄제대를 비롯한 일본의 제국대학에서 의학박사 학위를 취득했다.

그 대표적인 인물이 이용설(李容卨, 1895~1993)이었다. 1919년 세브란스의전을 졸업한 이용설은 중국의 세브란스와 같은 북경의 협화의대를 거쳐 미국 노스웨스턴 대학에서 정형외과학을 공부하고 귀국하여 모교의 교수로 봉직했다. 흥사단 활동을 해왔던 그는 일제 말기 흥사단 사건에 연루되어 학교를 떠나 개원의 생활을 했다. 그러한 가운데 해방이 되자 서울에 있던 400여명의 의사들이 8월 17일 휘문중학교에 모여 건국의사회를 발족하고 위원장에 이용설을 추대하였다.[3] 건국의사회는 일본인들이 운영하던 의사회와 병원들을 접수하는 일을 일차적인 과제로 삼았고, 또한 전재동포구호단(戰災同胞救護團)을 조직하여 형무소에서 출감한 동포들의 구제사업을 펴는 한편 일본과 만주 등 해외에서 돌아오는 전재동포들을 구호하는 일에도 앞장섰다. 건국의사회의 이러한 활동을 인지한 군정당국은 건국의사회에 과도정부 위생고문 추천을 의뢰했고, 당시 위원장이던 이용설이 추천되었다.[4] 그리고 이것이 계기가 되어 이듬해 미군정청에 보건후생부가 설치되었을 때 이용설이 한국인 부장에 임명될 수 있었다.[5]

이용설이 중용될 수 있었던 것에는 그가 미국 유학의 경험이 있고, 기독교인이었다는 사실이 적지 않게 작용했을 것이다. 이용설은 대한민국정부가 수립되기 이전 미군정시기 보건행정의 틀을 닦았다. 그는 1946년 1월 3일 미군정청 보건후생국의 한국인 국장으로 임명된 것을 시작으로 1946년 3월 29일에는 승격된 보건후생부의 부장으로, 또 1947년 2월 15일에는 과도입법정부의 보건후생부장으로 임명되어 1948년 8월 대한민국정부가 수립될 때까지 보건관련 제도를 정비하는 데 큰 역할을 했다. 그는 보건후생부장으로 재직하는 동안 보건후생부령 제2호로 '해공항검역규칙(海空港檢疫規則)'을 공포하여 외국에서 들어오는 선박 및 항공기에 대한 검역을 실시하게 했다. 또 26개 도립병원의

---

3) 대한의학협회, 『대한의학협회 70년사』, 대한의학협회, 1979, 63쪽.
4) 이용설, 「나의 이력서」, 『한국일보』 1977년 9월 29일.
5) 대한의학협회, 위의 책, 1979, 64쪽.

조직을 개혁하고, 각 도에 보건소와 성병치료소를 설치했으며 국립38선구호소와 고아원 설립도 추진했다. 특히 그는 유능한 보건행정관료의 필요성을 절감하여 영어실력이 있는 젊은 의사 10명을 뽑아 미국으로 보내 보건행정을 공부하고, 이들이 귀국 후에 보건행정 분야에서 일할 수 있도록 했다.[6] 이용설 이외에도 적지 않은 세브란스 졸업생들이 행정 분야에서 활동했다. 이용설의 세브란스 후배이자 역시 미국에서 유학했던 김명선은 이용설의 부탁으로 잠시이기는 하지만 경기도 후생국장으로 일하기도 했다. 또 그는 군정청 문교부장인 유억겸의 부탁으로 고등교육국 의학교육담당관도 맡았다.

2) 귀환 동포를 위한 구호활동

기독교 정신으로 세워진 세브란스는 봉사의 정신이 부지불식간에 그 구성원들 한 사람 한 사람에게 스며들어가 그것이 여러 기회에 다양한 방식으로 표현되었다. 그 중 하나가 해방 후 세브란스 학도대의 귀환 동포를 위한 구호활동이었다. 일제강점기 동안 이런 저런 이유로 해외를 떠돌아다니던 동포들이 많았다. 이들은 강제 징용이나 징병, 혹은 독립운동 등 다양한 이유로 원치 않게 해외에서 유랑생활을 했다. 이들이 해방 직후 한꺼번에 귀국하게 된 것이다. 이들이 여러 경로를 통해 모여든 곳은 서울역이었다. 만주에서 온 사람들도 서울역을 통해 고향으로 갔고, 일본에 끌려갔던 사람들 중에도 서울역을 통해 이북으로 가는 사람이 많았다. 먼 길을 거쳐 힘들게 서울역에 도착한 많은 사람들은 이미 쇠약하여 기진한 상태였고, 또 병까지 얻은 사람들도

---

6) 이용설, 위의 글,『한국일보』1977년 9월 29일. 군정기 동안 록펠러 재단의 지원을 받아 2차례의 의학계 미국 유학생이 파견되었다. 1945년 10월에 1차 유학생 10명이 파견되었는데 이용설은 이를 말하는 듯하다. 이들은 최제창, 황용운, 윤유선, 송형래, 최창순, 한범석, 주인호, 김동철, 최명룡, 백인행이었다. 2차 유학생은 1947년 7월에 파견되었는데 이때 숫자가 줄어 3명이었다. 최영태, 이장원, 이병학. 이들은 모두 후에 보건행정분야에서 많은 역할을 수행하였다. 최제창은 보건후생부 차장으로 임명되었고, 최창순은 사회부 차관으로 임명되었다.

많아 말이 귀환자이지 건강 상태나 행색이 말이 아닌 경우가 많았다. 더구나 이들이 한꺼번에 서울역에 모여들어 서울역과 그 일대는 대혼란에 빠진 수용소와 같은 상황이었다.

당시 세브란스는 바로 서울역 앞에 있었던 관계로 학생들은 이러한 참상을 그냥 보고만 있을 수 없었다. 그래서 세브란스 학생회는 이들을 돕기 위한 구호활동에 착수했다. 활동은 크게 두 가지로 이루어졌다. 하나는 이들이 고향으로 돌아갈 기력을 회복할 때까지 일정 기간 귀환동포들에게 먹을 것과 입을 것, 그리고 잠자리를 제공하고 필요한 경우에는 치료까지 제공하는 것이었다.[7] 다른 하나는 이들이 기력을 회복한 후 고향으로 돌아갈 교통편을 마련해주는 일이었다. 간신히 서울역까지 오기는 했으나 수중에 무일푼인 귀환자들이 많았기 때문이었다. 어느 것 하나 학생들의 신분에 쉽게 할 수 있는 일은 아니었으나 학생들은 본격적인 구호활동을 시작했다.

먼저 세브란스 학도대는 남대문 교회에 구호소를 열고 세브란스 역전 구호소라는 명칭을 붙였다. 구호소는 그 산하에 구호부, 자위부, 청소부 등 세 개의 부서를 두었다. 구호부는 귀환자들을 위한 식사준비와 진료를 했고, 자위부는 서울역 인근의 질서를 유지하는 일을, 그리고 청소부는 불결한 환경으로 인해 전염병이 발생하지 않도록 일대를 깨끗이 청소하는 일을 맡았다. 역할은 이렇게 나누었으나 문제는 이들 귀환동포를 수용할 장소와 이들을 먹일 식량, 의약품, 옷 등을 구하는 일이었다. 공간은 처음에는 세브란스 구내 교회에 수용하다가 점차 사람이 많아져 텐트를 치고 이마저 부족해 다른 장소를 찾게 되었다. 이를 위해 조선 재외 전재 동포구제회를 찾아가 도움을 청한 결과 8월 26일 서울역 맞은편에 있던 고아시설 향린원을 운영하던 방수원 씨로부터 향린원을 인수받아 일부 귀환 동포들을 수용할 수 있게 되었다.[8] 그러나 9월이 되면서 일본과 만주로부터 더욱 많은 귀환 동포들이 몰려들면서 세브란스병원과

---

7) 「해방과 세브란스 학도대의 활동」, 『연세의사학』 6-2, 2002, 68쪽.
8) 연세대학교 의과대학, 『의학백년』, 1986, 143쪽.

운동장, 향린원만으로는 더 이상 수용할 수 없는 상황이 되었다. 이에 백방으로 장소를 찾아 나서던 중에 뜻밖의 사람으로부터 도움을 받을 수 있었다.

서울역 앞 후암동 병무청 자리에 긴치요(金千代)라는 일본 청주의 양조장이 있었다. 학생들은 처음에 다가오는 추석에 서울역 일대에 수용되어 있는 귀환 동포들에게 술이라도 한 잔씩 주었으면 좋겠다는 생각에 일본인 주인 사이토를 찾아가 사정을 이야기했다. 그러자 주인은 흔쾌히 몇 통의 술을 내어주었다. 이후에 그는 긴치요 회관을 학생들에게 내어주어 약 500여 명을 이곳에 수용할 수 있게 되었다. 그는 학생들의 헌신적인 구호활동에 감복하여 자신의 전 재산을 양도하겠다고 했으나 학도대의 성격상 재산을 인수받을 수는 없었다. 그 외에 필요한 식량과 물품은 건국준비위원회와 재외동포구제회, 서울시청 등의 도움을 받았고, 의약품은 경성의사회의 도움을 받았다. 그리고 이들은 오랜 기간 옷도 갈아입지 못하고 긴 여행을 하여 옷이 남루하고 냄새까지 나서 이들에게 새 옷도 마련해주어야 했다. 새옷은 삼각지에 있던 옷공장에서 얻어왔는데 이곳을 관리하던 미군들이 일제시대의 옷공장에서 필요한 만큼 옷을 주어 필요한 옷을 조달할 수 있었다. 또 세브란스 병원과 의료계의 선배들로 부터도 많은 도움을 받았다. 그밖에도 학생들의 활동에 감동한 많은 사람들의 도움으로 필요한 물품을 조달할 수 있었다. 그렇게 기부 받은 물품과 금액이 상당하여 후에 학업에 복귀하면서 재외동포구제회에 인계한 내역을 보면 현금 148,806원, 백미 14가마, 의류 3트럭분 정도였다.[9]

또 귀환 동포들이 고향으로 돌아갈 수 있도록 학생들은 서울역장을 찾아가 교섭한 끝에 이들이 전국 어느 곳으로든 기차를 타고 갈 수 있는 무료승차권을 얻는 데 성공했다. 그래서 병원 안에서 세브란스 학도대의 도장을 찍은 무료승차 권을 발행해주면 그것으로 귀환 동포들은 고향으로 갈 수 있었다.[10]

그러나 학업에 열중해야 할 학생들의 구호활동이 오래 지속될 수는 없었다.

---

9) 연세대학교 의과대학, 위의 책, 1986, 144쪽.
10) 「해방과 세브란스 학도대의 활동」, 『연세의사학』 6-2, 2002, 68쪽.

학교 당국의 학업복귀 지시에 따라[11] 학생들은 해오던 구호사업을 재외동포구제회에 인계하고 학교로 복귀하였다. 세브란스 학생들의 구호활동은 길게 잡아도 두 달에 미치지 못하는 짧은 기간 동안 이루어졌다. 그렇지만 귀환 동포들의 어려운 처지를 그냥 보고만 있을 수 없어 학생으로서 여러 가지 제약이 많았음에도 불구하고 귀환 동포들에게 실질적인 도움을 준 활동을 했던 점은 높이 평가받아야 할 것이다. 그리고 이와 같이 학생들의 자발적인 구호활동이 이루어질 수 있었던 것은 기독교 의료기관으로서 타인에 대한 봉사와 섬김을 강조하는 학풍에 자연스럽게 감화된 결과로 생각된다.

3. 한국전쟁 시기의 세브란스와 구호병원

1) 한국전쟁 중의 세브란스

1950년 6월 25일 한국전쟁이 발발했다. 6월 25일은 일요일이어서 병원의 의료진들은 소수 당직 의사만 제외하고 교회를 가거나 쉬는 등 여느 일요일과 같이 보내고 있었다. 그러나 북한의 남침 소식과 함께 병원으로부터 긴급연락을 받고 병원으로 모여들었다. 당시 원장 문창모는 육군본부로부터 출두명령을 받고 다녀온 후 교직원들에게 38선에서 전쟁이 터졌으며 세브란스 병원은 이제부터 임시 육군병원으로 동원령이 내렸으니 즉시 준비를 하고 부상병이 올 때까지 비상 대기하라고 하였다. 이에 가능한 모든 교직원들을 동원하고 의과대학생과 간호학생들도 합세하였다. 긴급회의를 열고 병원 가까운 곳에 입원하지 못한 부상병들을 입원시키기로 하고 우선 남대문교회를 임시 병원으로 이용하기로 했다. 남대문교회 안의 의자들을 치우고 각 과와 창고에서 여러 가지 기구들을 내어다가 응급 치료실을 설치하였다. 그러는 한편 각

---

11) 학업복귀 시점은 정확하지 않다. 『의학백년』에서는 1945년 9월 20일이라고 쓰고 있으나 당시 활동했던 나도헌 선생(1945년 졸업)은 그 해 졸업일이었던 10월 23일 얼마 전, 그러니까 10월 14~15일 경으로 회고하고 있다.

과에 입원해 있던 일반 환자들을 가능한 퇴원시키고 그날 저녁 때까지 일단 준비를 완료하고 환자를 기다리며 밤을 새웠다.

다음날인 26일 오후부터 병원으로 오는 부상병들이 늘어나기 시작했다. 이전에도 삼팔선을 사이에 두고 남북 병사들의 총격전으로 부상병들이 병원에 입원하는 경우는 가끔 있었다. 그렇지만 이번은 밀려들어온 부상병들의 수나 부상의 정도로 보아 이전과는 비교가 되지 않았다. 그리고 부상병들로부터 북측이 탱크를 앞세워 대대적으로 남침해 들어오고 있다는 사실을 전해들을 수 있었다. 병상은 곧 부족해져서 들것에 부상병들을 누인 채 진료를 했다. 환자들은 순식간에 불어나 교회 안은 물론이고 교회 마당까지 부상병들로 가득 찼다.[12] 당시 방송에서는 아무 일이 없으니 국민들은 안심하라는 방송을 내보냈으나 병원에서 파악되는 상황은 그와 달랐다. 이러던 중 27일 아침이 되었다. 시민들은 더욱 불안해지지 않았고, 거리는 이미 피난민들로 가득 차 있었다. 총성이 가까워지며 서울 함락이 목전에 와 있음을 느끼게 되자 혼란이 일기 시작했다. 세브란스에서는 아침 10시 경 직원 조회가 열렸다. 이용설 학장은 우리나라가 어려운 시기를 맞았으며 우리 병원도 유지하기 어려운 상황이 되었으니 직원들은 자유롭게 갈 곳을 찾아가라고 하면서 1개월 분 봉급을 주었다.

이러한 가운데 오후가 되었다. 많은 피난민들이 시중에 오갔으나 북행 군용차는 없고 남행하는 민간 차량과 군용차만이 보였으며 점차로 가까워 오고 있었다. 6월 27일 오후 학교는 완전히 마비되었으며 병원 외과에 몇 사람만이 남아 있어서 때때로 트럭에 실려 오는 부상군인들을 병실과 수술실로 옮겼다. 당시 세브란스 병원은 서울역 앞에 있었으므로 전황을 민감하게 파악할 수 있었다. 라디오에서는 계속해서 '전세가 유리하게 되어가고 있다'거나 '미군이 참전했고 우리 국군이 반격중이다'라는 등 거짓 발표를 계속했다. 이에 시민들

---

12) 문창모, 『천리마 꼬리에 붙은 쉬파리 : 영원한 젊은이 문창모 박사 자서전』, 삶과꿈, 1996, 199쪽.

은 반신반의했고 포성은 더욱 가까워졌다. 많은 병원 직원들이 병원을 떠났으나 일부 남아 있는 직원들도 있었다. 그러한 가운데 당시 육군 군의감 윤치왕이 세브란스 병원에 와서 조속히 후퇴하라는 말만 남기고 떠났다. 세브란스 병원에서 일하던 머레이, 만제, 플레처 등 외국인 선교사들은 전쟁 발발과 함께 인천을 통해 일본으로 피신했다.

27일 밤 10시경 세브란스 병원에 수도육군병원의 버스가 한 대 들어왔다. 버스에서 내린 장교는 급하다며 간호사 20명을 차출해달라고 요구했다. 이에 간호사와 학생들 20명을 뽑아 김명선, 최억, 홍신영이 인솔하여 수도육군병원으로 향했다. 수도육군병원도 부상병들로 가득했다. 세브란스에서 파견 나온 의료진은 밤을 새며 환자진료에 매달리고 있는데 28일 새벽 2시 30분 경 한강 인도교가 폭파되는 굉음이 들렸다. 다음날인 28일 아침 수도병원 소속의 정보장교가 영등포 일대를 정찰하고 병원장에게 보고한 바에 따르면 시내가 텅 비었다는 것이었다. 수도육군병원의 최영재 병원장은 국방부와 육군본부 등에 연락을 했으나 모두 불통이어서 독자적으로 철수 결정을 내릴 수밖에 없었다. 세브란스에서 차출된 의사와 간호사들도 이미 한강 인도교가 끊어진 상황에서 다시 학교로 복귀할 수도 없어 논의 끝에 수도육군병원과 함께 철수하기로 결정을 내렸다. 한편 병원장 문창모는 퇴원을 거부하는 환자들과 함께 병원에 남아 있다가 북한군이 서울을 점령하고 병원을 접수하러 들어오자 생명에 위협을 느끼고 시내의 지인들 집을 전전하며 피신하다가 7월 중순 필동의 김흥호 목사(전 이대 교목)의 집 천정에 숨어 9월 28일 서울이 수복될 때까지 숨어 지냈다.

6월 29일 인민군이 병원을 접수했다. 세브란스를 접수하러 온 인민군의 책임자는 1945년 세브란스를 졸업하고 일본군 군의관으로 있다가 월북하여 인민군 소좌가 되어 돌아온 이성우였다. 이삼일 간 공백상태에서 병원의 주인이 바뀌고 다시 인민군의 지시에 따라 업무가 시작되었다. 세브란스의과대학 재건위원회라는 것이 구성되었다. 병원은 곧 징발되어 인민군의 제13후방

병원이 되었다. 이후 세브란스 병원은 38명의 의사와 사백여명의 입원환자가 있는 외과병원으로 3개월간 인민군의 치하에 있었다. 그동안 병원은 북한식 조직을 취하게 되었다. 북쪽의 제도로는 병원에는 원장, 기술부원장, 문화부원장이 있어 상호 협조하는 형식이었다. 여기서 기술부는 의무관계를 취급하는 부서이고 문화부는 사상관계를 담당하는 부서였다. 병원장은 남기목이라는 인천 출신의 의사가 왔고, 기술부원장은 1934년 세브란스를 졸업한 정홍섭이었다. 정홍섭은 소아과를 전공했는데 경북의대에 재직하다가 청주에서 개업했던 사람이었다. 문화부장은 의사가 아닌 일반 공산당원이었다. 남쪽으로 피난가지 못해 남아있던 교직원들은 어쩔 수 없이 대부분 병원에 나와 일을 했다. 이처럼 당시 병원에는 북한에서 내려온 사람, 교직원들 중 북쪽에 적극 참여한 사람, 그리고 어쩔 수 없이 남아 있는 사람이 함께 있어 상당히 불편한 분위기였다. 또한 서울 수복 후에는 이렇게 북한 점령 하에서 서울에 남아 있던 소위 잔류파와 남쪽으로 피난을 갔던 도강파 사이에도 묘한 분위기가 있었다.[13]

세브란스 교직원과 학생 일부는 수도육군병원과 함께 후퇴를 시작했다. 다만 전황이 어떻게 전개될지 몰라 언제든지 다시 서울로 복귀할 수 있도록 서울에서 가까운 수원도립병원으로 28일 저녁에 이동했다. 그러나 이내 화물열차에 환자와 장비를 옮겨 싣고 대전으로 향해 29일 아침에 도착했다. 그런데 7월 1일 수원도립병원에서 의사 10명과 간호사 5명을 급히 보내달라는 요청을 받고 김명선의 인솔 하에 세브란스의 의료진이 수원으로 향했다. 수원도립병원은 총상환자들로 가득 차 있었으며 의료진도, 의료용품도 부족한 상태였다. 열악한 상황에서 밤을 새며 환자들의 진료에 전념하고 있는데 수원이 위험해지고 있으며 대전으로 가는 길이 차단되었으니 공주로 피하라는 군인의 말을 듣고 부상병들을 군에 맡기고 공주로 내려갔다. 공주에서 일행은 그곳에서 활동하고 있던 세브란스 출신 의사들의 도움으로 지냈으나 사실은 전세가

---

13) 연세대학교 의과대학, 앞의 책, 1986, 151쪽.

그다지 급박하지 않아 7월 5일 대전으로 다시 가 제3육군병원팀에 합류할 수 있었다. 대전에서는 어느 정도 자리가 잡혀 영내 내무생활과 본격적인 군인생활을 하게 되었으나 그것도 잠시, 7월 10일에는 이미 대전 시내가 술렁이기 시작했고 대전의 충남도청에 내려와 있던 정부도 이미 철수를 한 상태였다.

따라서 병원도 철수 준비를 하여 부상병과 의료장비를 후송열차에 싣고 7월 15일 김천으로 후퇴해 김천도립병원에 다시 자리를 잡았다. 이 작은 병원도 병원 입원실은 물론 복도까지도 발 디딜 틈 없이 부상병들로 가득 찬 상태였다. 당시 김천도립병원에는 의무감 윤치왕이 와있었는데 윤치왕은 해방 이전 세브란스 의전에서 산부인과 교수로 오래 근무하였으므로 세브란스에서 온 일행을 반갑게 맞고 여러 가지 편의를 제공해주었다.

그러나 김천이 이내 적군에게 둘러싸여 한밤중에 급히 후퇴를 하지 않으면 안 되었다. 김천을 빠져나온 지 오래지 않아 미군의 공습으로 김천은 폐허가 되었다. 다음날 아침 무렵에 대구에 들어갔으나 곧 수도육군병원의 이동명령을 받고 기차 편으로 7월 31일 울산으로 가서 학산국민학교에 임시로 병원 분원을 차렸다. 군당국의 협조로 마련한 진료소에 모인 세브란스 진료팀은 의사 20명, 간호사 20명이었다. 그러나 변변한 의료기구나 용품이 없어 제대로 된 진료는 할 수 없는 상황이었다. 그래서 진료팀의 인솔자인 김명선은 군 차량을 지원받아 부산으로 가 그곳의 세브란스 졸업생들과 지인들에게 부탁하여 필요한 의료기구와 용품을 지원받았을 수 있었다. 당시 도움을 주었던 사람은 부산 철도병원장 임정섭(세브란스 1930년 졸업), 춘해외과의 김영소(세브란스 1938년 졸업), 제생외과의원의 곽재희(게이오 의대 졸업) 등이었다. 김명선은 이렇게 울산에 있는 동안 매주 두세 차례 부산에 가서 필요한 의약품과 의료기구를 구해왔다.

여름이 끝나갈 무렵 전열을 정비한 국군과 미군은 반격을 개시하여 9월 28일 서울 수복에 성공했다. 김명선은 조금 늦게 지원부대와 함께 인천을 통해 서울로 들어와 그간 숨어 지내던 병원장 문창모와 세브란스에서 다시 만났다. 그런데 석 달 만에 다시 찾은 세브란스는 이미 예전의 모습을 찾아볼 수 없을 정도로 파괴되어 있었다. 세브란스는 서울역 앞이라는 요지에 자리 잡고 있었고, 9월 21일에서 25일 이루어진 서울시내 공산군 소탕작전에서 세브란스 구내와 남대문 일대에 숨어 저항하는 인민군을 몰아내기 위해 유엔군의 집중포화가 이루어져 세브란스는 건물의 뼈대만 남긴 채 파괴되었던 것이다.

그러나 손을 놓고 있을 수는 없어 교직원과 학생들이 모여 폐허가 된 학교와 병원 구내를 정리하고 복구하기 시작했다. 마침 전쟁 발발과 함께 인천을 통해 도쿄에 피신했던 안과학 교실의 프레드 만제 교수가 미군용기 편으로 다시 서울로 돌아와 복구 작업에 합류했다. 원래 미국 기독교 감리교 선교의사였던 만제(F. Manget)는 북경협화의대 교수로 있었으나 1949년 중국이 공산화되면서 그해 가을 우리나라로 와 세브란스의 안과학 교수로 재직하고 있었다. 그는 중국으로 보내려던 안이비인후과 최신 기재와 X선 최신 촬영기를 세브란스로 도입하여 설치하였으나 한국전쟁의 참화 중 소실되고 말았다. 그는 당시 수술방이 협소하자 2층 수술실 옆 일부를 사재로 확장 증축하여 안이비인후과 수술실로 사용하였다. 그는 사재를 투입하여 병원 복구와 직원후생을 위하여 적지 않은 금액을 희사하였으며 부산 피난 시 직원 후생물로 막대한 양복 옷감을 기증해 주었다. 만제의 지원과 교직원, 학생들의 노력 덕분에 10월 초에는 수업과 진료를 할 수 있는 틀이 어느 정도 갖추어졌다.[14]

2) 구호병원의 운영

이처럼 어느 정도 복구가 되어 기본적인 진료활동을 시작한 지 얼마 되지 않아 중공군의 참전으로 압록강까지 진격했던 국군이 후퇴한다는 소식이 들려왔다. 다시 서울을 떠나 피난하여야 한다는 사실이 명백해지자 12월 17일 학교와 병원을 폐쇄하고 피난 준비를 서둘렀다. 철도국에서 화물차 한 칸을

---

14) 「세브란스와 한국전쟁」, 『연세의사학』 7권 2호, 2003, 128쪽.

얻고 군과 교섭하여 LST 한척을 얻어 대부분의 병원기구와 물자를 싣고 인천에서 부산으로 옮겼다. 이렇게 할 수 있었던 것은 당시 국회의원이었던 이용설과 미 감리교 선교사 만제의 도움이 컸다. 그리고 LST에 실어 보내지 못한 짐들은 1951년 1월 4일 오전 병원에서 쓰던 오래된 쓰리쿼터 화물자동차에 싣고 공주와 전주를 거쳐 부산으로 보냈는데 병원장 문창모는 이 화물차를 타고 부산까지 갔다.[15)]

(1) 거제 세브란스 병원

보낸 화물과 사람들이 모두 부산에 집결하자 먼저 부산에 가 있던 이용설(1919년 졸업)과 부학장 김명선(1925년 졸업)의 지시에 따라 최억(1948년 졸업)은 거제도에 세브란스 구호병원을 만드는 선발대로 1951년 1월 25일 윤상하(1945년 졸업)와 함께 거제도 장승포행 연락선을 타고 생전 처음 가보는 장승포 부두에 도착하였다. 당시 거제도에는 본토민 10만 명에 함흥, 흥남 철수 작전으로 싣고 온 피난민 15만 명이 들어와 있었다. 그런데 의료시설은 개인의원밖에 없어 특히 피난민을 위한 구호병원이 절실히 필요한 형편이었다. 이렇게 몇 주를 지내던 중 부산에 피난 와 있던 여러 의사들이 장승포에 도착 합류하여 각 과로 나뉘어서 본격적으로 진료활동을 하게 되었다. 사실 거제도를 병원 장소로 선택한 것은 김명선의 의도로 김명선은 이미 1948년부터 거제도에 세브란스 진료소를 낼 생각을 갖고 있었다. 그가 이러한 생각을 한 것은 김명선과 평양 숭실학교 동창이자 거제도의 유지였던 진도선이 거제도에 제대로 된 진료소가 하나도 없음을 안타깝게 여기고 김명선에게 세브란스에서 거제도에 진료소를 내어주기를 요청했기 때문이었다. 그래서 김명선은 1948년부터 노경병, 이한주, 김인선, 이삼열 등 인턴을 교대로 거제도로 보낸 바 있었다. 아마도 그러한 인연으로 피난 중에 거제도에 세브란스 분원을 내게 된 것으로 보인다.

---

15) 문창모, 앞의 책, 1996, 202쪽.

그밖에 실제로 전쟁으로 많은 피란민들이 거제도로 몰려든 것도 그 이유의 하나였다.16)

우선 병원으로 쓸 장소를 물색하던 끝에 진도선의 주선으로 YMCA 강당을 빌려 다행히 좁은 대로 병원을 시작할 수 있었다. 그러나 강당이 그다지 크지 않아 몰려드는 환자들을 수용하기에는 어려움이 많았다. 그래서 좀 더 넓은 곳을 알아보고 있는 중에 장승포초등학교가 좋은 후보지로 떠올랐다. 문제는 군에서 이곳을 제2국민병 숙소로 사용할 계획이라며 허락하지 않는 것이었다. 그런데 마침 미8군의 의무책임자가 병원을 시찰하며 필요한 것이 무엇인가를 물어왔다. 이에 병원장소의 협소함을 호소하자 학교를 사용할 수 있도록 조치해 주었다. 그리고 40병상 규모의 병원 장비 유닛 2개와 5킬로와트 발전기도 지원받아 엑스선 기계와 수술실을 운영할 수 있게 되었다. 이러한 장비를 지원받을 수 있었던 것은 당시 거제도 민간원조처(CAC : Civil Assistant Corps)에서 근무하던 이병태(1947년 졸업)와 간호대학 출신의 이영복의 도움이 컸다. 민간원조처는 민간인들에게 필요한 각종 물자를 원조해주는 미군 부속기구로 그 본부가 마침 거제도에 있었다. 따라서 의약품을 비롯하여 병원 운영에 필요한 물품들을 용이하게 지원받을 수 있었다. 병원은 90병상 규모로 운영되었는데 외래는 한 교실에 2개 과가 칸막이를 하고 나누어 사용했다. 매일 외래환자는 700명 이상 되었으며 입원 병상 90개도 늘 차서 바쁜 나날을 보냈다. 이와 같은 피란살이 중에도 간호학교를 개강하여 거제도에서 졸업생도 내었다.17)

그런데 이처럼 장소 문제가 해결이 되자 이번에는 인력부족 문제가 대두되었다. 당시 내과는 조광현(1940년 졸업)이 맡으면서 거제도 분원장의 역할을 했다. 외과는 황규철, 이근영, 김광희가 맡았고, 이비인후과는 윤상가, 그리고 치과는 이동섭이 맡았다. 이처럼 제한된 수의 임상의사만으로는 부족해 기초학

---

16) 「세브란스와 한국전쟁」, 『연세의사학』 7-2, 2003, 114쪽.
17) 「세브란스와 한국전쟁」, 『연세의사학』 7-2, 2003, 121쪽.

교수들까지 임상에 가담했다. 해부학의 최금덕(1941년 졸업) 교수는 산부인과 과장을 맡았는데 실제로 전문적 시술이 필요한 경우는 개원해 있던 노경병이 와서 도움을 주었다. 소아과 과장은 생리학의 이병희(1935년 졸업) 교수가 맡았다. 나중에는 여의전 출신으로 세브란스에서 수련을 받고 있던 두 명의 여의사가 소아과에 합류했다. 거제도의 세브란스 구호병원은 1952년 2월 학교와 병원이 서울로 복귀했으나 남아있는 피난민들의 건강을 돌보는 일을 중단할 수 없어 1956년까지 운영되었다.

(2) 청도 구호병원

장승포에 세브란스 병원이 설립되고 4개월 정도 지나 운영이 안정되어가고 있던 중 병원장 문창모는 당시 보건부 장관인 오한영(1932년 졸업)의 부름을 받아 장관실로 갔다. 거기에는 이미 다른 대학병원장들이 모여 있었는데 오한영 장관은 제2국민병 중 많은 사람들이 동상과 기아로 와병 중이니 그들을 위한 구호병원을 각 병원에서 한 곳씩 맡아 운영해달라고 요청했다. 제2국민병이란 1950년 12월 21일에 공포 실시된 '국민방위군 설치법'에 따라 동원된 만 17세 이상 40세 미만의 국민방위군을 말한다. 9·28 수복 이후 중공군의 남하 정보를 입수한 정부는 적에 의해 병력자원으로 징발될 수 있는 청장년을 미리 국민방위 병으로 소집하고 이들을 남쪽으로 후송하려는 계획을 세웠다. 그런데 이들을 남하시키는 과정에서 일부 군 간부들이 방위군의 이동과 수용을 위해 할당된 국고, 양곡, 피복 등 약 25억원 상당의 보급자원을 착복하였고, 그 결과 한겨울에 장거리를 이동하는 국민방위병들이 생존에 필요한 보급품을 제대로 지급받지 못해 많은 국민방위병들이 이동 도중 병에 걸리거나 아사, 혹은 동사하는 사태가 일어났다. 이에 국회는 1951년 4월 30일 국민방위군 설치법 폐지안을 결의하고 이 사건의 주모자들인 군 간부들을 군법회의에 회부하여 사형에 처하면서 사건은 일단락되었다. 그러나 이 과정에서 몸이 상한 사람들을 돌보는 일은 국가의 책임이었다.

그러나 국가가 이 일을 직접 할 형편이 아니어서 각 병원에 이들의 진료를 요청한 것이었다. 그래서 세브란스는 남들이 기피하는 밀양을 맡기로 하고 병원장 문창모는 제2국민병 장교의 안내로 밀양의 환자수용소로 갔다. 원래 누에를 치던 잠실을 환자수용소로 사용하고 있었는데 약 500여 명이나 되는 환자들이 추위와 굶주림에 뼈만 앙상하게 남은 상태로 죽을 날만 기다리고 참혹한 상황이었다. 이러한 상태로는 도저히 손을 쓸 수가 없다고 판단한 문창모는 다음날 보건부를 방문하여 문제가 간단치 않음을 설명하고 의료진을 파견해 이들을 돌보아야한다고 역설했다. 그리고 보건부의 승낙을 얻어 거제도 병원의 진료기구와 의약품을 나누어 3, 4학년 학생들과 함께 밀양으로 향했다. 당시 세브란스 병원은 밀양 외에도 인근 지역의 세 곳에 수용되어 있는 환자들을 맡게 되었는데 환자관리와 일의 효율성을 위해 이들 환자를 중간 지역인 청도로 옮겼다. 청도초등학교로 인근에 수용되어 있던 환자들을 모으니 천 명이 넘었다.

청도에 환자들을 모으기는 했으나 워낙 중환자가 많아 부족한 인력과 장비로 이들을 돌보는 데 어려움이 많았다. 그러나 세브란스의과대학 학생들의 희생적인 봉사로 청도 구호병원은 다른 어느 구호병원 보다 성공적이었다는 평가를 받을 수가 있었다. 의과대학생 1인당 40여명 씩 수용되어 있는 교실을 맡아가지고 치료는 물론이고 식사, 세수, 대소변 받아내는 일 등 온갖 시중을 다 들었다. 다소 회복된 사람들은 병원 트럭으로 낙동강을 건너서 고향으로 보냈다.[18]

(3) 원주 구호병원

당시 세브란스에서 운영하는 구호병원을 시찰한 맥아더 사령부의 인사가 피난 중에 이와 같이 잘 운영되고 있는 구호병원은 없다고 감탄할 정도로

---

18) 문창모, 앞의 책, 1996, 208쪽.

세브란스의 구호병원은 잘 운영되고 있었다. 그리고 그 덕에 거제도 민사원조처 보건책임자(미국인)는 표창을 받고 부산의 민사원조처 본부로 영전하게 되었다. 그런데 이후 전쟁이 진행되며 강원도가 중동부전선의 격전장이 되어 피난민과 부상자가 많이 생겼으며 또한 보건위생상태도 아주 열악해졌다. 그리하여 민사원조처 본부에서 이에 대한 대책이 논의되었는데 이때 거제도에서 본부로 간 담당자가 강원도의 보건 문제를 맡을 병원은 한국에서 세브란스밖에 없다고 강하게 말해 그렇게 하기로 결론이 내려졌다. 그는 당시 거제도의 세브란스 구호병원이 얼마나 모범적으로 잘 운영되고 있는가를 보았기에 그러한 결론을 내리고 세브란스에 강원도 쪽을 맡아달라고 부탁했다.

사실 당시 거제도 구호병원이 잘 운영되고 있었다고는 하나 사실은 아주 부족한 인원으로 일을 해나가고 있는 형편이었다. 그러나 그렇다고 해서 이 요청을 거절할 수도 없어 부득이 일부 인원을 차출하여 1951년 9월초 원주에 또 다른 세브란스 구호병원을 세워 운영하게 되었다(당시 방위군 해산 후 청도에서도 일부 직원이 학생들을 데리고 장정 구호소를 운영하고 있었다). 선발대는 먼저 부산으로 나와 군용열차 편으로 원주로 갔으며 며칠 뒤 최억은 이병희 교수를 모시고 청도로 가서 병원 트럭에 그곳에서 사용하던 담요를 싣고 아주 험한 육로를 달려 밤중에 원주에 도착하였다. 원주는 공방전으로 다섯 차례나 뺏고 빼앗겼던 곳으로 거의 폐허가 되어 있었다. 당시 원주 이북은 특수 계엄지대(계엄사령관 고시복 대령)로 민간인 출입금지 지역이었으나 춘천이나 기타 북쪽의 피난민들이 계엄이 풀리면 고향으로 돌아가려고 모두 원주에 모여들어 대기하고 있는 상태였다. 원주는 중동부전선의 보급기지로서 주로 기차로 실려 온 전략물자들은 여기에서 여러 가지 교통수단으로 전선으로 운반되므로 군 트럭은 24시간 동안 쉴 새 없이 운행되었고 인근에 비행장도 두 군데나 되어 아주 중요한 군사요지였다.

전선에서 후송되어 오는 모든 한국인 환자는 일단 원주에 있는 육군후송병원으로 운반되었고, 거기에서 군인을 제외한 모든 환자는 세브란스 원주구호병원으로 이송되어 왔다. 이송된 환자 중에 민간인도 더러 있었으나 대부분의 환자는 한인노무대(Korean Service Corps, 미군부대에 배치된 한국인 노무자)들로 시골에서 농사짓던 사람들이 한복 바지저고리 차림으로 포탄을 운반하거나 잡역을 하다가 전선에서 다쳐서 오는 사람들이었다. 구호병원은 건물이 없어서 군용천막을 치고 환자를 수용하였으며 직원들은 12월에 눈이 쏟아지는 때도 노천에서 눈을 그냥 맞으면서 식사를 할 정도로 환경이 어려웠다.

한인노무대 환자 중 중환자는 대구로 후송하였으나 가벼운 환자는 원주 구호병원에서 치료를 받고 퇴원하였다. 그러던 중 미8군에서 원주의 민사원조 처를 통하여 항의가 들어왔다. 왜 한인노무대 환자를 세브란스 마음대로 퇴원시 켜 귀향을 시키느냐는 것이었다. 그러나 세브란스 구호병원은 한국군 육군후송 병원에서 이첩되어 오는 모든 환자는 무조건 다 수용하여 이들을 치료하여 치유되면 퇴원시켰을 뿐이지 그 사람이 어디 소속이어서 어디로 가는지는 전혀 관여치 않았던 것이다. 당시 한인노무대의 인원은 상당히 많았으나 이들을 위한 전용병원이 전혀 없는 상태였다. 이것이 계기가 되어서 미8군과 비용을 반씩 부담하여 서울의 세브란스병원을 수리하여 한인노무대 전용병원으로 사용하기로 했다.

위에서 본 바와 같이 세브란스는 한국전쟁의 와중에서 전쟁으로 고통 받는 동포들을 위해 많은 일들을 했다. 그 가운데서도 반드시 기억해야 할 것은 흥남철수작전에서 현봉학이 했던 역할이다. 현봉학(1944년 졸업)은 1947년 9월 15일 미국으로 유학을 떠나 버지니아 리치몬드 주립대 의과대학에서 임상병리학을 공부하고 1950년 2월 28일 귀국하여 모교에서 국내에서는 처음으 로 임상병리학 강의를 시작했다. 그러나 불행히도 그의 귀국 후 얼마 지나지 않아 한국전쟁이 일어났다. 그는 전쟁 중 미군 제10군단장 소장 알몬드(Almond) 의 민사고문으로 일하였다. 함경도까지 북진했던 미군 제 10군단은 중공군의 개입으로 전세가 갑자기 불리하게 변하자 결국 함경도로부터 철수를 결정한다. 그런데 고향이 함흥이었던 현봉학은 적 치하에 많은 고향 사람들을 남겨두는 것이 마음아파 알몬드 소장에게 이들 민간인들도 함께 철수할 수 있도록 해달라고 요청했다. 알몬드는 10만에 이르는 군인의 철수도 쉬운 일이 아닌데 많은 민간인까지 함께 데려가는 것은 불가능하다고 처음에는 거절했다. 그러나 현봉학의 거듭된 설득과 요청에 마음이 움직인 그는 마침내 민간인도 함께 데리고 철수하기로 결정했다. 그 결과 1950년 12월 12일부터 12월 24일까지 약 13만 명의 함흥·흥남지역 민간인이 남한(주로 거제도)으로 피난할 수 있었다.[19] 현봉학은 이처럼 전쟁 중에 적진에서 많은 민간인을 구해낸 공로로 한국의 쉰들러로 불렸다.

4. 맺음말

해방과 그에 이은 한국전쟁 시기는 한국현대사의 격동기였다. 이러한 격변의 한가운데에서 세브란스는 기독교 의료기관으로서의 사회적 역할을 충실히 수행하였다. 이는 학생들이 중심이 되어 이루어진 귀환 동포 구호활동이나 한국전쟁 중에 전장을 누비며 전쟁으로 고통 받는 동포들을 치료하고 어루만진 구호병원 활동으로 잘 드러난다. 당시 우리나라에는 다른 의과대학이나 병원도 있었지만 이 시기 세브란스가 보여준 헌신적 의료활동은 독보적인 것이었다. 그리고 이러한 헌신적 활동이 가능했던 것은 기독교정신과 봉사정신에 기초를 둔 세브란스의 학풍이 중요한 역할을 했기 때문이다.

1934년 세브란스 의전의 문부성 지정을 전후하여 일부에서는 일제의 교육제도에 맞추기 위해 세브란스가 원래의 기독교적 색채를 상실해간다는 우려와 비판이 있었다. 물론 입학생들 가운데 교인이 차지하는 비중이 점차 줄어든 것은 사실이다. 그러나 의료가 인류애라는 보편적 가치의 실천이란 사실을 그 구성원들에게 깊이 각인시킴으로써 학생들은 개인의 종교적 정체성에

---

19) 현봉학, 『나에게 은퇴는 없다』, 역사비평사, 1997, 143~149쪽.

관계없이 인류에 대한 봉사의 정신을 학풍으로서 자연스럽게 체득할 수 있었다. 그리고 그 결과가 격동하는 역사의 와중에서 고통 받는 동포들에 대한 헌신적 봉사로 자연스럽게 나타날 수 있었던 것이다.

1950년대 『사상계』와 연희·연세인

1. 머리말

한국현대사에서 1953년 정전 이래 50년대 후반부까지는 전쟁으로 인한 폐허와 혼돈 속에 국가와 사회를 재건해가는 '전후'의 시기에 해당한다. 이 '전후'의 시기에 연희·연세인들은 어떻게 지식인으로서의 사회적 역할을 담당했을까? 필자는 이 글에서 당시 연희·연세대학교 교수진이 '전후' 지성계를 대표하던 잡지 『사상계』라는 지면을 통해 어떻게 사회와 소통하려고 했는지 살펴보고자 한다.

1950년대 후반에 『사상계』는 발행부수가 5만 부 선을 유지하면서 "『사상계』를 들고 다녀야 대학생 행세를 하던 풍속"이 생겨날 정도로 당시 지식인사회에 거대한 영향을 미치고 있었다.[1] 이 잡지는 어느 특정 학연을 중심으로 운영되는 닫힌 동호인 잡지는 분명 아니며, 그 시대를 풍미했던 다양한 지식인들이 필자로 참여하였다. 그렇기는 하지만, 이 잡지의 창간과 운영, 글 게재에서 연희·연세인들이 차지하는 비중은 참으로 크다. 이 잡지의 창간에는 전시하에 문교부장관으로서 교육계를 이끌었던 백낙준(白樂濬)의 역할이 지대하였으며, 편집위원으로나 필진으로 많은 연희·연세인들이 적극적으로 참여하였다. 후대에 『사상계』라고하면 반독재의 필봉을 휘두른 장준하(張俊河)와 함석헌(咸錫憲) 등의 이름이 먼저

---

1) 김건우, 『사상계와 1950년대 문학』, 소명출판, 2003, 47쪽.

떠오르게 되지만, 1950년대에『사상계』는 반독재투쟁보다는 반공주의하에서 자유민주주의체제의 사상적 토대를 형성하고 그에 맞는 시민적 교양을 보급하는 데 주력한 잡지였다.[2) 그러한『사상계』본래의 성격과 연희·연세의 학풍은 깊이 연관되어있다.

전후 1950년대는 연세의 역사로서는 부산 피난시절을 마치고 수도 서울로 복귀한 다음 재건과 확장 속에 1957년도에 연희대학교가 세브란스와 합쳐 연세대학교로 새로 출범한 시기에 해당한다. 이 시기에 연희·연세대학교는 기독교계 대학으로서 미국과의 친밀한 관계에 힘입어 크게 융성하며 한국의 지식인 사회에서 중요한 위치를 점하게 된다.

이 시기에 연희전문 출신이거나 연희·연세대의 교수, 강사로 활동하던 많은 연희·연세인들이『사상계』를 통해 한국의 지성계에 영향을 미쳤다. 연희·연세의 교수, 강사로 재직한 경력이 있는 학자들 중에 1953년 창간호부터 1959년 말까지『사상계』에 글을 게재한 저자의 수는 115명 내외에 이를 정도이다. 확인해보지 못했지만, 그 외의 연희전문 출신 지식인들의『사상계』참여도 활발했으리라.

이들의 논설을 한꺼번에 다 분석하기는 쉽지 않다. 이 글에서는 단지『사상계』에 많은 글을 남긴 필자들 중에서 지식인사회에 큰 영향을 미쳤던 주요 인물들을 학문 분과별로 임의로 선택하여, 그들의 글을 통해 당시 연희·연세의 학풍과 사회적 의미를 짚어보고자 한다. 먼저 백낙준과 법학자 장경학(張庚鶴)의 글을 주로 검토하면서『사상계』의 창간과 창간 초기 논조에 연희·연세 교수진이

---

2) 임대식은 1950년대『사상계』가 미국에 우호적이었음을 강조한 바 있다(임대식, 「1950년대 미국의 교육원조와 친미 엘리트 형성」, 역사문제연구소 편, 『1950년대 남북한의 선택과 굴절』, 역사비평사, 1998). 윤상현은『사상계』의 지향성을 자유주의적 근대화로 이해한다(윤상현, 「『사상계』의 근대 국민 주체 형성 기획─자유주의적 민족주의 담론을 중심으로─」, 『개념과 소통』 11, 2013).『사상계』에 관여한 지식인들은 반공 친미의 틀 안에서 서구적 민주화, 근대화를 지향하는 성향이 강하였다. 그들은 미국이 주도하는 자본주의 세계 질서에 순응하고 그 안에서 한국의 민족주의가 실현되기를 희망하였다.

어떤 영향을 미쳤는지 살펴본다. 그 다음에 1955년 편집위원회 구성 이후 50년대 말까지 참여자의 숫자가 늘어나기는 하지만 다른 필진들의 대거 참여로 그 영향력이 상대적으로 약해지는 시기의 연희·연세인의 논조를 역사학자 홍이섭·민석홍(閔錫泓)·조의설(趙義卨), 신학·철학자 김하태(金夏泰), 경제학자 최호진(崔虎鎭)·이정환(李廷煥) 등의 글을 중심으로 소개하고자 한다. 이들이 곧 연희·연세 전체를 대표한다고 할 수는 없겠으나, 이들의 글을 통해 1950년대 연희·연세의 학풍의 일단을 확인해볼 수 있기를 기대한다.

2. 『사상계』 창간과 연희 : 동서고근의 화충과 반공 – 자유민주주의

『사상계』 창간의 배경을 이해하기 위해서는 먼저 전시하인 1951년에 "국민사상을 연구지도"하기 위해 문교부 소속으로 설립된 '국민사상지도원'(후에 국민사상연구원)을 언급할 필요가 있다. 이 기관은 1950년 5월에 제2대 문교부 장관으로 임명되어 전시교육을 이끌었던 백낙준 장관이 발의하였는데, 전쟁에서 승리하기 위해서는 국민사상의 통합 형성이 요청된다는 필요에서였다. 국민사상지도원 설립취지에 따르면 국민사상의 형성은 "공산주의사상을 일소하고 자주적인 민주주의를 도입"하여 민주우방과 사고를 같이하면 되는 것이었다. 그러나 추상적인 의미의 민주주의를 과연 어떻게 한국사회의 조건에 맞게 뿌리를 내리는가는 간단한 문제가 아니었다. 더욱이 이 기관의 전문위원으로 위촉된 학자들의 성향은 철학자 김기석에게서 대표적으로 드러나듯이 서양에게서 나온 자유민주주의와 공산주의 양자를 비판하며 동양적 공동체 정신을 중시하는 쪽이 강하였다. 여기에 재정적 어려움도 겹쳐 이 기관에서 발간한 『사상』은 1년을 넘지 못하고 폐간되었다. 이에 『사상』 편집을 담당했던 장준하는 별도의 잡지인 『사상계』를 출간하게 되었고, 전 문교부장관인 백낙준과 이춘우가 재정적 후원을 해주었다. 용지는 미국공보원인 USIS가 해결해주었다.

『사상계』의 발간은 반공주의 문화 확산이라는 미국의 문화정책과 깊은 연관성 속에서 시작되었으며, 그 발간 과정에서 기독교인이며 미국에 우호적인 관계를 유지하고 있던 백낙준이 깊은 역할을 하였음을 확인할 수 있다.3)

『사상계』 창간호는 편집후기에서 "동서고금(東西古今)의 사상을 밝히고 바른 세계관, 인생관을 수립하여 보려는 기도"로 잡지를 내었다고 밝히고 있다.4) 이 뜻은 바로 백낙준과 연희전문이 추구한 '동서고근(東西古近)의 화충(和衷)'을 통해 한국인의 세계관, 인생관을 세우려한 교육이념과 일맥상통한다. 『사상계』 가 1953년도에 3, 4호에 연이어 정인보의 「양명학 연론」을 게재하고, 5호에는 역시 연희대 사학과 교수인 민영규의 「원효론」을 게재한 것은 그러한 동서고근 의 화충의 자세를 『사상계』로 확장한 결과였다.

백낙준의 『三一精神論』

동서고근의 화충과 더불어 1953년 시점 의 『사상계』가 추구한 주요한 지향점은 반 공-자유민주주의의 사상 확산에 있었고, 그 중심에도 역시 백낙준이 있었다. 백낙준 은 1953년 4월 창간호부터 그해 12월 8호까 지 한 호도 거르지 않고 『사상계』에 글을 실었다.

그는 창간호에 「3·1정신론-우리 독립선 언서의 4대 기본자유에 대하여」를 게재하 여, 대한민국 헌법 전문에 명시된 3·1정신을 네 가지의 자유, 즉 '경제적 자유', '양심적 자유', '정치적 자유', '불안과 위혁(威嚇)에

3) 김봉국, 「1950년대 전반기 국민사상연구원의 설립과 활동」, 전남대학교 사학과 석사학 위논문, 2010 ; 김아름, 「전후 한국 공론장의 일면 1953~1960 : 『사상계』와 지식인 공동체 형성을 중심으로」, 서울대학교 국사학과 석사학위논문, 2011, 43~44쪽.
4) 김아름, 위의 글, 2011, 45쪽.

서의 자유'라고 하는 인류의 기본적 자유의 정신으로 설명하고, "우리의 자유뿐만 아니라 공산독재하에 신음하는 비자유민의 자유를 위하여 싸워나아가야될 것"임을 강조했다. 이는 반공을 강조하되 그것을 독재의 방식으로서가 아니라 자유의 확대와 실현을 통해 구현하려한 그의 일관된 반공적 자유민주주의자의 자세에 입각하여 3·1운동의 정신을 해석한 것이었다. 전시하에 그의 반공주의는 매우 적극적, 공세적이었다. 그는 제3차 대전이 일어날 것을 두려워해 공산진영과의 전쟁을 회피하려는 자유진영의 자세에 비판적이었다.

〈표 1〉 백낙준의 1950년대 『사상계』 기고

필자	제 목	통권호수	년도	월
백낙준	3·1정신론-우리 독립선언서의 4대 기본자유에 대하여	1	1953	4
백낙준	한국의 교육, 과학, 문화-1952년 파리 유네스꼬 총회 개회 연설	2	1953	5
백낙준	한국전쟁과 세계평화	3	1953	6
백낙준	한국교육의 당면과제	4	1953	7
백낙준	사회적 변천과 민의	5	1953	8
백낙준	한국을 위요한 국제정세의 금석	6	1953	9
백낙준	한글운동의 방향-한글날을 맞이하여	7	1953	11
백낙준	혁구취신을 주창함-1953년을 보내며	8	1953	12
백낙준	아세아와 세계정국	11	1954	3
백낙준	학생에게 기함	23	1955	6
백낙준	소신에 충실하자	27	1955	10
백낙준	학문과 교양	33	1956	4
백낙준	(좌담회)건전한 사회는 어떻게 건설할 것인가?	38	1956	9
백낙준	3·1이상론	44	1957	3
백낙준	코리아를 돕는 백호주의-오스트랄리아의 정치, 문화, 산업의 반영	77	1959	12

그는 한국전쟁으로 이미 세계 3차대전은 시작되었으며, 이 세계대전을 승리로 이끄는 방법은 한국전쟁에서 승리하여 공산진영을 세계에서 일소하는 것이며 이것이 곧 세계평화를 이룩하는 유일한 방도라고 주장하였다. 그에게 한국전쟁은 정의와 불의의 싸움으로서 "흑이 아니면 백"이며 여기서 중립이란

있을 수 없는 것이었다.[5] 그렇기에 그는 한국전쟁에서 승전을 하여 통일을 이루지 못함을 크게 애석해하였으며, 무력으로 해결하지 못한 일을 회담으로 해결할 수 있으리라 생각함은 "되지 못할 일을 되게 하려던 것"이라고 비판하였다.[6] 또한 그는 『사상계』 제2권 3호(1954.3)에 기고한 「아세아와 세계정국」에서 동남아시아에서 서구의 제국주의와 신식민주의 배척을 내걸고 공산주의가 침투함을 경계하며, 이를 막기 위해서는 '완전한 민주주의적 독립국가'를 세우고 공산주의 침략을 막기 위한 태평양 지역 전반의 반공세력 구성이 필요함을 역설하였다.

백낙준 외에 1953~54년의 『사상계』 창간 초기에 주목할 만한 또 다른 연희·연세인은 법학교수 장경학(1950~60 재직)이다.

교토대학 출신의 민법학자인 장경학은 1955년에 에를리히(Eugen Ehrlich)의 『법률사회학의 기초이론』을 번역하여 한국에 법사회학을 소개한 인물이다. 그는 『사상계』에 한스 켈젠(Hans Kelsen)의 실증주의 법학 이론을 비판적으로 소개, 해석한 글들을 다수 게재하였고, 「법과 정치」(5호, 1953.8)라는 글에서는 법과 정치 양자의 균형적 상호관계를 강조하였다.

〈표 2〉 장경학의 1950년대 『사상계』 기고

필자	제 목	통권 호수	년도	월
장경학	법과 정치	5	1953	8
장경학	춘향전의 법률학적인 접근(상)	8	1953	12
장경학	춘향전의 법률학적인 접근(하)	9	1954	1
장경학	한스 켈젠	12	1954	6
장경학	민요에 나타난 법의식	17	1954	12
장경학	한국문화에 있어서 근대적 기점으로서의 호질	18	1955	1
장경학	대학의 사명	23	1955	6
장경학	방관석의 지식인	27	1955	10

5) 백낙준, 「한국전쟁과 세계평화」, 『사상계』 3, 1953. 6.
6) 백낙준, 「혁구취신을 주창함—1953년을 보내며」, 『사상계』 8, 1953. 12.

장경학	연재교양-교양으로서의 법률학1 : 현대법학론	29	1955	12
장경학	연재교양-교양으로서의 법률학2 : 속 현대법학론	30	1956	1
장경학	법과 정치	31	1956	2
장경학	연재교양-교양으로서의 법률학4 : 입법의 민주화를 방해하는 요인은 무엇인가	32	1956	3
장경학	연재교양-교양으로서의 법률학5 : 이혼과 계모의 윤리	33	1956	4
장경학	연재교양-교양으로서의 법률학6 : 난항속의 사법권의 독립	34	1956	5
장경학	(법철)켈젠-법철학자	35	1956	6
장경학	순수법학비판(상)	37	1956	8
장경학	순수법학비판(중)	38	1956	9
장경학	순수법학비판(하)	39	1956	10
장경학	연재교양-공산주의 법리론비판(상) : 켈젠의 입장에서	45	1957	4
장경학	연재교양-공산주의 법리론 비판(중) : 켈젠의 입장에서	47	1957	6
장경학	연재교양-공산주의 법이론 비판(하) : 켈젠의 입장에서	48	1957	7
장경학	지식인의 항변	52	1957	11
장경학	카안 저 도덕적 판결(가제)	54	1958	1
장경학	막스, 웨버의 법률사회학(상)	55	1958	2
장경학	막스, 웨버의 법률사회학(하)	56	1958	3
장경학	물권적 생활의 극복-법학 강의실에서의 녹음	59	1958	6
장경학	결혼의 근대화-결혼의 실태의 분석과 비판을 통하여	65	1958	12
장경학	답안이라는 이름의 광상곡	66	1959	1
장경학	인간관계의 개화, 주락, 그 운명	67	1959	2

흥미로운 점은 그가 「춘향전의 법률학적인 접근(상)(하)」이라는 글을 통해, '이조사회'의 '봉건적 지배체제' 하에서도 농민의 의식이 성장하여 점차 근대적인 사회로 나아갔음을 주장한 점이다.

"왕조를 그 근저에서 꺼꾸러뜨릴만큼 조직적인 것으로 결속된 것은 못되였을지언정, 이러한 농민의 반항운동을 통하여 농민의 의식은 성장하고, 따라서 경제적으로 그들의 생활은 차차로 향상될 근원을 얻게 되어 가는 단서를 것잡게 되었다고 말할 수 있다. 춘향이가 가진 혼인관이나 어머니에 대한 효도에 관한 생각이 근대적인 본질을 다분히 띠고 있는 것도, 춘향이가 속하고 있는 서민들의 생활의식 자체가 이러한 파란많은 정치사회적인 변동속에서도 근대적인 것에로 역사적인 향상의 길을 서서히 밟고 있었다는 것에의 이해를 전제로 하고서야 비로소 완전히 이해할 수 있을 것이다."[7]

그는 이 글의 말미에 "이조사를 전공하는 야심적인 학구인 L형의 성의있는 조언에 대하여 마음 속으로 사의를 금하지 못한다"[8]고 밝혔는데, 당시 연희대학교 안에서 법학과 역사학이 소통하고 있었던 것으로 보인다. 춘향전에서 근대적 사상의식 형성의 싹을 찾는 자세는 그의 연구에서 처음 나오는 것은 아니지만, 점차 한국사를 내재적 발전의 시각에서 이해하고 이를 통해 한국의 현재와 미래를 주체적으로 파악하는 시각이 50년대 초반에 이미 조금씩 형성되고 있었던 점을 알 수 있다. 그의 춘향전 연구는 뒷날『법률 춘향전』(을유문화사, 1970)이라는 제목의 단행본으로 출간되었다.

3. 『사상계』 편집위원회 창설과 연희·연세인

장준하 1인 체제로 운영되던『사상계』는 1955년 1월에 편집위원회 운영체제로 변경된다. 초대 주간은 김성한이었으며, 장준하, 홍이섭, 정병욱, 정태섭, 신상초, 안병욱, 강봉식, 엄요섭, 전택부, 김요한 등이 편집위원이 되었다. 이들 중 홍이섭(사학), 정병욱(국문학), 안병욱(철학)이 1950년대에 연희대 교수직을 역임한 인물이다. 홍이섭은 사학과 교수로서 이 시기에 민족주의 역사학의 재건을 위해 외로이 분투하였다. 정병욱(鄭炳昱, 1922~82)은 연희전문과 경성대학 국어국문학과를 다녔으며, 1953년에 연희대학교 국어국문학과 교수가 되었다가 1957년도에 직장을 서울대학교로 옮긴 국문학자이다. 그는 같은 해에 『사상계』50호에「아카데미즘의 위기」라는 글을 실어 당시 박사학위논문이 드러낸 반아카데미즘을 질타하기도 하였다.[9] 철학자 안병욱도 짧은 기간

---

7) 장경학,「춘향전의 법률학적인 접근(상)」,『사상계』8, 1953. 12, 172쪽.
8) 장경학,「춘향전의 법률학적인 접근(하)」,『사상계』9, 1954, 113쪽.
9) 연세대학교 국학연구원 편,『연세국학연구사』, 연세대학교출판부, 2005, 625~635쪽.

이 대학의 교수로 활동하였다(1956~58년). 그리고 엄요섭은 연희전문 출신의 사회학자이자 목회자로서, 많은 사회활동을 하였다.

당시 편집위원회는 아래와 같이 편집방침을 정했다고 한다.

ㄱ. 민족의 통일 문제

ㄴ. 민주사상의 함양

ㄷ. 경제 발전

ㄹ. 새로운 문화의 창조

한국을 현대화해야 한다. 동서의 또는 고금의 모든 문물을 받아들여, 그 장단을 가려 우리에게 맞는 문화를 창조해야 한다.

ㅁ. 민족적 자존심의 양성

오랫동안 이민족의 지배 아래 있어온 우리 민족은 그 성정이 비굴할 대로 비굴하여졌다. 이것을 거족적으로 청산하여야 한다. 그리고 우리 선조들의 자랑스러운 전통을 찾아 그것을 되살리고 결코 우리는 못난 조상이 되지 않기 위하여 이 시대를 명예롭게 살아야 한다. 이런 바탕위에 민족적 자존심을 키워야 한다.[10]

민족주의, 민주주의, 경제성장주의와 함께 동서고금의 화충을 통한 한국의 현대 문화 창조를 추구한 것이었다.

이후 김하태(신학), 이극찬(정치학), 이정환(경제학), 정태섭(법학) 등 연희-연세대 교수 경력자들도 편집위원으로 활동하였다. 편집위원회 체제가 갖추어지면서, 『사상계』는 보다 폭 넓게 필진을 구할 수 있었다. 그 과정에서 연희·연세인의 역할은 1953~54년보다 상대적으로 약화되었지만, 여전히 중요한 역할을 담당하고 있었음을 확인할 수 있다.

---

10) 김아름, 앞의 글, 2011, 51쪽에서 인용.

4. 연희·연세인의 자유민주주의 교양과 정책론

1) 역사학 논설

역사학 분야에서 50년대에 『사상계』에 묵직한 글을 기고한 이로는 홍이섭과 민석홍, 조의설 3인을 들 수 있다.

역사학자 홍이섭(洪以燮)은 연희전문학교 문과를 1938년에 졸업하고, 1953년부터 1974년 작고하기까지 연세대학교 사학과 교수로서 봉직하였다. 그는 『조선과학사』(1944 日文, 1946 한글) 연구로 이미 30대에 학문적 명성을 얻었으며, 해방 후 한국 역사학계가 아직 식민사학의 그늘에서 벗어나지 못한 때에 홀로 민족사학을 정립하기 위해 고군분투하였다.

홍이섭이 해방 이후부터 1950년대 후반까지 집중했던 연구는 크게 세 분야로 구분할 수 있다. 첫째는 근대 한국의 대외교섭사이며, 둘째는 실학연구, 셋째는 3·1운동의 정신사이다. 그는 조선과 서구의 교섭은 이미 16세기부터 시작했다고 파악하였으며, 그런 거시적인 역사적 맥락에서 왜 한국이 급격한 세계질서의 변동 속에서 주체적으로 근대국가를 건설하지 못하고 식민지화에 이르게 되는지를 검토하였다. 그 다음 실학연구에서는 박지원, 이중환, 정약용 등 조선후기의 사회개혁적 학문을 '실학'으로서 파악하면서, 그러한 학문 경향이 형성되는 과정에서 양명학은 물론이고 서구 학문이 깊이 영향을 미치게 됨에 주목하였다. 또한 그는 3·1운동을 정신사적 관점에서 고찰하면서 이 운동이 단지 윌슨의 '민족자결주의'에 막연한 기대를 걸고 일으킨 운동이 아니라, "서구에 적용될 '민족자결주의'에 의거하지 않는 새로운 '민족자결정신'을 체득"한 점에서 그 의의를 찾았다. 이처럼 홍이섭은 한국에서의 근대 성립과정을 단지 일국사적 시각이 아니라 동과 서의 교섭(상호작용)의 맥락에서 파악하였으며, 그 과정에서 한국의 서구에 대한 주체적 수용의 의미와 한계를 면밀히 검토하였다. 이는 연세가 추구해온 동서고근의 화충이라는 교육이념과 깊은 연관성을 지닌 것이었으며, 해방 후 동족상잔의 전쟁까지 겪은 한국사회가 어떻게 주체성과 세계성을 확보해갈 것인지에 대한 실천적 고민의 소산이었다.
이 같은 홍이섭의 50년대 역사연구는 『사상계』에 잘 반영되어있다.

<표 3> 홍이섭의 1950년대 『사상계』 기고

필자	제 목	통권호수	년도	월
홍이섭	목인덕 장서목	9	1954	1
홍이섭	갑오경장과 기독교	18	1955	1
홍이섭	실학잡기	22	1955	5
홍이섭	역사학을 공부하는 학생에게	23	1955	6
홍이섭	과학, 기술문화의 역사적 추이-그 계층, 근대와의 승리의 사적 녹유	63	1958	10
홍이섭	국사편찬위원회 편, 『임술록』(한국사료총서 제8)	70	1959	5
홍이섭	1.백사당 양주삼박사 소전, 2.서문안 교회 70년사	77	1959	12

그는 「갑오경장과 기독교」라는 글에서 "기독교가 재래(齎來)한 신문화는
임오년(1882) 이후 갑신정변(1884)을 경과하여 자본주의사회로 발전하는 일본
을 본받아 개화하려던 이 사회의 근대화의 한 기반을 지을 수 있게 되었"다고
파악하면서, 다만 갑오개혁이 그러한 내적 토대에 기초하여 전개되지 않고
'일본 군벌 침략주의자들의 강압'에 의한 개혁이었음을 그 한계로 지적하였
다.[11] 19세기 후반에 조선 사회는 한편으로 서학을 수용하고 다른 한편으로
그에 대한 대응 속에 동학을 창출하였는 바, 서학은 '세계주의적(자본주의적)'인
근대화의 힘이며 동학은 민족주의적인 근대화의 힘이었다. 그러나 막상 갑오개
혁은 그러한 동서문화의 내적 힘에 바탕을 둔 자체의 근대화의 출발점이
되지 못하고 일본 제국주의의 강압이라는 외적 힘에 의해 왜곡된 근대화의
길을 가게 되었다는 역사 인식이었다.[12] 그리고 「실학의 잡기」라는 글에서는

---

11) 홍이섭, 「갑오경장과 기독교」, 『사상계』 18, 1955. 1, 18쪽.
12) "동학이 민족주의적인 데서 근대적인 성격을 지니었다면, 천주교 사상과 신교의
복음과 신문화의 재래(齎來)는 세계주의적(자본주의적)인 데서 근대화의 씨를 뿌렸고,
여기서 일본의 군벌은 침략적으로 이 사회를 근대화시킴에 강압적인 행동을 감행하는

홍이섭이 위당 정인보의『조선고서해제』와 "선생님이 책 얘기를 하시다가 종이 쪽에다 붓으로 쓰시어서 필자에게 주신" 여러 실학 관련 서적들을 나열하고, 이에 대한 문헌 정리를 통해 근세경제사를 위시한 제반연구의 궤도를 바로잡으려는 포부를 담고 있다.13) 한편 홍이섭은 「역사학을 공부하는 학생에게」라는 글에서 자신의 민족사 연구의 방향을 다음과 같이 밝히고 있다.

> 여기서 우리 민족정신은 시대적으로 내부적인 지반과 외부적인 제조건을 검토해야 할 것이었으나 벌서 그러한 겨를조차 주지 않고 붕괴 몰락으로 이행하고 있음으로 완전히 자력에 의한 근대화 보다 식민지화의 필요성을 좌우할 수 없게 까지에 이르렀던 바다. 이런 점에서 더욱 근대사에 있어 이씨왕조의 변천 추이에서 이 사회의 붕괴과정을 밝히어 오늘의 우리사회의 선행적인 조건을 한번 알아볼려는 것이 현재의 사회 정치를 위시하여 우리 민족의 존재하는 위치를 규지(窺知)하는데 한 방법이 될 것이다.14)

그의 근대사 연구는 내적 조건과 외적 조건을 함께 중시하면서 오늘 한국사회가 안고 있는 선행조건을 냉엄하게 비판적으로 인식하려는 자세 위에 있었다.

홍이섭이 한국사를 민족적이되 세계적인 안목에서 조망하려 했다면, 다른 한편으로 서양사학자였던 연세대의 민석홍과 조의설은 서구 부르주아 혁명과 근대화에 관련된 글들을 게재하면서 한국의 '근대화'의 방향을 제시하였다.

민석홍은 서울대학교 출신의 서양근세사 전공자로서 연희·연세대 사학과에서 1952~60년, 1963년에 재직하였다. 그는 「불란서 혁명의 이념―자유, 평등, 박애」, 「부르죠아혁명」, 「유럽의 자유를 위한 혁명」 등 서구의 근대시민혁명에 대한 글들을 발표하며 자유의 이념을 설파하였다.

데 주저하지를 않았던 것입니다"(홍이섭, 위의 글, 19쪽).

13) 홍이섭, 「실학잡기」,『사상계』 22, 1955. 5, 138~139쪽.

14) 홍이섭, 「역사학을 공부하는 학생에게」,『사상계』 23, 1955. 6, 107~108쪽.

필자	제 목	통권호수	년도	월
민석홍	학문과 자유/미국38대학총장회의	4	1953	7
민석홍	중공의 종교정책-신부의 체험기/마아크 테니안	5	1953	8
민석홍	아세아의 문화적 통일성/프랑소아 봉디	13	1954	8
민석홍	불란서 혁명의 이념-자유, 평등, 박애	27	1955	10
민석홍	부르죠아혁명	44	1957	3
민석홍	한스 콘 저, 20세기(가제)	52	1957	11
민석홍	북 레뷰, 시드니 후크 저, 역사와 영웅(가제)	65	1958	12
민석홍	유럽의 자유를 위한 혁명	68	1959	3
민석홍	아슈톤, 산업혁명사	74	1959	9
민석홍	슈펭글러와 아놀드 J. 토인비-문명의 예언자	75	1959	10

연희전문학교 출신의 조의설은 1939년부터 1971년까지 연희·연세대에서 재직하며 한국 서양사학의 토대를 마련한 학자 중 한 명이다. 그는 「근대화의 역사적 의미」라는 글에서 '근대화', '서구화'를 단지 경제성장이라는 관점에서 보는 것이 아니라 근대 민주주의, 시민의 형성의 관점에서 주목하였다. 그는 여기서 더 나아가 서구의 근대화가 초래한 비인간화와 제국주의의 문제들을 지적하였으며, 서양의 자율적 근대화와 그 충격에서 온 동양의 타율적 근대화를 구분하였다.[15)

〈표 5〉 조의설의 1950년대 『사상계』 기고

필자	제 목	통권호수	년도	월
조의설	포세이돈	32	1956	3
조의설	그레샤의 세계관-갈등의 정신, 인간의 발견	36	1956	7
조의설	20세기의 전개	45	1957	4
조의설	나의 인생노오트	55	1958	2
조의설	근대화의 역사적 의미	67	1959	2

---

15) 조의설, 「근대화의 역사적 의미」, 『사상계』 67, 1959. 2.

『사상계』에 실린 두 학자의 글을 통해 1950년대 후반에 한국의 지성계가 어떠한 근대화의 방향을 설정하고 있었는지를 가늠할 수 있다. 그것은 5·16 쿠데타 이후 제시되는 국가주도적, 경제성장 제일주의의 근대화와는 구분되는 시민사회가 주도하며 근대적 자유이념에 기초한 근대화의 길이었다. 맹목적인 서구 모방이나 경제성장 제일주의가 아닌 주체적인 근대화와 그를 위한 시민 주체의 형성에 주목한 점은 좌표를 상실하고 치열한 경쟁 속에 인간성이 황폐화되고 있는 오늘날의 한국사회에서도 여전히 시사점이 크다 하겠다.

2) 철학/신학 논설

철학/신학 분야에서 1950년대에 왕성한 기고를 한 인물은 신과대학장을 역임한 김하태이다. 그는 남가주대학(University of Southern California)에서 박사 학위를 취득하였고, 1956년부터 60년까지 연세대학교에서 철학과 신학을 가르쳤다.

〈표 6〉 김하태의 1950년대 『사상계』 기고

필자	제 목	통권 호수	년도	월
김하태	(사회)럿셀－철학자, 문명비평가	35	1956	6
김하태	현대 미국 철학의 동향	39	1956	10
김하태	틸릭의 존재론	43	1957	2
김하태	생의 윤리	53	1957	12
김하태	(좌담회)우리 사회와 문화의 기본문제를 해부한다	57	1958	4
김하태	윌슨 저, 바깥사람(가제)	57	1958	4
김하태	논리적 실증주의의 반형이상학론	59	1958	6
김하태	실존주의와 기독교 신학	61	1958	8
김하태	사상과 생애23－윌리엄 제임즈의 사상과 생애	62	1958	9
김하태	새로운 윤리－인간내부세계의 파괴와 개성윤리	69	1959	4
김하태	지식인의 본질	70	1959	5
김하태	실험의 가치와 상황의 해석	75	1959	10
김하태	더위와 나	75	1959	10
김하태	과학과 인간정신－과학적 휴머니즘의 딜렘마	77	1959	12

그는 러셀(Bertrand Russell), 틸릭(Paul Tillich), 실존주의 철학 등 서구의 철학을
소개하는 데 많은 노력을 기울였다. 또한 그는 1950년대 말에 지식인의 사회적
책무를 강조하였다. 그는 '비판'이야말로 지성인의 생명이라고 보아 지식인의
사회참여를 중시하고, 다른 한편으로는 이상과 현실을 조화시키는 실용주의가
필요하다고 보았다.16)

3) 경제학 논설

경제학 분야에서는 한국을 대표하는 경제학자의 한 명이었던 최호진의
글, 그리고 1960년대에 재무부장관으로서 한국경제성장의 초석을 놓는 데
기여한 이정환의 글 등이 돋보인다.

최호진은 규슈제국대학 법문학부 경제학과에서 박사학위를 취득하고, 해방
후 경성대학 교수로 시작하여 동국대학교·중앙대학교를 거쳐 연세대학교에서
1979년까지 재직하였다. 1942년 일본 도쿄에서『근대조선경제사』를 출간한
이래 1946년에는 해방 후 최초의 한글 경제학 교과서인『일반경제사』를 간행하
였고 그 후에도 경제사, 경제원론, 화폐론, 재정학 분야의 교과서를 비롯한
50여권의 저서와 수십 편의 논문을 남겼다.17) 그가 1950년대에『사상계』에
기고한 글은 아래와 같다.

<표 7> 최호진의 1950년대『사상계』기고

필자	제 목	통권 호수	년도	월
최호진	물가안정과 실업대책-나의 구체적방안과 그 윤리적 근거	48	1957	7
최호진	J.R. 힉스의 경제이론	49	1957	8
최호진	미경원의 삭감과 경제자립	59	1958	6
최호진	경제체제-현실과 이념	62	1958	9

---

16) 김하태, 「지식인의 본질」,『사상계』70, 1959. 5.
17) 홍성찬, 「최호진의 경제사 연구와 저술의 사회사 : 1940~60년대」,『東方學志』154,
    2011, 303쪽.

최호진의 「經濟體制」

최호진은 「경제체제-현실과 이념」이라는 글에서, 한국의 헌법이 수정자본주의의 세계사적 흐름에서 채택되었음을 강조하면서, 그러한 정신 위에서 자유와 통제의 균형을 중시하는 경제정책론을 제시하였다. 그의 글을 좀 더 구체적으로 언급하면, 그는 한국이 헌법을 채택할 때 전후 세계사조의 흐름을 따라 '자본주의의 수정'이란 기본이념하에 새로운 경제체제를 지향했으며, 그 이후 "우리나라의 속성 특히 후진성으로부터 유래하는 여러 특수사정 및 자유와 창의의 억제에서 오는 부(負)의 효과, 기업운영방법의 졸렬 등으로 말미암아" 드러난 폐단을 해결하기 위해 몇 차례 헌법 개정을 하여 좀 더 자유주의적 경제에 중점을 두었다는 점, 그럼에도 불구하고 경제상의 자유는 국민경제의 균형있는 발전을 위해 공공복리의 입장에서 국가의 조정 제한을 받음을 강조한다.[18] 그러한 헌법 이념에 비추어볼 때, 현실은 국가가 종합적 체계적 경제정책을 실시하여 국민경제의 균형있는 발전을 수행하지 못하는 한계가 있으며, "자유주의경제체제를 외면으로 표방하면서 내면적으로는 소수자의 독점을 조성"하고 있음을 비판한다.[19] 그렇다면 그의 대안은 무엇인가? 그는 국가의 통제를 강조하는 쪽에 있지는 않다. 그가 대안으로 생각하는 것은 '신자유주의'에 입각한 서독의 '사회적 시장경제'이론이나 "자유와 통제의 현명한 혼합"을 추구하는 시카고학파의 이론이다. 국가가 완전한 의미에서 자유경쟁이 이루어지도록 하는 재정금융정책을 펼치고, 그 안에서 국민경제의 균형있는 발전을 위한 공공적 개입을 주장하였다.[20] 이러한 개입은 "공산주의를

---

18) 최호진, 「경제체제-현실과 이념」, 『사상계』 62, 1958. 9, 49~52쪽.
19) 최호진, 위의 글, 1958, 54쪽.

타도하기 위하여서는 군비도 중요하지만 그보다도 더 중요한 것은 훌륭한 경제체제로 사회적 불안을 일소한다는 일"이라는 점에서도 중요하였다.[21]

<표 8> 이정환의 1950년대 『사상계』 기고

필자	제 목	통권 호수	년도	월
이정환	[좌담]우리도 잘살아보자 -원자로 도입을 계기로 생각나는 현대과학과 한국의 미래	71	1959	6
이정환	K.E. 볼딩 저, 경제정책론	75	1959	10
이정환	미국의 외원정책변경과 한국의 경제성장문제	77	1959	12

이정환은 도쿄상대(東京商大)에서 학위를 취득하고 연세대학교에서 1952년부터 1961년까지 경제원론을 담당하였다. 그는 1962년 농업협동조합 회장을 거쳐 1963년에는 한국은행 총재를 역임했으며, 1964년 재무부장관에 올라 경제성장의 초석을 다지는 데 일익을 담당하였다.

그는 1959년도에 작성한 「미국의 외원정책변경과 한국의 경제성장 문제」라는 글에서, 내외자본 동원과 불균형 발전, 수출중시 등 1960년대 박정희 정부에 의해 현실화하는 경제정책론을 선구적으로 미리 피력하였다. 그는 미국이 1957년의 경기후퇴 이래 대외 무상원조 축소, 차관 전환을 시작하기에 이르러, 이에 대응하여 한국이 자립경제로 나아가기 위해서는 정부가 민간의 자주적인 활동을 촉구하면서 전체로서 국민경제를 유효적절하게 운행해야겠으며 "일관된 정책 하에 한정되어있는 국민자본의 낭비를 최소한으로 줄일 수 있는 국민경제의 장기 및 단기계획을 작성"할 것을 주장하였다. 그는 연관산업부문으로의 승수(乘數)효과와 고용효과가 큰 부분부터 투자해야 한다는 불균형발전론을 주창하였다. 자본부족 타개책으로는 우선 국내조달을 중시했는데, 자발적 저축, 조세와 공채를 수단으로 하는 강제저축 방법이었다. 이는 한계가 있으나

---

20) 최호진, 위의 글, 1958, 55쪽.
21) 최호진, 위의 글, 1958, 53쪽.

증권시장 육성 등으로 가능하다고 보았다. 그리고 자본의 국외조달을 위해 해외자본의 안정된 투자 환경을 조성하고 수출시장을 개척할 것을 강조했다. 농업→ 경공업→ 중화학공업 순으로 수출 역량을 배양하자는 견해이다. 그는 "수출과 기타 가능한 방법을 총동원하여 획득한 외화로 외국상품을 수입하여 국민소득을 증가하고 자본축적의 길을 자주적으로 택하는 것이 외국원조 없이도 국민경제의 발전을 유지할 수 있는 활로"라고 강조하였다.[22)]

5. 맺음말

1950~60년대 한국의 지성계를 대표한『사상계』에 연희·연세대학교 교수진이 미친 영향은 지대하다. 특히 이들은『사상계』의 창간과 초기 논조를 주도하며 그 내용을 채우는데 핵심적 역할을 하였다. 그 논조는 반공주의, 자유민주주의, 시민교양, 그리고 동서화충의 네 가지로 정리된다. 반공의 자세를 분명히 하되 이를 독재로 악용하는 데에는 강한 경계심을 보이면서 자유민주주의의 실현을 통해 그 토대를 확실히 하고자 하였다. 그러기 위해서는 자유민주주의를 실현해나갈 주체로서의 시민 육성이 필요했으며, 그 시민됨을 세우기 위한 교양지의 역할과 시민적 공론장의 역할을 충실히 한 것이『사상계』였다.
여기서 유의할 점은 그렇다고『사상계』를 단순히 서구 자유민주주의 이식의 장이었다고 단정할 수는 없다는 점이다.『사상계』의 필진, 특히 연세인들은 민족적 자각과 성찰 위에서 서구 근대성을 수용하는 동서화충의 자세에 충실하였다. 그 자세가 하나의 사상 이념으로 정립되는 데까지 나아간 것은 아니지만, 민족과 세계, 동양과 서양의 긴장 속에서 한국의 '근대화'를 추구한 점은 한국 지성사에서 큰 의미가 있다 하겠다.

---

22) 이정환, 「미국의 외원정책변경과 한국의 경제성장문제」,『사상계』77, 1959. 12, 223쪽.

찾아보기

필자 소개 가나다순

연구책임 및 편집
김도형   연세대학교 사학과, 한국근대사

필 자
강현화   연세대학교 국어국문학과, 한국어학
김도형   연세대학교 사학과, 한국근대사
김성보   연세대학교 사학과, 한국현대사
김왕배   연세대학교 사회학과, 산업사회학
도현철   연세대학교 사학과, 한국중세사
방연상   연세대학교 신학과, 선교신학
성태윤   연세대학교 경제학부, 금융경제학
손영종   연세대학교 천문우주학과, 관측천문학
여인석   연세대학교 의사학과, 의학사
윤혜준   연세대학교 영어영문학과, 근대영국문학
허경진   연세대학교 국어국문학과, 한국한문학
황금중   연세대학교 교육학부, 교육사상사

실 무
이원규   연세대학교 박물관 학예실
이현희   연세대학교 박물관 학예실